O Tarô Original
Waite-Smith
1909

Sasha Graham, Arthur E. Waite
Pamela Colman Smith

O Tarô Original
Waite-Smith
1909

Com ilustrações fac-similares criadas por
Pamela Colman Smith e paleta de cores originais
baseada na primeira edição de 1909

Livro com texto explicativo de Sasha Graham, acrescido de textos originais
de 1911 de Arthur Edward Waite.

Prefácio à edição italiana de Riccardo Minetti

Tradução
Denise de Carvalho Rocha

Editora
Pensamento
SÃO PAULO

Título do original: *Tarot Original 1909.*

Copyright © 2022 Lo Scarabeo s.r.l.

Publicado mediante acordo com Lo Scarabeo s.r.l. Todos os direitos reservados.

Esta edição inclui os textos originais do livro *The Pictorial Key to the Tarot*, com tradução de Cláudia Hayu e Prefácio, notas e revisão técnica de Leo Chioda.

Copyright da edição brasileira © 2024 Editora Pensamento-Cultrix Ltda.

1ª edição 2024.

Todos os direitos reservados. Nenhuma parte deste livro pode ser reproduzida ou usada de qualquer forma ou por qualquer meio, eletrônico ou mecânico, inclusive fotocópias, gravações ou sistema de armazenamento em banco de dados, sem permissão por escrito, exceto nos casos de trechos curtos citados em resenhas críticas ou artigos de revista.

A Editora Pensamento não se responsabiliza por eventuais mudanças ocorridas nos endereços convencionais ou eletrônicos citados neste livro.

Editor: Adilson Silva Ramachandra
Gerente editorial: Roseli de S. Ferraz
Gerente de produção editorial: Indiara Faria Kayo
Revisão técnica: Leo Chioda
Capa e projeto gráfico: Marcos Fontes / Indie 6 – Produção Editorial
Revisão: Adriane Gozzo

Dados Internacionais de Catalogação na Publicação (CIP)
(Câmara Brasileira do Livro, SP, Brasil)

Graham, Sasha
  O Tarô original Waite-Smith 1909 : com ilustrações fac-similares criadas por Pamela Colman Smith e paleta de cores originais baseada na primeira edição de 1909 / Sasha Graham, Arthur Edward Waite ; ilustração: Pamela Colman Smith ; tradução Denise de Carvalho Rocha. -- São Paulo : Editora Pensamento, 2023.

  Título original : Tarot Original 1909.
  Bibliografia
  ISBN 978-85-315-2318-2

  1. Esoterismo - Tarô 2. Tarô 3. Tarô - Cartas 4. Tarô - História I. Waite, Arthur Edward. II. Smith, Pamela Colman. III. Título.

23-165738   CDD-133.3

Índices para catálogo sistemático:

1. Tarô : Esoterismo   133.3
Eliane de Freitas Leita - Bibliotecária - CRB-8/8415

Direitos de tradução para o Brasil adquiridos com exclusividade pela
EDITORA PENSAMENTO-CULTRIX LTDA., que se reserva a
propriedade literária desta tradução
Rua Dr. Mário Vicente, 368 – 04270-000 – São Paulo – SP – Fone: (11) 2066-9000
http://www.editorapensamento.com.br
E-mail: atendimento@editorapensamento.com.br
Foi feito o depósito legal.

Sumário

PARTE UM

PREFÁCIO, por Riccardo Minetti 11

CAPÍTULO UM – Introdução 15

CAPÍTULO DOIS – Princípios Básicos do Tarô 17

CAPÍTULO TRÊS – Os Arcanos Maiores 29

CAPÍTULO QUATRO – Os Arcanos Menores 87

CAPÍTULO CINCO – Guia de Referência Rápida 201

SOBRE A AUTORA 208

PARTE DOIS

A CHAVE ILUSTRADA DO TARÔ DE 1911, por Arthur E. Waite 211

PREFÁCIO À EDIÇÃO BRASILEIRA, por Leo Chioda 213

PREFÁCIO – Uma explicação do tipo pessoal – Uma ilustração da literatura mística – Um assunto que pede para ser resgatado – Limites e intenção da obra **219**

PARTE I – O VÉU E SEUS SÍMBOLOS **223**
1 – Introdução e Generalidades **223**
2 – Classe I. Os Trunfos Maiores ou Arcanos Maiores **228**
3 – Classe II. Os Quatro Naipes ou Arcanos Menores **239**
4 – O Tarô na História **240**

PARTE II – A DOUTRINA POR TRÁS DO VÉU **253**
1 – O Tarô e a Tradição Secreta **253**
2 – Os Trunfos Maiores e seu Simbolismo Interno **260**
3 – Conclusão a Respeito das Chaves Maiores **299**

PARTE III – O MÉTODO OBJETIVO DOS ORÁCULOS **301**
1 – Distinção entre os Arcanos Maiores e Menores **301**
2 – Os Arcanos Menores ou os Quatro Naipes das Cartas de Tarô **303**
    O Naipe de Paus **304**
    O Naipe de Copas **318**
    O Naipe de Espadas **332**
    O Naipe de Ouros **346**
3 – Os Arcanos Maiores e seus Significados Adivinhatórios **360**
4 – Alguns Significados Adicionais dos Arcanos Menores **363**
5 – A Recorrência das Cartas nas Tiragens **368**
    Na Posição Natural **368**
    Invertida **369**
6 – A Arte da Adivinhação com o Tarô **369**
7 – Antigo Método Celta de Adivinhação **370**
8 – Método Alternativo de Leitura das Cartas do Tarô **374**
    Notas sobre a Prática da Adivinhação **377**
9 – O Método de Leitura pelas 35 Cartas **378**

BIBLIOGRAFIA – Bibliografia concisa das principais obras que abordam o tarô e suas conexões **381**

SOBRE OS AUTORES **397**

Parte Um

PREFÁCIO

O *Tarô Waite-Smith* é, provavelmente, o baralho mais importante da atualidade. Mesmo com centenas de novos baralhos de Tarô surgindo a cada ano, o Tarô concebido por Arthur Edward Waite e Pamela Colman Smith continua sendo o precursor de todos eles.

É claro que o Tarô não surgiu em 1909. A história documentada remonta à cidade italiana de Milão, no ano de 1452, com o *Tarô Visconti-Sforza* surgindo na ocasião do casamento de dois nobres renomados, Francesco Sforza e Bianca Maria Visconti. Lendas e teorias nos fazem retroceder um pouco mais na história, como se voltar a esse passado mais longínquo pudesse nos levar a uma tradição mais pura e genuína. Verdade seja dita, depois de 1452, tivemos que esperar mais alguns séculos até que o Tarô deixasse de ser apenas um jogo de cartas e passasse a ser usado na cartomancia, no esoterismo e na magia. Ainda assim, no século XIX, o Tarô se tornou o "elo perdido" entre os vários ramos da tradição mágica ocidental: a Astrologia, a Alquimia, a Cabala, só para citar alguns. E os principais estudiosos das ciências ocultas estavam empenhados em desvendar o mistério e os segredos ocultos por trás das cartas, usando o Tarô mais famoso da época: o *Tarô de Marselha*.

Todo esse conhecimento, todo esse trabalho, acabou convergindo para uma única época e um único lugar: Londres, nos primeiros anos do século XX, especificamente a sede da Golden Dawn, a Ordem Hermética da Aurora Dourada. Entre os membros da Ordem: Arthur Edward Waite, escritor, erudito e ocultista, e Pamela Colman Smith, jovem e talentosa artista.

O destino (para quem quer acreditar nele) ou o acaso (para quem prefere não acreditar) embaralhou ainda mais as cartas para esses dois. Em 1907, uma reprodução fotográfica completa de um baralho do século XV ainda não revelado, conhecido como *Tarô Sola-Busca*, foi doado ao Museu Britânico. Dois anos depois, no frio de dezembro de 1909, o Tarô original de 1909 foi publicado apenas com o nome de "Tarô", sem nenhum outro título. Logo após essa primeira edição, nos primeiros meses de 1910, uma segunda edição foi lançada, com uma técnica de impressão diferente, mais adequada a grandes tiragens.

Nem Waite nem Smith, e muito menos o editor da época (conhecido por Sr. William Rider), poderiam prever a influência que aquele baralho sem nome teria na história e na evolução do Tarô.

A maior inovação e originalidade do baralho encontra-se, sem dúvida, nos Arcanos Menores. Ao contrário do Tarô de Marselha e da maioria dos outros baralhos do passado, os Arcanos Menores desse Tarô não pareciam cartas de baralho, pois eram ilustrados com cenas que faziam referência ao real significado das cartas. Apenas alguns anos antes, outro baralho da Itália (os "Naibi di Giovanni Vacchetta") tinha feito o mesmo, mas apenas do ponto de vista estético e decorativo. As cenas dos Arcanos Maiores não tinham nenhuma referência ao seu significado. Do mesmo modo, o já mencionado Sola-Busca, cuja reputação era de que havia sido criado com fortes influências alquímicas, tinha vários Arcanos Menores ilustrados, a ponto de causar grande influência sobre o trabalho artístico de Pamela em muitas cartas.

   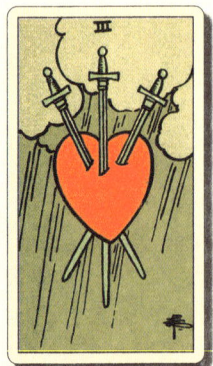

Mesmo sendo anteriores ao Original de 1909, esses Tarôs eram exceções e lhes faltavam a relevância e o charme simples e poderoso desse novo baralho. Porém, a fim de compreender verdadeiramente a profundidade da influência e da importância disso, precisamos avançar um pouco mais no rio do tempo e chegar aos anos 1970, quando esse Tarô foi publicado novamente, embora não como sua primeira edição. Dessa vez, ele tinha um título, composto do nome de um de seus autores (não me surpreende que – naquela época – o nome omitido fosse o de Pamela, uma mulher) e do editor original: chamava-se *Tarô Rider-Waite*.

No início desse século, o Tarô era, de fato, famoso e muito difundido, e seu uso, reservado aos sábios (e aos charlatães, sempre em grande número) que estudavam e compreendiam os significados e as referências esotéricas das cartas. Agora, porém, o trabalho artístico de Pamela nos Arcanos Menores abria a interpretação das cartas para todos. Apenas um elemento era necessário: a intuição. É claro que a intuição por si só poderia não ser suficiente. Ainda assim, com um pouco de orientação e uma boa base, proporcionada por um único livro, a intuição se tornou a chave para uma maneira totalmente diferente de olhar o Tarô. Não apenas como "arte divinatória", mas como um instrumento para a autocompreensão, o crescimento pessoal, a orientação espiritual...

Arthur e Pamela podem não saber, mas, com esse baralho original de 1909, deram vida ao Tarô e o entregaram em nossas mãos.

Quanto ao bom livro, a orientação e a base sólida... meu conselho é, na verdade, que leiam Sasha Graham. Sim: este livro que você tem em mãos é um bom começo.

– Riccardo Minetti, *autor de livros e baralhos de Tarô*
publicados pela Llewellyn e Lo Scarabeo

Capítulo Um

Introdução

Boas-vindas

Bem-vindo ao *Tarô Original Waite-Smith 1909*. Este baralho foi reproduzido tal como era em sua primeira edição, lançada em dezembro de 1909. É o mais famoso Tarô do século XX. Esse foi o primeiro Tarô de grande tiragem a incluir um livro explicativo, com o significado das cartas e das ilustrações detalhadas e cênicas dos Arcanos Menores. Com as imagens acessíveis da artista Pamela Colman Smith, qualquer pessoa pode ler as cartas e praticar a divinação com base na intuição.

Sobre os autores

O ocultista Arthur Edward Waite e a artista Pamela Colman Smith pertenciam a uma sociedade esotérica secreta chamada Ordem Hermética da Aurora Dourada (Golden Dawn), frequentada por uma elite intelectual e artística da categoria de Bram Stoker e William Butler Yeats. Essa sociedade usava o Tarô como ponto de partida para suas atividades místicas, que incluíam magia ritual, viagens astrais, vidência, previsões astrológicas e várias outras práticas ocultistas.

Sobre este Tarô

O simbolismo e a influência ocultista do Tarô de 1909 derivam da Maçonaria, da Alquimia, da Ordem Rosa-Cruz, da iconografia egípcia, da Cabala Hebraica, da Árvore da Vida e dos Tarôs históricos mais antigos. O simbolismo cristão está presente porque Waite e Smith foram criados em lares cristãos.

Sobre a leitura do Tarô

Usar o Tarô é simples. Faça uma pergunta. Tire uma carta. Observe a imagem. Conte a história que você vê. Quanto mais estudar e praticar, mais profunda será sua leitura. E melhor você se tornará. O Tarô funciona de maneira diferente para cada indivíduo, porque não existem duas pessoas iguais. Cada um de nós tem determinados dons, sensibilidades e intenções. A eficácia do Tarô depende de quem o usa e de como o usa. Com o tempo, você aprenderá a cultivar o próprio estilo de leitura.

Capítulo Dois

Princípios básicos do Tarô

Como funciona a leitura das cartas de Tarô

Fazer uma leitura de Tarô não é difícil. Ela é composta de poucos elementos, e, quanto mais bem executados, melhor será a experiência de leitura como um todo. Esses elementos são:

– Embaralhar as cartas
– Formular uma pergunta
– Escolher a tiragem
– Interpretar o significado das cartas

Como embaralhar e manusear as cartas

O motivo principal de embaralhar as cartas é misturá-las. Você deve fazer isso entre as leituras, do modo que achar melhor. Misture as cartas com elas voltadas para baixo, corte o baralho nas mãos ou embaralhe as cartas com os polegares, assim como é feito nos cassinos. Coloque sua intenção nas cartas, pensando naquilo que quer saber enquanto as embaralha. O embaralhamento limpa a mente e a prepara para as informações que estão prestes a ser reveladas.

Coloque o monte de cartas embaralhadas diante de você e abra as cartas da esquerda para a direita, como se abrisse a página de um livro. Decida se você quer ou não que mais alguém toque as cartas. Alguns tarólogos sentem que isso pode distorcer a conexão energética estabelecida com seu Tarô. Outros preferem sentir a energia dos consulentes nas cartas. A escolha é sua.

Perguntas

Você receberá boas respostas do Tarô sempre que fizer uma boa pergunta. Ela facilita a leitura, fazendo com que a interpretação flua melhor e resulte em respostas mais claras. Perguntas inteligentes impulsionam o cérebro a encontrar soluções. Certifique-se de incluir dois elementos:

1. Reconheça o papel que você exerce sobre seu futuro.
2. Especifique o resultado que você espera.

Por exemplo, evite perguntas que se iniciem com "por que..." ou "será que vou conseguir...". Prefira iniciar a pergunta com "como" e "o quê". Em vez de perguntar "Por que não consigo encontrar alguém para amar?", pergunte às cartas "O que posso fazer para encontrar alguém para amar?". Em vez de perguntar "Por que estou sem dinheiro?", reformule a pergunta para algo como: "O que posso fazer para ganhar mais dinheiro?". Em vez de perguntar "Serei feliz?", pergunte "Como posso ter mais felicidade na vida?".

Tiragens

As tiragens de Tarô são maneiras de dispor as cartas na mesa, de modo que a posição de cada carta tenha significado particular. A tiragem Passado/Presente/Futuro é um excelente ponto de partida. Faça uma pergunta e disponha três cartas na mesa.

1. **Passado:** o que aconteceu no passado.
2. **Presente:** a energia presente em sua vida agora.
3. **Futuro:** o resultado futuro mais provável.

Quando você tiver mais prática, pode incluir mais cartas na tiragem para obter informações mais detalhadas. Aqui estão diferentes sequências de três cartas que podem ser úteis para responder a vários tipos de perguntas.

Perguntas sobre mundo interior, autoconhecimento e crescimento pessoal:
1. Vislumbres sobre o passado – **2.** Vislumbres sobre o presente – **3.** Vislumbres sobre o futuro

Perguntas sobre problemas a serem resolvidos ou objetivos que se quer alcançar:
1. Desejo – **2.** Desafio – **3.** Solução

Perguntas sobre relacionamentos e amor:
1. Eu sozinho – **2.** Você sozinho – **3.** Nós dois juntos

Perguntas sobre escolhas e decisões:
1. Não faça isso – **2.** Situação – **3.** Faça isso

Interpretação do Tarô

Não se preocupe com a possibilidade de interpretar errado o significado de uma carta. Você sabe mais do que imagina. Leia as cartas do Tarô como se lesse uma história em quadrinhos ou uma tirinha. Observe as ilustrações. O que está acontecendo em cada carta? Use as imagens para criar uma história. Deixe a história transmitir uma mensagem que se aplique à sua pergunta. Dê ouvidos ao seu primeiro palpite. Confie em si mesmo. O que os personagens estão fazendo? Para onde a energia está se movendo? Quais símbolos chamam a sua atenção? Todos esses elementos podem contribuir para a sua leitura. Confie naquilo que lhe ocorrer no momento. Sinta o suave sussurro da intuição e deixe que ela o guie.

Cartas invertidas

Essa é uma técnica opcional. As cartas invertidas são aquelas que aparecem de ponta-cabeça, do ponto de vista de quem está lendo o Tarô. É importante decidir como você lerá as cartas invertidas antes de fazer a tiragem. Elas podem ser lidas de diferentes formas:

1. Corrija a posição das cartas invertidas, sem atribuir nenhum significado especial a elas.
2. Considere a ideia oposta da palavra-chave da carta.
3. A carta invertida indica um bloqueio da energia da carta ou um atraso no tempo.
4. A carta invertida é a que está solicitando atenção especial.
5. A carta invertida tem o significado oposto ao da carta na posição normal.

Compreenda o Tarô

Embora existam vários tipos de Tarô no mundo, todos têm algumas características em comum. O Tarô é, ao mesmo tempo, todos os baralhos possíveis já criados e também o baralho específico que está em suas mãos. Os outros podem lhe dar um contexto e uma perspectiva, mas aquele que você está usando é o que vai determinar, de fato, a leitura.

A estrutura do Tarô

O Tarô é dividido em Arcanos Maiores e Arcanos Menores. Arcano significa "segredo". O segredo dos Arcanos é que... você já sabe o que significam. Talvez apenas não saiba que já conhece esses significados. Pelo menos até agora.

Os Arcanos Maiores são imagens arquetípicas. O psicólogo Carl Jung define os arquétipos como conceitos compreendidos universalmente. Um arquétipo é uma ideia ou coisa que qualquer um, em qualquer lugar, pode entender, não importa sua cultura ou seu nível de instrução. Por exemplo, o Louco é o "forasteiro". O Mago é o "feiticeiro", a Imperatriz é a "mãe", o Imperador é o "pai", e assim por diante. Os Arcanos Maiores representam acontecimentos importantes, assim como a evolução da alma.

Os Arcanos Menores contêm os "pequenos segredos" relacionados à vida cotidiana e às experiências vividas no presente. Estão distribuídos em quatro naipes, são indicados por um número romano de 1 a 10 e não têm título (com exceção das Cartas da Corte, que têm um título ligado à realeza e não são numeradas).

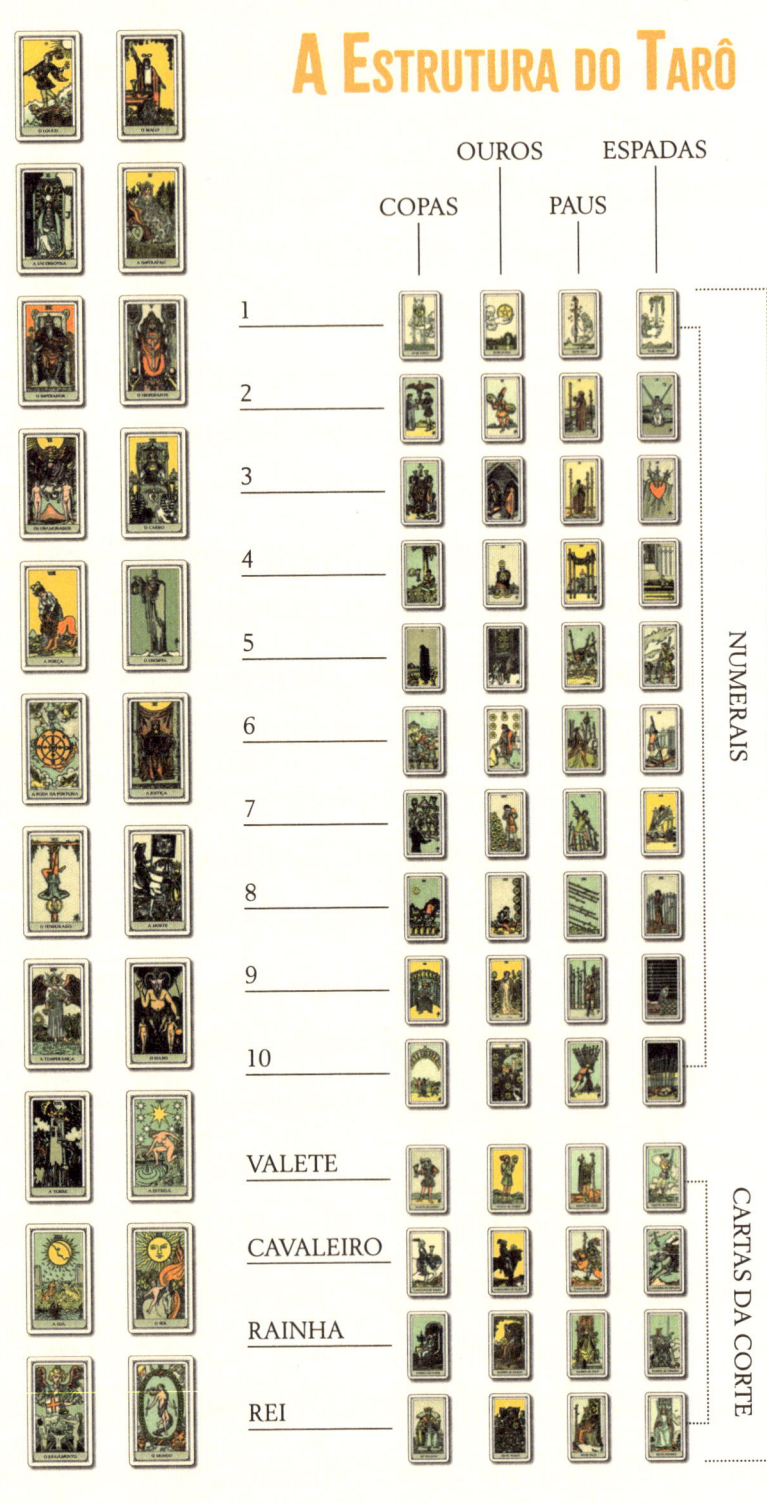

Os Naipes do Tarô

Os quatro naipes do Tarô estão ligados aos quatro elementos e dão contexto e significado à interpretação.

Paus é associado ao elemento Fogo. Os símbolos de Paus são quentes como o verão. Refletem energia e paixão. Indicam trabalho, carreira e negócios. São as intenções e a vocação ou a missão pessoal. São impulso e excitação. Paus reflete a sensualidade erótica. Ilumina o caminho rumo ao nosso destino. O símbolo de Paus é um bastão, uma vara ou um cajado. Folhas verdes caindo na carta de Paus significam manifestação.

Copas é associado ao elemento Água. O mundo de Copas é fluido. Esse naipe é emocional. São sentimentos como a felicidade, a dor e tudo que existe entre eles. Copas reflete a arte e a imaginação. É sonhar e usar as habilidades psíquicas. O símbolo desse naipe é profundo e maleável. Copas contém, segura e nutre.

Espadas é associado ao elemento Ar. Esse naipe representa o movimento rápido. São os pensamentos, as ideias e as atividades mentais. São as histórias que contamos a nós mesmos e aos outros. São as narrativas. São todas as formas de comunicação: escrita, verbal e não verbal. A Espada é uma arma pontiaguda e afiada usada para ferir ou defender. O naipe de Espadas reflete os dois lados de qualquer situação.

Ouros é associado ao elemento Terra. O mundo desse naipe parece uma colheita de outono. Ouros é lento, mas estável. Representa tudo que podemos tocar, provar, ver e sentir. Ouros são posses e propriedades, carros e outros bens materiais. Dinheiro e recursos. Representa o mundo material e nos mostra como crescer e evoluir. O símbolo do Ouros é o pentáculo, a estrela de cinco pontas dentro de um círculo.

Fogo/Paus = Ação/Paixão/Carreira
Água/Copas = Sentimentos/Emoções/Amor
Ar/Espadas = Pensamentos/Comunicação/Palavras
Terra/Ouros = Matéria/Coisas/Dinheiro

Números

Os números dos Arcanos Menores ajudam a entender como interpretar as cartas. Isso é mais fácil do que você imagina. Toda história tem começo, meio e fim, e o mesmo se pode dizer dos naipes. Os Ases ou cartas número 1 são o começo da história. Significam um novo ciclo, ideia ou início. O meio de uma história é onde se inicia a parte mais desafiadora. As cartas número 5 do Tarô apresentam um desafio ou uma questão importante. As cartas número 10 representam o fim de um ciclo. Os demais números ficam no meio do ciclo.

1. Um = Começo
2. Dois = Parceria
3. Três = Criatividade
4. Quatro = Estrutura

5. Cinco = Desafio
6. Seis = Expansão do Coração
7. Sete = Estranheza
8. Oito = Perfeição Infinita
9. Nove = Realização de Desejo
10. Dez = Final

Cartas da Corte

Cada naipe contém um Rei, uma Rainha, um Valete e um Cavaleiro. As Cartas da Corte são identificadas pelo título. Organize essas cartas numa estrutura familiar e você vai se lembrar do que elas significam.

Valete/Caçula = Criança: consciência e curiosidade.
Cavaleiro/Primogênito = Adolescente: explosão de energia.
Rainha/Mãe = Mulher madura: compaixão e carinho.
Rei/Pai = Homem maduro: controle e estrutura.

A ambientação das Cartas da Corte combina com seus naipes. As cartas da Corte de Paus mostram uma paisagem quente, empoeirada e desértica. As Cartas da Corte de Espadas mostram o topo arejado das montanhas, onde uma brisa sopra. As de Copas exibem paisagens aquáticas. As de Ouros retratam jardins.

Todos os Cavaleiros montam um cavalo. São mensageiros do seu naipe, pois levam mensagens e fazem comunicações. Interprete a energia da

situação em que você se encontra prestando atenção ao modo de andar do cavalo e à direção em que ele se move.

As Cartas da Corte aparecem nas leituras para representar as pessoas que você conhece. Podem ser sua mãe, seu pai, seu namorado ou sua namorada, ou seu melhor amigo. Também podem representar colegas de trabalho, professores ou pessoas que estão prestes a entrar na sua vida. As Cartas da Corte podem ser você mesmo e sua personalidade. A Rainha de Copas é cheia de empatia e reflete você como amiga e confidente. As Cartas da Corte podem sugerir, ainda, uma atitude. Por exemplo, você pergunta como conseguir uma promoção no trabalho. A Rainha de Espadas aparece na tiragem. Essa Rainha não faz rodeios e vai direto ao ponto. O conselho dessa carta é, portanto, que você seja objetivo e peça exatamente o que quer.

O Diário de Tarô

Os diários de Tarô são extremamente úteis, pois o Tarô é uma experiência pessoal. Faça uma lista de suas palavras-chave, intuições e ideias pessoais sobre o Tarô. Monitore suas leituras, tiragens e mensagens. Registre uma única carta por vez, com uma página dedicada a cada uma delas. Inclua duas ou três palavras-chave deste livro. Contemple a carta e anote as associações mentais que lhe ocorrerem. Faça uma lista dos símbolos. O que eles significam para você? Como você sente a energia da carta? Esboce um desenho da carta. Escreva histórias sobre ela. Ninguém vê o mundo como você. Ninguém mais vai ler o Tarô como você.

Tabela para o Diário de Tarô

Aqui estão algumas coisas que você pode achar úteis para marcar no seu diário de Tarô. Anote algumas informações, como o nome da carta, pois isso ajudará a mantê-las na memória, enquanto outros registros vão possibilitar percepções progressivas sobre as cartas e o ajudarão a torná-las mais consistentes.

- Nome da carta
- Arcano Maior/Menor/Corte
- Palavras-chave
- Associações
- Energia
- Cores
- Número
- Símbolos
- Associações de símbolos
- Contos/Poesia
- Desenho da carta

Capítulo Três

OS ARCANOS MAIORES

0. O LOUCO
HERÓI

"Um novo começo."

Palavras-chave: forasteiro, potencial, loucura, inocência, euforia, jornada.
Invertida: delinquente, pretensioso.

O Louco caminha com puro otimismo, levando consigo vida e possibilidades. Representa a consciência em desenvolvimento e as possibilidades que já existem dentro de você. Você não vai saber o que é possível enquanto não der o primeiro passo. Ele é um potencial para se manifestar no mundo material. Não pensa antes em si mesmo nem julga o mundo ao seu redor. O Louco marca um novo ciclo e um novo começo. Tudo recomeça com vigor. Você está num novo lugar. Um oceano de oportunidades está agora ao seu alcance.

O Louco é uma câmara de compensação dos sentidos. É percepção, sentimento e experiência. É a forma como ele, individualmente, organiza o mundo dentro do corpo. O Louco contempla o mundo com pura inocência e sem rótulos predeterminados. Fazendo isso, fica livre para vivenciar a realidade diante de si. Ele nunca se cansa de contemplar, ver e observar, porque o mundo é continuamente novo aos olhos dele.

O Louco é a primeira carta do *Tarô Original Waite-Smith 1909*. O número 0 conecta a carta do Louco com o Mundo, servindo como elo entre o fim e o início de um ciclo. Ele é a parte nuclear do fluxo. Recomenda que você não questione, apenas siga o fluxo e observe o que está acontecendo. O Louco não é simplório, mas uma criatura em busca de estímulos e aventuras. É a alma em busca de experiências. O que o aguarda?

O gorro do Louco tem uma pena vermelha, presente nas versões mais antigas do Tarô. Ao longo da Antiguidade, as penas foram usadas como símbolo da imortalidade. As cartas do Louco, da Morte e do Sol retratam uma pena vermelha. Esse símbolo está ligado à evolução da alma desde o início da sua jornada, passando pelo meio e chegando até o seu destino.

Na roupa do Louco há dez círculos, que representam as dez *Sephiroth* da Árvore Cabalística da Vida. Cada círculo se conecta ao início dos Arcanos Menores, desde o Ás, no topo da Árvore, até o dez, na base. Um exame cuidadoso dos círculos revela uma roda de oito raios dentro de cada círculo. Assim como a estrela de um pentagrama representa os quatro elementos conjugados com o espírito humano, a roda de oito raios é um símbolo do espírito na Golden Dawn.

O Louco está à beira de um penhasco. Ele vê o perigo diante dele? O segredo da carta é que ele está seguro. O caminho se regenera a cada passo. Esse é um lembrete para você confiar no seu caminho. O cachorro é o princípio animador da vida e um amigo leal. A bolsa do Louco contém sua experiência anterior. Ela está coletando e mantendo apenas os hábitos e as lições que lhe servem para que você possa começar mais uma vez.

I. O MAGO
FEITICEIRO OU FEITICEIRA

"Você é a magia."

Palavras-chave: maestria, confiança, talento, vontade, carisma.
Invertida: ansiedade, calúnia, desonestidade.

O Mago aparece nas leituras para marcar a realização pessoal, a capacidade de impressionar uma multidão e ser o alvo das atenções. Você fascina as pessoas. No palco, é puro carisma. Você está oferecendo um espetáculo e recebendo a atenção que merece. Esta carta é um excelente presságio de maestria, de proezas e de vitórias, independentemente das opiniões dos outros. O Mago deixa o Tarô carregado de eletricidade. Reflete o modo como você preenche sua vida com energia e intenção. O carisma indômito encanta o público, mas o Mago pede que você olhe mais fundo. Como vai alcançar seu objetivo final?

O Mago mostra como usar energia e magia. A postura dele contém significados duais. Sua varinha mágica aponta para cima, enquanto a outra mão aponta para a Terra. Vemos em sua postura como canalizar a energia. Somos todos para-raios de vitalidade. A postura do Mago nos mostra que a inspiração se move através de nós e é transferida para qualquer pessoa, lugar ou coisa em que colocamos nossa atenção. Nós "iluminamos" aquilo que enfocamos; esse é o poder da nossa atenção.

O Mago diz a você: "Assim em cima como embaixo". O ditado desse ocultista é simples e elegante. O que é verdade para o Universo (o macrocosmo) é verdade para você (microcosmo). A Terra é um reflexo do céu. Você é um reflexo do divino. O que é verdade para o mundo invisível também é verdade para o visível. O que existe dentro de você, no seu mundo íntimo e interior composto de pensamentos, ideias e sentimentos, também existe no exterior. Quando você se sente triste, o mundo inteiro fica sombrio e deprimente. Quando você está feliz, o mundo parece encantador. Como acima, assim abaixo.

A afirmação "Como acima, assim embaixo" está em sintonia com o conhecimento de que o que você sente, sabe e imagina é o que você torna real neste mundo. Você vai se lembrar de que cada invenção, desde a roda até a internet, já foi invisível um dia. No passado, eram apenas uma ideia ou fantasia na cabeça de alguém. Esse princípio se alinha com as Leis da Atração, segundo a qual o que você enfoca é o que você traz para sua vida.

O símbolo do infinito tem a aparência de um número 8 na horizontal (*lemniscata*). Contrasta com a postura vertical do Mago. A natureza do infinito é ecoada no cinturão do Mago. Trata-se de uma cobra comendo o próprio rabo. Cada símbolo representa a natureza ilimitada do Universo.

Há quatro objetos na mesa do Mago. Cada um deles está associado a um dos quatro naipes do Tarô e, portanto, aos quatro elementos: uma espada (Ar/Pensamentos), um cálice (Água/Sentimentos), um pentagrama (Terra/Objetos) e um cajado (Fogo/Energia). Esse é um lembrete de que tudo que você precisa está sempre diante de você. O que você fará com o que tem na sua frente? Essa se torna a sua magia.

O Mago é um canal energético para três níveis de existência: o mundo espiritual superior (divindade), o mundo intermediário da realidade (aquele em que todos vivemos) e o mundo inferior (sombra). As rosas e os lírios em flor representam abundância e fertilidade, em contraste com a luminosa energia amarela do sol, que o Louco carregou com ele.

II. A SACERDOTISA
EU INTERIOR

"O projeto da sua alma."

Palavras-chave: oráculo, oculto, enigma, autenticidade, mistério, inteligência.
Invertida: fraqueza, superficialidade.

A Sacerdotisa é tudo que faz você ser quem é. Ela é seus segredos mais profundos, mesmo aqueles que você esconde de si mesmo. Aparece nas leituras para lembrá-lo da história de origem da sua alma. Quem é você no sentido mais verdadeiro? Acalme-se para ouvir os sussurros da verdade. Ela o ajuda a encontrar as palavras que só você pode dizer.

A Sacerdotisa lembra que você tem a resposta para qualquer pergunta que fizer às cartas ou ao Universo. Waite a chama de "o mais elevado e sagrado" de todos os Arcanos, porque ela é o segredo sobre quem você é. Ela lembra a você de sondar seu mundo interior. É a quietude e o silêncio. Encontre essas qualidades dentro de si antes de tomar qualquer atitude em relação à situação em que está. Ninguém mais pode responder a isso senão você.

A Sacerdotisa sugere que nenhuma ação é necessária; você só precisa se apresentar e se manter presente. É importante que, às vezes, possamos exercer nossa influência ou mostrar nossas necessidades. Mas, quando a Sacerdotisa aparece, ela diz para você só se sentar e manter aquele sorriso de quem sabe das coisas. Deixe as coisas acontecerem sem declarar seus impulsos e suas opiniões. Você ficará surpreso ao ver a situação se resolver sozinha. Às vezes, não tomar nenhuma atitude é a melhor atitude que você pode ter.

O simbolismo da Sacerdotisa é rico e complexo. Ela está sentada entre dois pilares, um preto e um branco, que refletem a dualidade. Sua figura é a integração das polaridades, mostrando, assim, que estamos sempre combinando forças opostas em nossa vida. Passamos nossos dias entre o sono e a vigília, navegando pelos altos e baixos da vida. Alternamos entre o trabalho e o descanso e integramos nossos lados masculino e feminino. Estamos sempre nos posicionando entre duas alternativas. Os pilares apresentam as iniciais J e B, um segredo da Maçonaria. Essas letras representam Jachin e Boaz, nomes das duas colunas do templo do rei Salomão, em Jerusalém. Os rituais maçônicos estão associados a ritos, histórias e alegorias relacionadas ao Templo de Salomão. Os pilares foram descritos como gigantes de oito metros de altura, o que tornaria a Sacerdotisa dessa carta uma figura maciça com mais de sete metros.

A Sacerdotisa segura um pergaminho com a palavra hebraica TORA, que significa "ensinamentos" ou "doutrinas". Esse pergaminho sagrado é o livro da sua vida. É de onde você veio, a razão por que está aqui – o que acontecerá depois que você partir. É a chave que revela quem você é. Ele não pode ser lido, precisa ser vivenciado. O fim é um mistério velado aos olhos de todos.

III. A IMPERATRIZ
MÃE

"A expansão da sua alma criativa."

Palavras-chave: cuidado e acolhimento, abundância, originalidade, fertilidade, reinvenção.
Invertida: dúvida, impotência.

A Imperatriz é toda criatividade e expressão. Ela aparece nas leituras como o arquétipo da mãe, para lembrar do cuidado, da beleza e da sensualidade florescendo em você. Reflete a melhor parte do seu ser, quando você cuida de si mesmo e dos outros. O conselho da Imperatriz é que você use a criatividade na situação em questão. Você pode se surpreender com as soluções se pensar fora da caixa, de um jeito inovador.

Se a Sacerdotisa reflete seus recursos internos e o projeto básico do seu ser, é a Imperatriz que dá colorido a esse projeto. Ela liberta tudo. É o botão de flor buscando a luz do sol, o artista encontrando a tela. Ela é puro desejo e paixão expressiva. É amor e instinto. A Imperatriz é a luz do sol na manhã e o tom malva do crepúsculo. Reflete o processo criativo e a feminilidade pura.

A Imperatriz dá à luz seus segredos de Sacerdotisa no mundo terreno. Ela é você transbordando de potencialidades, talentos e delícias. Seu cetro representa o globo terrestre. Você segura o mundo nas mãos. Ele é seu para você fazer o que quiser. Como você usará seu poder e sua astúcia?

Harmonia e prazer estão em primeiro plano para a Imperatriz. Como você pode trazer mais harmonia e prazer à sua vida? Se está lutando com uma situação espinhosa, a Imperatriz sugere que encontre o equilíbrio o quanto antes. Dê ênfase ao prazer e à gentileza para suavizar arestas. Que pequenos ajustes trarão prazer físico? Como a simplicidade pode gerar desejo? Pare de pensar demais nas coisas. A resposta é clara e simples.

O símbolo de Vênus no escudo conecta a Imperatriz à beleza e à sensualidade. O colar de pérolas em volta do pescoço, as almofadas de veludo e as vestes, todos contêm símbolos de Vênus, a deusa do amor e do prazer. O campo de trigo é sagrado para as antigas deusas do milho e para Deméter, mãe dos grãos para os gregos. A colheita silenciosa de uma espiga de milho era símbolo central para os mistérios gregos de Elêusis. O grão e o trigo são símbolos transculturais de uma nova vida. As doze estrelas da coroa da Imperatriz refletem os doze signos do zodíaco e a marcam como a rainha do Universo.

A Imperatriz é geralmente retratada grávida sob as vestes. Essa gravidez metafórica se estende a todas as coisas que você está criando em sua vida. Ela fala desde a família que você planeja ter um dia até os projetos que tem em mente. Lembra você de seu poder como ser criativo. Não há nada que você não possa fazer se acreditar em si mesmo.

Em última análise, esse arquétipo lembra você da própria magnificência no mundo. É seu poder de reinventar e a capacidade de fazer qualquer coisa nova e original, mudando a abordagem. A carta da Imperatriz também pode representar figuras maternas em sua vida. Quando invertida, pode representar o lado negativo ou sombrio das questões não resolvidas com a figura materna. Às vezes, pode ser prenúncio de uma gravidez física.

IV. O IMPERADOR

PAI

"Estabelecer limites."

Palavras-chave: estrutura, firmeza, natureza confiável, comando, convicção, propósito.
Invertida: dificuldade, obstrução.

O Imperador é a parte de você que cria hábitos e rotinas. É o modo como você estrutura seu dia, organiza seu trabalho e cria um alicerce. Ele representa as sistematizações – ou a falta de sistemática com que você faz as coisas. O Imperador é a cola que aglutina o Universo e lhe dá forma e contorno. São as moléculas atômicas. São as regras de Newton, a física de Einstein. Ele é como o clima se forma e como a atmosfera mantém o ar em nosso planeta. Enquanto a Imperatriz representa expansão e criação, o Imperador coloca tudo no devido lugar. Sem o Imperador, a vida seria uma série contínua de intermináveis Big Bangs.

O número 4 é um bloco de construção do Universo. Pense num tijolo, numa mesa ou numa cadeira. Qualquer coisa sólida que serve de suporte tem quatro cantos. Essa é a essência do Imperador. Ele é o suporte que você coloca para segurar tudo que precisa de apoio.

O Imperador coloca limites em nossa consciência. É a estrutura na qual os hábitos são formados e interrompidos. Embora pareça intimidador, o Imperador é flexível, porque você sempre tem a capacidade de alterar e mover seus limites. Ele reflete a estrutura narrativa e a maneira como formamos pensamentos. Dá a você o poder de mudar seus pensamentos. Ele é como a estrutura unificadora do Tarô e do arquétipo.

O Imperador é o arquétipo da figura paterna. Essa carta, muitas vezes, aparece para representar "problemas com o pai". Ele é a maneira como você reagia às figuras paternas da sua vida. Essa carta pode marcar a maneira como você age paternalmente ou exerce influência paterna sobre os outros. O Imperador, muitas vezes, representa uma figura de autoridade ou uma pessoa influente que podem ajudá-lo a avançar em seus objetivos.

O Imperador segura um *ankh* egípcio na mão direita, que representa a imortalidade. Esse símbolo egípcio se desconstrói no sol nascente (o círculo na extremidade superior da cruz) e/ou na união das energias masculina e feminina. É a união dos opostos. Áries, o carneiro, rege o Imperador. Quatro carneiros aparecem no trono dele. Sua coroa tem chifres de carneiro. As vestes são de um tom vibrante de vermelho, a cor de Marte, planeta regente de Áries.

A Golden Dawn conferiu ao Imperador a função esotérica da "Visão". Ele é a maneira como você olha o mundo. Ninguém mais vê o mundo que você vê. A vida, embora seja uma experiência compartilhada, é, em última análise, sua própria experiência interior. Quanto mais você olhar, mais estará disponível para você. O Imperador aparece na leitura como uma lembrança para você buscar novos horizontes a cada dia.

V. O HIEROFANTE
CONSELHEIRO ESPIRITUAL

"Segredos sagrados."

Palavras-chave: ensino, mentoria, religião, dogma, sacramento, orientação, ritual.
Invertida: desconfiança, ceticismo.

O Hierofante revela segredos e mistérios do mundo invisível. Esta carta pode representar, para nós, uma freira, um padre, um rabino ou um xamã. Essas figuras são símbolos externos que nos mostram que o mistério é real. Os hierofantes refletem a tentativa de explicar e compreender mistérios espirituais profundos. Essa carta resume todas as formas de religião e leis da vida cotidiana. Representa os livros sagrados, os salmos e os sermões. O Hierofante é a forma externa da igreja, os templos e os locais de encontro ritualístico. É escritura e dogma, incenso e oração.

A carta do Hierofante pode representar, muitas vezes, normas culturais, especialmente os sistemas com os quais nos deparamos e nos quais não nos encaixamos. O Hierofante geralmente fala para as massas e em nome delas. Representa a maneira pela qual as regras e os dogmas são usados para controle e manipulação. É um pensamento grupal.

O Hierofante pode revelar a maneira como você entrou em conflito com sistemas religiosos ou discordou deles. Também representa a beleza do ritual e do espaço sagrado. Pode ser o consolo que você encontrou ao compartilhar ideias de divindade. A carta do Hierofante reflete a relação entre aluno e professor ou mestre e discípulo. É como você desempenha os dois papéis e o que esses relacionamentos significam para você.

Uma tríade muito clara se forma na carta, com o Hierofante na parte central superior. Dois monges estão diante dele, ambos com a cabeça em tonsura. A tonsura é o ato de raspar o topo da cabeça para mostrar devoção religiosa, prática comum na época medieval. Um "w" é visto no topo da coroa do Hierofante. Essa letra também pode representar a inicial do nome de Waite. O símbolo do touro, um círculo com forma de lua crescente acima dele, está oculto sobre o trono do Hierofante. Um círculo com um ponto no centro é visto em cada lado da cabeça dele. É o símbolo do ouro do alquimista.

Lírios brancos decoram a roupa do monge da direita, enquanto rosas vermelhas marcam o monge da esquerda. Essas mesmas flores são encontradas na carta do Mago. As chaves cruzadas desvendam segredos dogmáticos. Elas lembram que o próprio Tarô é uma chave que vai desvendar os mistérios do seu ser e do Universo. O Hierofante faz o sinal de bênção com a mão direita, também visto na carta do Diabo. Um cajado triplo é visto na mão esquerda dele, marcando a parte superior, média e inferior dos mundos. O Hierofante tem várias semelhanças visuais com a Sacerdotisa. Ambos estão sentados entre dois pilares e usam uma coroa tripla, a qual reflete os segredos que você guarda, e, ao mesmo tempo, os segredos espirituais do Universo e como podem ser compreendidos.

VI. OS ENAMORADOS
ROMANCE

"Apaixonar-se."

Palavras-chave: escolha, sedução, encanto, desejo, erotismo.
Invertida: repulsa, abandono.

A carta dos Enamorados é sobre se apaixonar e ser consumido pelas chamas do desejo. É atração erótica e excitação. Representa um romance quente e intenso. A louca onda de dopamina química do êxtase e da excitação percorre você no início de um novo relacionamento. Suas bochechas ficam quentes; um único olhar envia ondas de desejo por seu corpo. É um hálito quente, o roçar da ponta de um dedo. É o objeto do seu desejo como uma experiência mágica e tântrica, como se fosse engendrada pelos próprios deuses.

A carta retrata Adão e Eva, mas também Romeu e Julieta, Eros e Psique, Sansão e Dalila, Tristão e Isolda. Duas almas se tornam uma só. É o ato de amor. O casal está nu em meio às árvores frutíferas e às folhagens do Jardim do Éden. São ungidos por um anjo, que paira sobre eles. Uma cobra astuta os observa.

Podemos ver a carta dos Enamorados só pelo que ela parece ser e considerá-la apenas a representação de um casal de namorados, de um relacionamento, de um momento de prazer. No entanto, se formos além da superfície e olharmos mais profundamente, perceberemos o amor não apenas como a qualidade que mantém o Universo coeso, mas também como a capacidade de ter intimidade com algo ou alguém. Manter o outro perto e em completa vulnerabilidade. Considerar as implicações sexuais dessa carta. Atos consensuais de amor são terapêuticos e expressivos, mas também podem ser destrutivos e cruéis.

A carta dos Enamorados parece significar o amor em sua vida, mas ela também é um convite para você se abrir para o amor em todos os aspectos. Os Enamorados são um lembrete metafísico de que não estamos confinados em nosso corpo físico. Eles evocam a força mais poderosa conhecida no Universo. Nossos objetivos físico, biológico e espiritual são expressos nessa carta. Ela é fogo, fúria e paixão, a razão da existência humana. É a fonte da manifestação. O amor é a fonte de toda a vida.

Quarenta e cinco raios solares irradiam detrás do Arcanjo Rafael, o anjo da cura. Sua presença exala as propriedades restauradoras do amor para o casal mais abaixo. O cabelo de Rafael está em chamas e se mostra tão ardente quanto o sol atrás dele e a árvore flamejante abaixo. Os elementos do fogo expressam os elementos do desejo. A cobra é símbolo da tentação e também reflete o ocultista escalando a Árvore da Vida. O pico de uma montanha distante prediz as alturas a que os Enamorados podem chegar, bem como a escalada espiritual do ocultista. Nuvens aparecem abaixo do anjo para expressar a manifestação divina, como em todos os Ases. O homem olha para a mulher, que olha para o anjo, que observa tudo. Esse trio marca a energia triangular do ato criativo supremo.

VII. O CARRO
HERÓI

"No banco do motorista."

Palavras-chave: avançar com confiança, ajuda, batalha, orgulho, conquista, agilidade.
Invertida: derrocada, pane, atraso.

É hora de avançar. O Carro é a carta em que os talentos, as intenções e as paixões são mobilizados e utilizados neste mundo. O indivíduo se esforça, se mexe e ousa muito. Você está em ação. O planejamento já foi feito, suas intenções são claras. Chegou a hora. É agora ou nunca. Faça sua jogada. Tome posse do veículo. Trace seu curso e comece a rodar.

O Carro é feito de um cubo de pedra grande demais para suas rodas de ouro. Por que o Carro, símbolo de velocidade, do movimento e de proezas militares, seria colocado sobre um objeto pesado e imóvel? A resposta está no nível de existência que o Carro representa. Jung, pai da psicanálise, vê o Carro como símbolo do eu. O movimento espiritual é primordial, o objetivo final do esotérico. Portanto, uma pessoa pode viajar pelo mundo literalmente, mas nunca ver abaixo da sua superfície. Ela pode permanecer espiritualmente sedenta ou estagnada. É por isso que o Carro permanece imóvel fora dos muros da cidade.

Waite descreve o Carro como "principesco", mas não "com realeza hereditária ou um sacerdote". Waite revela a verdadeira natureza do Carro de maneira inequívoca: "Ele está acima de todas as coisas que triunfam na mente". Isso indica que você decidiu pelo sucesso e por nada menos. É a atitude de já ter vencido ou alcançado seu objetivo. A função do Carro é ser o condutor da sua vontade pessoal.

O Carro é um ator do mundo físico, mas está envolto num simbolismo esotérico. As ombreiras da armadura são os rostos perfilados de "Urim e Tumim", figuras que aparecem no Livro do Êxodo e estão ligadas à adivinhação. Os sacerdotes os usavam para a adivinhação (sim, você leu corretamente). Em 1827, Joseph Smith, fundador da seita mórmon, usou duas pedras de vidência chamadas Urim e Tumim para escrever o Livro de Mórmon. Curiosamente, Joseph Smith, um maçom, usou a estrutura maçônica para criar rituais mórmons, do mesmo modo que a Golden Dawn usou a estrutura maçônica para organizar os próprios graus e o trabalho esotérico.

A função esotérica do Carro é a "Fala". Nessa carta está o poder das suas palavras. As palavras carregam conhecimento e intenção, duas qualidades imensamente poderosas. Têm o poder de impressionar a mente. Expressar uma intenção é dar um passo na direção do seu objetivo ou desejo real. Barreiras são expressas pelo muro alto que cerca a cidade atrás do Carro e pela armadura de batalha do condutor. A associação astrológica do Carro é com o signo de Câncer, cujo símbolo é um caranguejo. A carapaça dura protege o corpo macio desse crustáceo. É como o lugar protegido onde viaja o condutor e sua armadura. Câncer é regido pela Lua. O cinturão do condutor sustenta cinco símbolos. Dois deles são os símbolos astrológicos da Lua. As cores preto e branco das esfinges combinam com os pilares preto e branco da Sacerdotisa. Essa é a maneira como você combina energias opostas para direcionar seu curso e determinar seu trajeto.

VIII. A FORÇA
FORTALEZA

"O poder da sutileza."

Palavras-chave: dinâmica, vitalidade, disciplina, vigor, vitória.
Invertida: corrupção, desrespeito.

A carta da Força marca fortaleza física, emocional e intelectual. Ela aparece numa leitura para lembrá-lo da resistência que você possui. A Força é a qualidade necessária para enfrentar todos os desafios da vida. Está sempre presente e é intensamente sentida e testada em tempos de incerteza. A Força promove a possibilidade e a estabilidade. Aparece nas fibras morais e nas decisões e ações estabelecidas nos hábitos da sua vida.

A figura da carta expressa bondade para com seu amigo do reino animal, e a força é demonstrada no modo como tratamos a nós mesmos e os que nos rodeiam. Isso inclui animais, pessoas e nosso ambiente. Por tradição, as cartas da Força mostram uma mulher domando um leão selvagem. A carta da Força do *Tarô Original de 1909* mostra um leão que já foi domesticado. A besta é dócil nas mãos dela. Ela reflete a manutenção da força, não a luta para conquistá-la. É a caneta, que é mais poderosa que a espada. É charme e destreza em vez de força bruta.

A força marca as práticas contemplativas, como a meditação, a prática de aquietar a mente. O primeiro passo é tomar consciência dos pensamentos e deixar que eles se afastem flutuando pelo céu mental, sem se apegar a eles. Essa carta nos permite ver a natureza transitória da vida e do pensamento. Aprendemos a responder ao mundo ao nosso redor em vez de reagir a ele. É assim que domamos nosso leão interior.

A Golden Dawn posicionou a carta da Força no lugar tradicional da carta da Justiça para que ela ficasse em sintonia com atribuições cabalísticas e astrológicas. Waite fala sobre as flores que a Força usa como, "entre muitas outras coisas, o doce jugo e o fardo leve da Lei Divina". O "doce jugo" de que Waite fala é o elo entre você e a criatividade divina.

O leão é símbolo do Leão astrológico. Esse mesmo símbolo aparece no canto inferior esquerdo da Roda da Fortuna. A *lemniscata* acima da cabeça da fêmea também está presente acima do Mago. Marca a natureza infinita da energia, da vida, do divino. A montanha a distância sugere altitudes espirituais e a jornada que continua nas cartas seguintes.

A carta da Força aparece para lembrá-lo de que a Força borbulha com seu poder constante para iluminar tudo. Ela é a própria causalidade. A Força são as reservas internas de poder exercido em gestos profundos. É a fortaleza intelectual, física e emocional. É exalar tenacidade de caráter, responsabilidade pessoal e confiança interior, não importa a circunstância externa.

IX. O EREMITA
ANCIÃO

"Conhecimento interior luminoso."

Palavras-chave: sagacidade, vigilância, mistério divino, introversão, recuo.
Invertida: medo, ocultamento.

A carta do Eremita, quando aparece, é um lembrete para você se afastar da influência dos outros. É hora de traçar o próprio caminho. É o exame da natureza pessoal e a experiência sensorial individual. A vida é uma experiência subjetiva. Somos apenas aqueles que a sentem por nós mesmos. A natureza espiritual e sensual é uma só. É a maneira como o mundo entra em nosso corpo. Cada um de nós é diferente. O Eremita é aquele lugar para onde vamos várias vezes para entrar em contato com nós mesmos. Esse é o lugar onde descobrimos o que não pode ser descrito por mais ninguém.

O Eremita se isola para ouvir os sussurros divinos do Universo. O conhecimento registrado oferece uma base, mas apenas o indivíduo pode vivenciar sua relação única com o invisível. É por isso que os estudiosos esotéricos e os buscadores espirituais valorizam o isolamento. Essa é a razão do voto de silêncio. Nas profundezas fecundas do silêncio e da escuridão nos tornamos o observador ativo. Respondemos ao Universo vivo e à natureza de quem somos. Longe do barulho, do som e da distração, podemos detectar os tremores mais íntimo da nossa alma. É por isso que os eremitas procuram vastos desertos e cavernas profundas. É um espaço seguro para examinar a natureza da sua alma longe da energia psíquica dos outros.

Nossa vida diária regular é uma troca de energia. Somos todos, de certa forma, vampiros energéticos. Cada um de nós é empata e cuidador. Nós nos envolvemos, continuamente, com a energia de dar e receber, que não é algo ruim. A conexão humana e a experiência compartilhada nos fazem bem. Elas nos mantêm conectados uns aos outros. Porém, dentro dessa conexão, em meio ao barulho da vida cotidiana, pode ser difícil cultivar nossa energia interior ou mesmo encontrar uma sensação de quietude.

O tempo, por si só, alimenta a alma. Promove a descoberta e a sabedoria. Evoluímos à medida que agimos de acordo com a verdade de quem somos. Crescemos quando lembramos o que foi esquecido. O Eremita nos dá um lugar para encontrar sua irmã espiritual, a Sacerdotisa. Ele é a nossa porta de entrada para o limiar dela. As primeiras dez cartas do *Tarô Original de 1909* descrevem o processo pelo qual nos tornamos humanos. É a evolução da psique e do eu. Assim que estivermos completos, o Eremita usará sua lamparina para nos guiar de volta para casa.

A estrela de seis pontas dentro da lamparina do Eremita é símbolo universal de esperança. Ele exibe inspiração e orientação do topo de uma montanha. Seu cajado, que também é carregado pelo Louco e pelo Oito de Copas, é o que ele usa para fazer sua ascensão. O pico da montanha em que o Eremita se encontra reflete as alturas espirituais. Lembre-se de quantos topos de montanhas são visíveis nas cartas de Tarô. Cobertos de neve, os picos das montanhas transmitem ainda mais as altitudes, que marcam seu conhecimento elevado. A barba do Eremita denota a sabedoria da idade e também é encontrada no cavalheiro mais velho do Dez de Ouros. A cobertura da cabeça do Eremita é sinal de devoção e respeito ao poder espiritual acima.

X. A RODA DA FORTUNA
REVOLUÇÃO

"O tempo está ao nosso lado."

Palavras-chave: fortuna, fama, felicidade, sorte, ventos do destino.
Invertida: fora de alinhamento.

A Roda da Fortuna aparece para nos informar que nossa sorte está prestes a mudar para melhor. Os ventos do destino sopram gentilmente em nossas costas. Esse presságio de sorte nos lembra o provérbio latino de que a sorte favorece os ousados. Precisamos mergulhar de cabeça na vida; jogar conforme as cartas que temos nas mãos e assumir papel ativo para dançar com nosso destino.

A Roda da Fortuna é símbolo da força cósmica. Ela ecoa nossos ciclos de vida, o nascer do sol, as sestas e o pôr do sol. São décadas, meses, segundos, e cada instante gera possibilidades.

O tempo é linear, mas flexível. Oscilamos entre o tempo interior e o exterior e descobrimos que podemos moldá-lo e distorcê-lo. O tempo exterior pertence ao relógio e ao calendário. O tempo interior é refletido por uma imaginação capaz de recordar qualquer momento da nossa vida. O tempo profundo ocorre quando nos tornamos unos com o momento presente na imersão da carta do Mundo.

A Roda da Fortuna pode ser um instrumento de contemplação útil, assim como a mandala budista ou a roda dos chakras hindu, marcando a natureza do tempo, da vida e da realidade. Arthur Waite explica, "a imagem simbólica representa o movimento perpétuo de um Universo fluido e em prol do fluxo da vida humana". A revolução de todo o sistema solar está contida nessa imagem.

A roda gira, e uma cobra desliza para baixo, enquanto um chacal sobe. Uma misteriosa esfinge aprecia a visão fugaz. A roda giratória são ciclos de sorte, os altos e baixos da vida. A única maneira de manter o equilíbrio é encontrar seu ponto central.

"Rota" é a palavra em latim para roda e colocada de modo a ser lida como o fonético "Tarot". Os raios são os três símbolos alquímicos do Mercúrio, do Enxofre e do Sal. O símbolo astrológico de Aquário é encontrado acima do "R". Nuvens ondulam nos quatro cantos e, como os ases, refletem a manifestação de algo novo no mundo material.

Traços de divindade estão manifestados nos cantos. Quatro criaturas representando um Tetramorfo bíblico, como o encontrado no primeiro capítulo de Ezequiel, decoram a carta. Elas são a cabeça de um homem (Mateus, o Apóstolo), um leão (Marcos, o Evangelista), um boi (Lucas, o Evangelista) e uma águia (João, o Evangelista). Naturalmente, as quatro criaturas dos cantos se alinham com os quatro naipes do Tarô.

Essa é uma carta poderosa, que se encontra no centro dos Arcanos Maiores. Marca a progressão das cartas, que se deslocam do plano físico, onde cada carta denota uma lição de vida, e avançam na direção de lições mais espirituais. A Roda da Fortuna é um prenúncio da carta do Mundo. Ela é o eixo em torno do qual todo seu mundo vai mudar. Você sente isso? Pode sentir isso?

Ela é o último lembrete de que cada um de nós é o centro do nosso próprio universo. As pessoas que amamos, as situações que encontramos, os ciclos da vida giram em volta de nós. As pessoas se movem em nossa órbita, às vezes perto, às vezes longe. A única coisa certa é que todos nós fazemos parte de uma interação cósmica do tempo e espaço.

XI. A JUSTIÇA

LEI

"Seja firme e justo."

Palavras-chave: karma e regras da sociedade, integridade, trabalho, retidão, verdade.
Invertida: favoritismo, bloqueio por força da lei.

A carta da Justiça reflete trabalho, esforço e karma. É a lei tríplice das bruxas. A energia que você dispende retorna para você multiplicada por três, muitas vezes mais. Isso se aplica a tudo, desde sua carreira até seus relacionamentos. Essa carta lembra você de assumir a responsabilidade por quem você é e pela energia que coloca no mundo.

Testamos os limites pessoais da Justiça, muitas vezes, quando somos jovens. É natural testar o que podemos fazer quando figuras de autoridade nos impõem regras e limites. A carta da Justiça nos dá a oportunidade de refletir sobre nossas atitudes pessoais e situações mais complicadas da nossa vida, e consultar nossa bússola interior. Você fica tentado a fugir diante de algo cruel, egoísta ou mesquinho? Descobrimos que tudo na vida tem consequências. Fazer a coisa certa pode ser uma escolha assustadora. Enfrentar algo quando você prefere correr na direção contrária requer força e coragem. Mesmo assim, descobrimos que vale a pena.

A Justiça é a lógica inerente ao mundo material e tudo que vem com ele. Num sentido mais literal, ela representa tribunais, leis e sistemas públicos de justiça. É a manutenção da ordem, que impede o caos social. A Justiça é a lei literal em ação, tal como o cumprimento de contratos, questões relativas à polícia e à segurança, e tudo relacionado à lei.

A Justiça do Tarô não usa venda. Ela vê tudo enquanto segura uma balança na mão esquerda e uma espada na direita. A postura lembra vagamente o Mago. O dedo indicador esquerdo da figura da carta da Justiça aponta para o chão, como se estivesse canalizando energia. Ela está sentada entre dois pilares, como a Sacerdotisa. A Justiça leva em conta todos os lados de uma história, equilibrando, delicadamente, a natureza da verdade.

A carta da Justiça se conecta com os talentos naturais com os quais nascemos. Lembra você de que seus dons inerentes são influenciados pelo Divino. Com que dons nascemos e a razão de nascermos com eles são um mistério que nunca será resolvido. Waite nos diz que os dons são como "presentes das fadas". Podemos deixar que nos guiem, mas temos a opção de fazer o que apreciamos, independentemente do talento natural. O talento nunca substituirá a dedicação, o foco e o trabalho feito com afinco.

A carta da Justiça aparece para lembrá-lo de deixar seus dons guiá-lo. Acabamos encontrando aquilo para o qual estamos destinados neste mundo, e a balança da Justiça é equilibrada à medida que entramos em sintonia com aquilo que verdadeiramente somos. É por isso que essa carta ecoa com a Sacerdotisa. A carta da Justiça é o que você faz com o que lhe foi concedido pelo destino. Também mostra como suas escolhas afetam o mundo e as pessoas ao seu redor.

XII. O PENDURADO
MÍSTICO

"Capacidade de ver a situação de uma nova perspectiva."

Palavras-chave: vigilância, oferenda, misticismo, ocultismo, profecia.
Invertida: senso comum, psicologia de massa.

O Pendurado está de cabeça para baixo, suspenso pelo pé, e é tudo, menos passivo e complacente. O dom do Pendurado é a capacidade de olhar de frente sua situação atual; de ver as coisas de uma perspectiva totalmente diferente. Essa é a carta dos místicos e dos artistas. O presente dele para você é a capacidade de deixar de lado noções preconcebidas para que possa ver o mundo com novos olhos.

Na leitura, essa carta é um lembrete para você parar e prestar atenção no que está acontecendo bem à sua frente. O conselho do Pendurado é fazer uma pausa e esperar antes de fazer alguma coisa. Faça uma interrupção na sua rotina normal. O Pendurado perscruta profundamente a natureza da sua alma. O artista vê um mundo que ninguém mais pode ver. Expressa isso em seu trabalho. O escritor imagina novos mundos e perspectivas e lhes dá vida por meio da escrita. O compositor faz um novo arranjo para que uma orquestra possa levar o público a um novo espaço musical. O visionário conduz as pessoas no caminho rumo à liberdade. O que você vê que ninguém mais pode ver? Como você vai se libertar?

A estase da figura masculina da carta ocorre apenas da perspectiva de quem olha de fora. A vida interior do Pendurado pulsa e está em movimento. Olhe através de seus olhos caleidoscópicos. É como tomar uma droga psicodélica. As árvores sussurram, as paredes exsudam cor; grilos arranham sua pele com suas canções. Os sentidos ganham vida à medida que definições predeterminadas desaparecem da memória humana. Uma floresta respira em uníssono. É a aparência do sagrado e do divino em cada molécula. Cada pedra, rocha, animal, pessoa, chuva e tarde entediante é infundida com energia sagrada.

A cruz do Pendurado sugere uma encruzilhada de três vias. Em breve, uma escolha terá de ser feita. A auréola ao redor da cabeça é uma marca de divindade. Sua postura é uma inversão da carta do Mundo. O Pendurado reflete a beleza que está por vir.

Essa carta pode indicar um sacrifício, mas em troca de algo que, com certeza, vale a pena. Indica uma pausa momentânea, abre espaço para possibilidades e, ao mesmo tempo, usa esse espaço para olhar mais profundamente a situação atual. O Pendurado aparece para você como uma placa de sinalização na estrada. Avisa que as coisas estão prestes a se tornar muito mais interessantes.

O Pendurado reflete o momento em que o mágico olha diretamente para "a fonte". É a interconexão de todas as coisas na natureza unificadora da energia e da magia. Nada acaba. A energia nunca morre; apenas se transforma. Isso descreve a relação entre você e o Universo. Você e o Universo são coisas interconectadas, mas separadas (assim em cima como embaixo). O Universo vivencia a si próprio através de você. Você é um universo em si mesmo. Um fragmento da divindade experimentando a si mesmo. O Pendurado marca o momento em que você encarna e entende essa interligação. Ele é a chave de tudo.

XIII. A MORTE
PARTIDA

"Adeus ao velho e boas-vindas ao novo."

Palavras-chave: término, carnificina, perda, passagem, evolução.
Invertida: paralisia, solidificação.

A carta da Morte é, por tradição, a mais temida do Tarô. O público a interpreta literalmente, achando que é um presságio do fim da vida. Abaixo da superfície, porém, essa carta reflete a natureza da mudança, da geração e da evolução. O desapego oferece a você a capacidade de se ancorar no momento presente. Permite que você aja de acordo com sua verdadeira natureza. Para estar plenamente vivo, é preciso descartar o passado. Dessa maneira, você não deixa que ele o confunda.

A Morte se esconde nas áreas sombrias de nossa psique até que sejamos forçados a enfrentá-la. Ela não é o oposto da vida. É o oposto do nascimento, um constructo essencial para entrarmos no mundo material. A própria vida é infinita. A Morte é um espaço para a purificação.

A carta da Morte é a de número 13. Esse é o número misterioso da singularidade e do significado oculto. Ela é a energia que mantém o mundo material fresco e renovado.

A Morte habita as sombras, as florestas e as moitas da literatura gótica, dos filmes e do horror. É quando nos deparamos com aquilo que não podemos ver ou entender. Como podemos integrar as lições da Morte? Como a Morte pode nos ensinar a viver?

Do ponto de vista esotérico, a Morte ocorre durante a iniciação de uma sociedade mágica ou secreta. O antigo eu desaparece e é substituído por uma nova realidade. É por isso que essa carta mostra um par de torres ao longe, com o sol nascendo entre elas. O sol nascente simboliza a ascensão do espírito após a morte transformadora. É o despertar da alma do ocultista.

Nesse sentido, o cenário dessa carta é tanto de morte quanto de ressurreição. Quatro figuras jazem diante da Morte, refletindo a família das Cartas da Corte e os quatro elementos. Apenas a criança não tem medo. Ela é curiosa e não recua nem desvia o olhar. A coroa do Rei pende para o lado para significar uma nova ordem. Reis caídos são símbolos comuns em versões mais antigas da carta da Morte. Uma mulher que se parece com a da carta da Força vira o rosto para o lado. Uma figura religiosa implora por misericórdia.

A Morte avança em seu cavalo. A carta parece refletir fluidez e as forças da mudança. A carta da Morte é a limpeza do caminho diante de você e a ascensão a um entendimento superior. É um novo começo que lhe permite se libertar para novas possibilidades. Quando essa carta aparece para você numa leitura, tem uma mensagem importante: desapegue.

XIV. A TEMPERANÇA
COMPLEXIDADE

"O encontro do equilíbrio na mudança."

Palavras-chave: habilidades aprimoradas, prudência, síntese, administração, complexidade, alquimia.
Invertida: desequilíbrio, desigualdade.

A Temperança é o anjo que traz equilíbrio e fusão à sua vida. Esta carta mostra como conciliar energias opostas. Como fundir e combinar ideias diferentes para chegar a novas conclusões. É também a carta do equilíbrio, que garante que você dê espaço para tudo em sua vida, e, o mais importante, para si mesmo. A Temperança é o sagrado e o mundano, os altos e baixos, e cada nuança entre um e outro.

O centro e ponto focal da carta da Temperança é o líquido que ela funde. Essa carta é chamada de Temperança porque, quando a incorporamos, nossa consciência tempera, combina e harmoniza nossas naturezas psíquica e material. Ela equilibra nosso lado espiritual com o lado prático do "mundo real". Em certo sentido, reflete uma maturidade espiritual e a capacidade de equilibrar o visível e o invisível, por isso a Temperança tem a mesma raiz de "temperar".

Ela é a energia para aprimorar e melhorar o que você faz. É o retornar repetidamente ao trabalho e às práticas da sua vida, sejam elas criativas, espirituais, profissionais ou uma combinação de todas elas. É se apresentar e entrar em ação, como se temperasse uma espada para torná-la mais afiada.

A carta da Temperança e a carta da Lua espelham-se mutuamente com a lagoa e o caminho. A Temperança é o dia, e a Lua é a noite. A Temperança é sua atenção e atividade, enquanto a Lua é sua psique e seus recursos interiores.

A lagoa da Temperança reflete a rica biodiversidade da natureza. Isso nos lembra que somos parte da natureza e não estamos separados dela. O corpo d'água é símbolo de uma nova vida e do subconsciente. O anjo é Gabriel. Ele é o mensageiro que serve como intermediário entre o sagrado e o profano ou os mundos invisível e visível.

O caminho distante resplandece e sobe em direção às montanhas. Esse é o potencial para onde você pode ir. Luz e brilho divinos esperam por você. O círculo na cabeça do anjo reflete a energia solar, o sol. A coroa no topo das montanhas carrega o segredo ocultista da vida eterna. Também reflete a coroação das suas conquistas ao aplicar as lições de Temperança na vida.

Acima de tudo, a Temperança é a carta do equilíbrio e da complexidade. Também exibe a magia que fazemos quando nos concentramos no que está à nossa frente e trabalhamos ativamente com isso, em vez de sermos tentados pelas distrações. Estamos dentro de polaridades mutáveis o tempo todo. Como podemos manter o foco nas coisas que realmente importam?

XV. O DIABO
SOMBRA

"Refém de si mesmo."

Palavras-chave: compulsão, profanação, violência, desastre, hedonismo.
Invertida: trivialidade, despreocupação.

O Diabo reflete cada parte de você que você mesmo aprisiona. É repressão, crueldade e escuridão dolorosa. Satanás é um arquétipo que nunca sai de cena na literatura, na religião e no mito. O Diabo tem sido historicamente um bode expiatório que leva a culpa por qualquer transgressão. "O Diabo (a bebida, o jazz, a música etc.) me levou a fazer isso." Sociedades inteiras e indivíduos têm sido usados como bodes expiatórios, acarretando consequências desastrosas. O Diabo é um símbolo conveniente que carrega as projeções da humanidade, que não suporta assumir a responsabilidade pelas próprias ações.

O Diabo pode representar um nível básico de distúrbio mental ou entropia psíquica. Nesse caso, pode se tratar de doença mental, mas também de raiva, fúria, ciúme. A inveja e o ódio desviam a atenção para longe das experiências significativas. Como você lida com a raiva e o desejo de controle? Como você ataca os outros?

O Diabo e o Mago têm exatamente a mesma postura. O Mago canaliza a energia, enquanto o Diabo tenta o controle insano. A varinha precisa do Mago torna-se a tocha flamejante do Diabo. A energia precisa fluir. Não pode ser forçada ou contida com base no controle. Tente contê-la, e ela vai rachar, o rio vai transbordar. O desastre será iminente, e ocorrerá um sofrimento desnecessário.

A carta do Diabo aparece na sua vida quando um controle extremo é exercido sobre qualquer situação. Ela se refere a todas as formas de poder abusivo, desde a busca por poder intelectual ou físico sobre o outro até a limpeza obsessivo-compulsiva. O indivíduo ou trabalha em parceria com as forças naturais ou enfrenta consequências terríveis. A única coisa sobre a qual temos controle somos nós mesmos.

As asas do Diabo são de morcego. Os morcegos são, por tradição, agentes das trevas. Ele é o Arcanjo Uriel. A palma erguida lembra a mão do Mago e também evoca o sinal de bênção do Hierofante, presente no Dez de Espadas. O símbolo de Saturno, planeta dos limites, está na palma do Diabo. Um pentagrama invertido em sua testa indica a distorção do mundo natural. A função esotérica do Diabo é o riso. Diga o que quiser do Diabo, mas ele sempre reflete uma diversão desenfreada (pelo menos, a princípio). O Diabo quer satisfazer todos os seus caprichos e fantasias. O que quer que você deseje, ele quer que você tenha em maior quantidade: dinheiro, fama, sexo, prazer. Mas quanto será suficiente?

A carta do Diabo significa, em última análise, ilusão e controle. É poder abusivo e cada papel que você desempenha para exercer esse poder. Ele é sua sombra e tudo o que você reprime dentro de você. É vício, engano e trapaça. São seus desejos imediatos, satisfeitos a um preço alto demais. A única maneira de derrotar esse ditador é enfrentá-lo. Mas você tem coragem?

A carta do Diabo é uma inversão da carta dos Enamorados. A figura diabólica infecta o casal abaixo com seu poder. As onze uvas na cauda da figura feminina indicam intoxicação. As correntes simbolizam o que está mantendo você aprisionado. No entanto, as correntes enferrujadas no pescoço estão largas o suficiente para serem removidas. As mãos deles estão livres. Eles ainda podem fugir, mas permanecem trancados em sua masmorra infernal. O que você está permitindo que o controle? Você está disposto a se libertar?

XVI. A TORRE
DESTRUIÇÃO

"A libertação do apego."

Palavras-chave: agonia, tribulação, ruína, humilhação, desastre imprevisto.
Invertida: catástrofe, porém em grau menor.

A carta da Torre aparece quando você flertou com o Diabo e viveu para contar a história. O Diabo foi saudado, derrotado e integrado. Todas as qualidades falsas, pouco autênticas e desnecessárias desaparecem e caem por terra. Tudo muda, muitas vezes de maneiras abruptas. As amizades mudam. Os empregos mudam. Circunstâncias se desconstroem e se transformam num novo normal. Pessoas diferentes são atraídas pela sua luz. Oportunidades batem à sua porta.

Os momentos "Torre" trazem agitação. É chocante para aqueles ao redor quando você toma decisões novas e repletas de poder. Não se surpreenda se sentir falta de apoio, admiração ou olhares de assombro. Aqueles que realmente importam ficarão com você enquanto o restante desmorona.

A Torre, às vezes, é tão drástica quanto uma reforma completa na vida, uma mudança, um novo trabalho, uma volta inteira de trezentos e sessenta graus. Outras vezes, a Torre é um momento de absoluta clareza e transparência, onde antes havia confusão. Você renasceu num momento final de total revelação.

Um raio atinge a grande torre. Fumaça e enxofre exalam dessa carta, ao mesmo tempo que duas figuras caem e amargam uma morte impiedosa. A paisagem rochosa reflete a iluminação brilhante, que muda todas as coisas conhecidas num piscar de olhos, demonstrando o poder do pensamento, o gênio da mente. A compreensão imediata irradia pelo corpo e pela alma.

No entanto, as forças universais ainda não acabaram de demonstrar seu poder. O raio marca um momento sem volta e uma reviravolta inesperada. Uma abertura energética de proporções épicas. Um arrepio transpassa a pele, enquanto a vida como você a conhece muda para sempre. A torre reflete o poder devastador da vida quando falsos pretextos são destruídos, à medida que o ocultista aceita sua Sombra e se esforça para escalar a Árvore da Vida.

O raio dessa carta representa uma força espiritual que quer se tornar consciente neste mundo. A forma em ziguezague do raio representa a energia descendo na Árvore da Vida, para que possa se manifestar no mundo físico. Num certo sentido, a Torre é o solavanco que cria abertura e espaço para algo novo chegar. É por isso que depois de toda dor e drama, agonia e êxtase, vem a Estrela.

Em última análise, a Torre é a destruição do que nunca deveria ter sido iniciado. Isso é evidente na coroa circular sendo derrubada de uma torre quadrada. Trata-se da necessidade de uma calibragem, que organiza tudo de maneira totalmente nova.

XVII. A ESTRELA
PAZ

"Paz e quietude depois da tempestade."

Palavras-chave: catarse, inspiração, esperança, otimismo, clareza.
Invertida: altivez, arrogância.

A Estrela surge como o espaço aberto e generoso, que chega até você após a energia da carta da Torre, que destrói o que é desnecessário. Reflete um espaço de inspiração que se abre depois de uma verdadeira limpeza energética. A Estrela é liberdade em todos os sentidos. Lembra você do que é possível quando está difícil ver através da estática. A Estrela é a abertura da alma. É a carta da possibilidade, da vida e da conexão. É o terreno fértil da verdadeira magia.

A generosidade preenche a carta da Estrela com a capacidade de ser gentil com os outros e consigo mesmo. A clareza ilumina você como o gás hélio de um balão. O corpo está vivo e aberto, quente e receptivo. Esse estado de receptividade permite que novas ideias surjam. Uma possibilidade inesperada, uma oportunidade emocionante, uma situação além dos seus sonhos mais desvairados já estão disponíveis.

A Estrela está nua, perdendo toda a autoconsciência. Reflete a vulnerabilidade final. Ela é pacífica, mas ativa. A radiância celestial se derrama sobre ela. Essa é a energia da arte e da musa. Ela reflete sua conexão com a água, a terra e o céu. Opera livremente. O Diabo abandonou seu domínio. A Torre limpa o espaço. Esperança, alívio e prazer o cercam.

A perda da inibição permeia a carta da Estrela. As crianças são naturalmente alheias ao modo como os outros as veem. Ainda não aprenderam a ter medo. Deixamos de nos constranger com o que somos quando cultivamos nossa autoconfiança. Esse constrangimento consigo mesmo consome energia psíquica inata. Pensamos em nossa aparência, em como agimos ou no modo como estamos sendo julgados pelos outros. O ego está em primeiro plano. A Estrela nos liberta dessas amarras, possibilitando nossa fusão com a unidade cósmica.

A luz das estrelas é a luz divina, mas podemos interagir com ela diretamente. Olhe para uma estrela no céu noturno, e a estrela olhará para nós. Ela é a essência da musa e do artista. A inspiração de cima infundindo o corpo com propósito. O Diabo e a Torre nos sacodem até os ossos. A Estrela serve para nos acalmar, como a claridade serena que envolve os campos depois que a tempestade passou. A Estrela prenuncia a inocência da criança vista ao sol.

Essa carta parece indicar purificação emocional e inspiração. Novas realidades são apreciadas. A motivação profunda e verdadeira ocorre. O espaço sagrado está purificado. A esperança brota mais uma vez, e a vida se refaz.

XVIII. A LUA
MISTÉRIO

"O surgimento de possibilidades latentes."

Palavras-chave: mistério, ocultismo, adversários ocultos, sedução, obscuridade.
Invertida: erro e decepção de menor impacto.

Se a carta da Lua aparecer para você numa leitura, espere o desenrolar de coisas estranhas e inimagináveis. A Lua é a carta do mito e do monstro. É a realidade e a paisagem alteradas. Visões oníricas passam pela imaginação dos adormecidos, dos artistas e dos buscadores. Profecias sombrias são proferidas. Feitiços são lançados. Demônios dançam nas encruzilhadas. A intensa energia psíquica e a natureza vinculativa da intuição, antes plácidas e pacíficas na carta da Sacerdotisa, agora são elétricas, inegáveis e permeiam tudo.

A carta da Lua reflete um instinto, uma ideia e uma forma que surgem em seu subconsciente. Ela quer tomar forma no mundo, mas você precisa permitir que ela cresça. Esse novo desejo é tão estranho e desconhecido que você precisa de um luar suave para convencê-lo. A Lua lhe dá espaço para encontrar o surgimento de algo novo num espaço seguro. O luar suaviza todas as arestas.

A carta da Lua nos avisa que nossa situação está em fluxo. Os ciclos lunares nos lembram a natureza transitória da vida humana, os ciclos menstruais femininos e a natureza de todas as coisas. Nenhuma emoção, nenhum ciclo vital ou nenhuma circunstância horrível duram para sempre. Bom, mau, indiferente, a natureza da vida, a natureza da psique – fluxos e refluxos, altos e baixos, como as marés do oceano. "Sim", a Lua diz, "As coisas ficam estranhas, assustadoras até. O desconhecido é aterrorizante. Coisas inimagináveis acontecem. Mas não para sempre. Nada é para sempre."

O rico simbolismo da carta da Lua inclui um lagostim saindo do líquido do inconsciente. Esse crustáceo são os instintos. O caminho entre as torres é a jornada da imaginação para o desconhecido. O cachorro (à esquerda) e o lobo (à direita) são medos presentes na mente natural. O cachorro, o lobo e o lagostim também simbolizam a natureza básica selvagem da mente irracional e não analítica. É o lugar onde a imaginação voa. As duas torres brilhantes são os lados esquerdo e direito da Árvore da Vida. O caminho é o centro integrado. A lagoa reflete as profundezas do subconsciente. É um símbolo do que está dentro de nós, dando forma ao medo. A imagem da Lua e do Sol foi combinada para demonstrar o luar como reflexo do Sol. Ela nos lembra que a vida neste mundo é reflexo do divino. Nosso caminho, nossa jornada, é melhor quando nos abrimos para nossa intuição.

Explore o caminho que aparece diante de você, não importa quão estranho ele possa parecer. Curvas inusitadas, momentos misteriosos e a luz do luar transformam coisas familiares em algo novo. Use a estranheza e a falta de familiaridade como oportunidades para rever crenças atuais. O sol vai nascer. Quando isso acontecer, você terá visto mais do que jamais imaginou.

XIX. O SOL
CRIADOR

"A manifestação é o estado natural do Universo."

Palavras-chave: prosperidade, contentamento, abundância material, sucesso, vitalidade.
Invertida: mesmo significado, mas menos intenso.

A carta do Sol parece refletir saúde radiante, manifestação florescente e expansão de todas as qualidades da vida. É o calor do prazer, longos dias de verão e girassóis cintilando. É o motor que torna toda a vida possível. A face pacífica do sol evoca conselhos gentis, como se dissesse que, não importa o que aconteça, você vai ficar bem.

O desejo do seu coração se expande e cresce. Essa carta revela o desdobramento de quem você é. E do que é capaz ao tomar providências para avançar. Ela é você em toda a glória, cavalgando para a liberdade.

A felicidade e a alegria são suas. O Sol é a consciência espiritual. É o lugar em que a alma toma consciência de si mesma na integração da luz divina. Do ponto de vista simbólico, a criança no cavalo é o Louco renascido. Essa conexão é feita pela pena vermelha em sua cabeça. O Sol zela pelo Louco no início do baralho. Ele nasce, numa ressurreição simbólica, na carta da Morte (que também usa uma pena vermelha). Agora o Sol ocupa o centro do palco, e tudo o que já foi sugerido como potencial agora está se expandindo.

Os girassóis representam a energia solar. Ela se apresenta em estado de atenção, mantendo seu poder e encarando o futuro com clareza e propósito. A parede do jardim reflete uma fronteira que é ultrapassada. O que antes era cultivado e protegido agora pode prosseguir rumo ao desconhecido. Essa carta marca os momentos em que você cruza a fronteira do desconhecido com total facilidade e segurança.

Você como filho do Sol – ele sabe exatamente o que você está fazendo, aonde está indo e quais são suas intenções. A falta de roupa da criança denota vontade de ser vulnerável. Também é inocência. As crianças não nascem com vergonha, mas são ensinadas a tê-la. Não há razão para esconder quem você realmente é.

De certa maneira, a carta do Sol reflete sua jornada para casa. Você aceita a si mesmo, e o mundo obedece. Há liberdade e prazer inerentes. A bandeira da criança, também uma chama, reflete uma energia nutriz com força para durar uma vida inteira. Essa carta reflete, ainda, a jardinagem, a casa e o lar. É a restauração física e metafórica de quem você é em todos os aspectos.

XX. O JULGAMENTO
EVOLUÇÃO

"Um chamado de despertar."

Palavras-chave: mudança revolucionária, regeneração, resultados, despertar, libertação.
Invertida: covardia, fraqueza.

O Julgamento leva você a um ponto sem volta. Nada será como antes. Você vê do que é capaz e, mais importante, não ignora mais isso. A escolha não existe mais quando você encontra a linha direta para sua eventualidade. Outros tomam nota. As ramificações estão por toda parte. Não há retorno. O trem sai da estação. O avião está no ar. A transformação está quase completa. Você abraça seu verdadeiro destino.

A mudança permeia sob a superfície de tudo na vida. Esses momentos são sentidos nos pequenos detalhes. Suas roupas e sua casa não parecem certas. Coisas que costumavam confortar e dar prazer parecem vazias, à medida que novos interesses tomam forma. Os extrovertidos ficam em casa. Os introvertidos vão para a rua. Novos limites, muros e invólucros são formados. As portas se abrem, a possibilidade bate, a intuição flui livremente.

O Arcanjo Miguel é o anjo da proteção. Toca sua trombeta para as figuras abaixo. O som dela é um verdadeiro chamado, um sinal de despertar, a letra certa ouvida na hora certa. Onde está o chamado dentro de você? A arte, a natureza e a poesia são sua vocação? Qual é seu canto de sereia? O que é bonito o suficiente para que não possa ser ignorado? Como sua "natureza inferior", ou seu material, ligado à terra, ouve o verdadeiro chamado?

Os mortos se levantam do caixão. A nudez das figuras expressa vulnerabilidade. As crianças refletem inocência. As famílias representam a unidade. A mãe, o pai e os braços da criança, abertos e voltados para cima, sugerem um abraço de boas-vindas.

A carta inteira simboliza o Juízo Final no sentido bíblico. Pode ser lida com base em todas essas metáforas e alegorias. O Juízo Final foi retratado por artistas do mundo todo, de Michelangelo a William Blake, e aparece em dezenas de filmes e obras da literatura universal. O uso icônico do Julgamento, seja cômico, sério ou bíblico, sempre marca o fim do mundo conhecido.

A Justiça representa toda a terra elevando-se ao chamado da verdade, "assim em cima como embaixo". Você é o mundo, e o mundo é você. Você traz o mundo terreno consigo ao se levantar para abraçar o chamado do seu coração. Você transforma não só a si mesmo, mas também tudo que está com você.

XXI. O MUNDO
INTEGRAÇÃO

"Tudo está no devido lugar."

Palavras-chave: puro prazer, sucesso definido, jornada, euforia, viagem, perfeição.
Invertida: ócio, lentidão.

Você, como o dançarino do mundo, se move num estado de pura perfeição. O que foi intimado pela Roda da Fortuna como a natureza do Universo está agora incorporado à sua pele e aos seus ossos, às suas ações e aos seus gestos, aos seus pensamentos e sentimentos. Qualidades opostas são integradas. A inibição é deixada de lado. A confiança completa se estruturou. Você é a essência deslumbrante. Seus talentos, suas qualidades, suas sensibilidades infundem cada ação.

Um momento glorioso de conclusão. A beleza e o brilho são profundos, como a possibilidade nascida na carta do Louco. Esta carta é renovada e cheia de possibilidades. Seu padrão é alterado para sempre. A salvação ocorre. Você é o Universo e o ato mais criativo e mágico do qual participará. O ego se dissolve. Você vivencia o tempo profundo. Ele desaparece.

O Mundo segura duas varinhas mágicas em oposição ao Mago, que segurava uma única varinha. As varinhas reverberam como fonte constante de poder. Em vez de dirigir a energia, como o Mago, o Mundo incorpora o movimento sinuoso.

As quatro figuras dos cantos são um tetramorfo, referência bíblica ao primeiro capítulo de Ezequiel, que refletem um homem, um leão, um boi e uma águia. As quatro criaturas representam os quatro cantos/direções: norte, sul, leste e oeste, e os quatro naipes do Tarô: Paus, Copas, Espadas e Ouros. A coroa verde do Mundo é oval, cunhada na forma de um 0, número do Louco, que se levanta para encontrá-la. O oval também sugere o canal de nascimento, por meio do qual uma nova vida entra no mundo.

O Mundo é a carta definitiva. É o fim dos Arcanos Maiores. É o Big Bang. Aperfeiçoado e completo. É o ponto ideal da vida, quando todas as energias se misturam, por dentro e por fora, encontrando-se numa união arrebatadora e extática. Seu desejo é atendido. Você compartilha seus dons com o mundo. Não esconde nada. Está totalmente vivo e presente. Você já desejou. É o estado supremo de bem-aventurança.

Viagens, emoção e movimento o cercam, conforme você segue o fluxo. Absorto no momento, o tempo deixa de preocupá-lo. Integração completa com o mundo ao redor. A facilidade sem esforço substitui o estresse. A liberdade do eu impera. Essa carta é você em toda a glória. Você como sempre quis ser, sucesso e infinito. Ela representa sua vitória final.

Capítulo Quatro

OS ARCANOS MENORES

Os Arcanos Menores representam forças mais cotidianas na vida do consulente. Não se relacionam diretamente com as engrenagens básicas do Universo ou da vida, mas fazem parte de todos os tipos de experiência humana e do dia a dia. Eles não são menos importantes que os Arcanos Maiores, mas são, definitivamente, mais acessíveis e mundanos.

Em comparação com os Arcanos Maiores, os Menores não têm nome arquetípico porque não se referem a nenhum arquétipo específico. O número (ou categoria, no caso das Cartas da Corte) e o naipe, porém, podem ser muito úteis para completar o entendimento e a interpretação de qualquer Arcano Menor.

ÁS DE PAUS

"Centelha de energia."

Palavras-chave: energia, paixão, originalidade, manancial, brilho.
Invertida: decepção, explosão.

O Ás de Paus é uma centelha na escuridão. O começo da paixão, a obsessão e a excitação. É o impulso que faz seu coração acelerar e enche você com uma onda de energia. É o que o faz saltar da cama, às vezes às quatro da manhã. É o que o enche de energia quando seus olhos se abrem. Em sentido mais profundo, é a semente do elemento Fogo dentro de nós. É uma saudade doída. É nossa paixão avassaladora. Nossa fome. É nossa vocação e espiritualidade. É pura energia.

Imagine vagar perdido por uma floresta escura. As árvores se fecham ao seu redor, uma tempestade se aproxima do oeste, o vento sopra cada vez mais forte. Parece que olhos atentos e famintos estão por toda parte. Você vê luz a distância. Não tem certeza de quem ou do que é, mas pode representar segurança. Pode ser um fogo abrasador, uma comida reconfortante e uma cama macia. Pode até ser algo perigoso, mas não importa. A luz o enche de esperança, e você se aproxima. Avança em direção a ela. O Ás de Paus é o que lhe dá um ponto focal quando você não tem mais a que recorrer.

A energia de Paus é poderosa. Pode nutrir e aquecer quando usada com segurança. Pode queimar se você se mover muito rápido ou se se aproximar demais. Ela incinera como um incêndio se utilizada com descuido. Se não for contido, o Ás de Paus tem o potencial de engolir, devorar e queimar tudo. É o fogo interno que os yogues alimentam durante sua prática. É o espírito sentido pelos pregadores no púlpito, jorrando fogo e enxofre. É o elemento combustível e inevitável que faz a vida valer a pena, leva a todos a enfrentar problemas e define quem somos.

Quando o Ás de Paus aparece numa leitura, indica vitalidade e entusiasmo. É um chamado que você precisa atender e tem força de vontade para isso. É originalidade e criatividade. Arrisque-se. Mexa-se agora. Não olhe para trás. O caminho está se revelando diante de você. Deixe o Ás de Paus iluminar esse caminho.

DOIS DE PAUS

"Trace um plano."

Palavras-chave: visões do futuro, divisão entre mundos, riqueza material sem amor, dualidade.
Invertida: emoções instáveis, separação.

O momento é propício para traçar e planejar. Faça alianças, relacione seus objetivos, crie um painel visionário e anote por escrito seu plano de ação. O mundo está em suas mãos. A energia do fogo leva você mais alto que nunca. Uma paisagem se descortina. A energia da paixão oscila em seu favor. Parcerias de negócios são favoráveis, pois pessoas com o mesmo entusiasmo e os mesmos ideais logo se encontrarão. Pessoas que pensam como você são atraídas para você.

O Dois de Paus marca um momento de ousadia inteligente. Trace seu plano, mas não se apresse ao agir. Certifique-se de esperar até o momento certo. A sorte não existe. Você se preparou para esse momento durante toda a vida. Um plano bem executado culmina em uma combinação de paixão, conhecimento e execução.

O Dois de Paus emula a carta do Imperador. A figura da carta examina uma grande extensão à sua frente enquanto segura um globo numa mão (o Imperador segura um globo) e um cajado na outra (o Imperador segura o *ankh*). Isso é indicação de que você está ciente da posição em que está. Tem a capacidade de sentir o ambiente e se mover de acordo com ele. O Imperador e o Dois de Paus estão adornados com um tom vermelho ígneo e roupas laranja. Isso significa energia latente e combustível. As rosas vermelhas e os lírios brancos lembram a magia florescente da carta do Mago. Nada é possível quando você coloca tempo e energia nisso.

Esse é o momento em que o poder pessoal é realizado e reconhecido. Um cajado nos apoia (representação do naipe de Paus), e agora contemplamos a direção que seguiremos. Isso é emocionante no sentido de que tudo é possível. Você sabe que o que tem nas mãos pode mudar tudo.

A inversão do Dois de Paus reflete a incapacidade de confiar em si mesmo e sentimentos gerais de inaptidão. A resposta para esses momentos de dúvida é sentir o desconforto, sem tentar afastá-lo. Isso permitirá que os sentimentos passem por você, sem encontrar obstrução. Depois disso, você estará livre para seguir em frente.

TRÊS DE PAUS

"A sorte favorece os ousados."

Palavras-chave: troca, comércio, levar os navios para o mar, empreendimentos comerciais.
Invertida: interrupção no trabalho.

Você se estabeleceu como uma força a ser reconhecida. Agora é a hora de colocar seu poder em ação. O Três de Paus é uma carta de expansão e criação. A feiticeira lançou seu feitiço, foram feitas oferendas e orações, e o botão "Enviar" foi pressionado. Mensagens e comunicações estão a caminho. Esta carta reúne pessoas para que colaborem umas com as outras; elas estão unidas em nome de um objetivo comum, como num partido ou numa ação política. O fogo foi alimentado e agora queima com vigor. Existe uma conexão clara entre o Dois e o Três de Paus, como se fossem cenas consecutivas do mesmo filme. O Dois de Paus sugeriu um planejamento cuidadoso. O Três de Paus é a execução desse plano.

Uma figura está diante de uma baía e um píer. A ilustração representa você olhando para seu campo de jogo. Se o mundo fosse um jogo de tabuleiro, seria a sua vez de jogar. Sua mão é boa. A figura está de pé entre varas e representa você em meio a uma paixão estimulante, que o protege e sustenta. As folhas em floração retratam crescimento e manifestação. Três navios estão a distância. Refletem suas ideias em movimento. Você está, literalmente, enviando seus navios para o mar e continuará a vigiá-los. É muito cedo para saber quais serão os resultados finais, mas basta saber que você colocou seus planos em ação.

Outras pessoas cooperarão com seus planos. Você tem colaboradores ao seu lado, e as pessoas estão torcendo pelo seu sucesso. Você encontrará ajuda e apoio em seus objetivos. Patronos aparecem, membros da família se apresentam para oferecer ajuda e orientação. A energia da criatividade se desenvolve à medida que os outros são tocados pela sua paixão e visão. Você inspira os outros com suas ações. Eles estão maravilhados com a coragem e a glória que você exibe com facilidade. Todos os aspectos dessa carta são favoráveis.

QUATRO DE PAUS

"Hora de celebrar."

Palavras-chave: festas, comunidade, vida pastoral, santuário, plenitude, felicidade doméstica.
Invertida: mesmo significado da posição normal.

O Quatro de Paus representa a estabilidade no reino da paixão. Trata-se de um lar, um casamento e uma celebração feliz. Ele fala da magia da fertilidade do solstício de verão e dos festivais do fogo. Significa festivais de verão, concertos e folia. É um retorno ao mundo natural, ao contato com a terra, quando ela está no auge dos seus poderes. Está florescendo cada vez mais. Uma estabilidade apaixonada é refletida por um fogo que não consome, mas cultiva. Esta carta aparece para mostrar que podemos nos divertir como antigamente.

O Quatro de Paus é único porque as varas que simbolizam o naipe de Paus estão na frente de um palco. Os seres humanos estão pintados no pano de fundo. Nesse sentido, a carta mostra pessoas entrando em sua vida. As varas estão dispostas como uma porta ou uma soleira. Você também pode olhar para o seu futuro, ver o bem que logo chegará.

A necessidade humana de compartilhar sentimentos e entusiasmo é fundamental no Quatro de Paus. A alegria é melhor quando compartilhada com outras pessoas, em vez de ser vivenciada em solidão. Você está recebendo boas-novas e querendo compartilhá-las com outras pessoas. Essa carta representa sorte livre e sem amarras. Fala de inspirar os outros, presenteando-os com as mesmas coisas que o encheram de alegria. Num sentido mais prático, essa carta aparece para sugerir uma viagem ao campo. Sugere um tempo passado em meio à natureza, entre campos e florestas. É relaxante durante os longos e preguiçosos dias de verão. Reinam a paz e a prosperidade.

Vênus, que é a essência do amor, é simbolizada pelas rosas na guirlanda e nos buquês dos foliões de verão. Uma ponte distante é uma porta de entrada para a felicidade e a manifestação, como fica evidente na folhagem. As paredes do castelo e da mansão sugerem a história da comunidade e da família. É segurança e riqueza. A carta é sobre compartilhar tradições familiares e sobre objetivos alcançados. Curamos o passado quando influenciamos o futuro com um alinhamento energético. Compartilhar alegria amplifica a felicidade e as conquistas.

CINCO DE PAUS

"Pessoas numa escaramuça."

Palavras-chave: falsa luta, luta por riquezas, batalha pela vida, ganho.
Invertida: trapaça, travessuras.

O Cinco de Paus reflete a energia de uma multidão inflamada. Dependendo das cartas ao redor, o Cinco de Paus é uma energia positiva e contagiante que faz com que as pessoas troquem ideias animadamente. É uma equipe de trabalho ou esportiva trabalhando em conjunto, fundindo a paixão e alimentando as chamas da criatividade e do empreendimento.

Se cartas mais sombrias estiverem cercando o Cinco de Paus, isso pode refletir momentos em que o ambiente doméstico ou o local de trabalho estão em completa desordem. Pode parecer que todo mundo está fora de si. A natureza acalorada dessa interação inflama o fogo, que acaba levando à combustão. Isso pode evoluir para situações perigosas. Multidões, às vezes, recorrem à violência. Protestos pacíficos tornam-se perigosos. Brigas começam inesperadamente. É também o ponto de um relacionamento de longo prazo em que as chamas do desejo são substituídas pela intensidade da raiva. Brigas substituem a intimidade.

A carta mostra cinco figuras jovens. Cada uma delas segura uma vara, que representa sua ideia ou paixão. Cada figura assume postura sólida, com os pés firmemente plantados no chão. Ninguém está pronto para ceder. O segredo dessa carta é que, se todos trabalharem em conjunto, suas varas formarão uma estrela de cinco pontas. Assim, a natureza mágica da criatividade combinada se manifesta.

Você se mantém aberto à inspiração dos outros? É importante não trabalhar no vácuo da reclusão. O compartilhamento de energia se baseia no que vocês já construíram. Não importa a claridade ou a escuridão dessa carta; o mais importante é que nossas crenças apaixonadas têm a capacidade de transformar qualquer situação. Incentive o debate. Abra a mente para incluir as ideias dos outros. Se a paixão se transformar em drama e as pessoas se inflamarem sem motivo, afaste-se e siga em frente. Não se envolva. Evite distrações.

SEIS DE PAUS

"Inspire outras pessoas por meio de suas atitudes."

Palavras-chave: vitória triunfante, notícia estupenda, expectativas, desfile.
Invertida: inimigo no portão, oponente digno.

É tempo de festejar e de desfrutar do reconhecimento e dos elogios conquistados graças a todo o seu empenho. Boas notícias levam à admiração do público. Você está voando alto. Esta é a carta da conquista, do alcance das metas e do anúncio da vitória. Não pare agora, pois mais conquistas o aguardam. O Seis nunca é o fim de uma história. Embora o futuro lhe reserve ainda mais, você pode usufruir das recompensas que já ganhou até agora.

O Seis de Paus reflete como os outros apoiam seu trabalho e esforço. Em geral, esse apoio vem em forma de prêmio ou de algum outro tipo de reconhecimento. Você assumiu um risco. Agora está colhendo os louros. Valeu a pena seguir sua verdadeira natureza e seus instintos mais profundos. Outros se interessaram e prestaram atenção. É um lembrete de que, quando é fiel a si mesmo, você mostra às outras pessoas como fazer o mesmo por elas. A multidão aplaude porque as pessoas se identificam com você. A paixão e o entusiasmo contagiam.

Uma figura montada a cavalo segue numa procissão; a vara que segura, com a coroa da vitória, é um presságio da carta do Mundo. Em breve, tudo estará ao seu alcance. O cavalo olha para o passado ou até com um pouco de malícia para o consulente. O garanhão está coberto com um manto verde, que encobre algum segredo ainda a ser revelado. Cinco pessoas marcham ao lado do cavalo e carregam varas. Elas representam o apoio das pessoas mais próximas a você.

Todas as cartas número 6 dos Arcanos Menores refletem hierarquias. No Seis de Paus, essa hierarquia está representada pela altura do cavaleiro em relação aos foliões do desfile. Essa diferenciação pode implicar separação, autoridade e posições de poder. Não deixe que o reconhecimento lhe vire a cabeça; mantenha-se humilde em seu trabalho. O número 6 também se relaciona com a carta do Carro, que é a do avanço constante na direção de sua escolha.

Essa carta invertida pode significar que alguém quer prejudicar você. É o poder da inveja de outras pessoas que cobiçam seu sucesso. Aqueles que suportam o peso do sucesso e servem de exemplo assumem a responsabilidade por suas ações. De que modo você se considera um exemplo para os outros? Você sabe como direcionar as pessoas, colocando-as no caminho da própria magia única, evitando a tentação de acreditar no mito do ego sobre quem você é?

SETE DE PAUS

"Defenda sua vida."

Palavras-chave: posição de vantagem, negociação controversa, intocável, defesa.
Invertida: decisões precipitadas, nervosismo.

Você está se sentindo um pouco na defensiva ultimamente? O Sete de Paus indica que você está defendendo seu território. Você é feroz e rápido para proteger o que é seu daqueles que querem tomar isso de você. Esta carta sugere processos judiciais, luta por direitos iguais e uma discussão política que está longe de ser um debate saudável, pois provoca embates acalorados. Indica que você se sente pessoalmente desafiado em relação a um assunto que significa muito para você. As paixões são inflamadas à medida que ocorrem trocas de insultos.

Uma análise mais detalhada da carta levanta a questão: você está travando uma luta justa ou criando algo do nada, como Dom Quixote atacando moinhos de vento? É da natureza humana levar as atitudes e as palavras de outras pessoas para o lado pessoal. Nós nos deixamos levar pelo ego em muitas situações que nada têm a ver conosco. Será que não estamos dando crédito demais aos outros? Pior ainda, será que não estamos dando a eles o poder de nos distrair das coisas que realmente importam?

Essa carta indica que, não importa a situação, você está em posição de vantagem. Mas não baixe a guarda. Os resultados ainda não foram determinados. Faça o melhor com a vantagem que tem. Aproveite ao máximo e siga em frente o mais rápido que puder.

Consulentes atentos notarão que o rapaz usa um calçado diferente em cada pé. Ele calça uma bota no pé esquerdo e um sapato no direito. Isso sugere fuga rápida, como se ele tivesse pego suas roupas e saído correndo como louco porta afora. Será que ele não foi surpreendido com uma pessoa com quem não deveria estar fazendo certas coisas, mais apropriadas para ambientes privados? Não importa, agora; como se diz, o gato já está fora do saco. Suas travessuras estão à mostra para quem quiser ver.

Uma leitura alternativa do Sete de Paus sugere que a figura não está lutando com a multidão abaixo, mas acendendo suas tochas com suas próprias ideias e energia. Nesse caso, ele é como um pregador no púlpito, incentivando seus fiéis. É o vocalista de uma banda incendiando uma arena com energia. É você inspirando aqueles ao redor a agir. É recrutar outras pessoas para ajudar em sua causa.

OITO DE PAUS

"Mensagens de amor e sorte estão em todo lugar."

Palavras-chave: flechas do amor, mensagens rápidas, intenções, alvo.
Invertida: flechas da inveja, disputa conjugal.

Oito varas voam pelo céu, como se tivessem sido atiradas por um arqueiro. Elas sugerem velocidade e acontecimentos que se desenrolam rapidamente. Planos, ideias, diretrizes estão em curso, como relâmpagos atravessando o céu. Trata-se de um reflexo visual de precisão furtiva da sua energia concentrada em ação. Esta carta rege todas as formas de comunicação, desde missivas até mensagens de texto e e-mails. Lembra a você de enviar uma mensagem para a pessoa ou as pessoas que querem notícias suas. Também pode significar que o auxílio que você solicitou está a caminho.

O Oito de Paus é o chamado e a resposta do Universo. Você comunicou seus desejos por meio de uma invocação, de um feitiço, ou simplesmente dizendo o que queria. O Universo responde com o que muitos chamam de sincronicidade ou coincidência. Os leitores de Tarô sabem que é assim que nos comunicamos com o mundo natural, e que ele age por conta própria. Assim como o Cinco de Espadas nos lembra de falar com gentileza e cuidado, o Oito de Paus nos lembra a força e o poder de nossas intenções.

Há uma mensagem nessa carta que é o lembrete de que as ações empreendidas não podem ser desfeitas. As mensagens que você enviou estão por aí. Vão atingir seu alvo. Têm repercussões. Essa carta é uma recomendação para que você pense antes de falar e agir. Lembre-se da natureza kármica deste mundo. Tudo que é enviado sempre acaba voltando ao remetente.

Nessa carta, há uma casa no topo da colina, sugerindo assuntos relativos à família e à vida doméstica. Uma terra fértil se estende sob as varas, sugerindo que o momento é oportuno, e a situação, favorável. Os rios serviram como estradas inicialmente e, portanto, implicam trânsito e mensagens. O céu é aberto e de tom azul-claro, refletindo a criatividade e a clareza da situação. Todos os sistemas sinalizam que você deve se colocar em movimento. Para descobrir onde as varas voadoras provavelmente vão se cravar, tire outra carta. Coloque-a à direita do Oito de Paus e a interprete.

NOVE DE PAUS

"Rompimento de velhas barreiras."

Palavras-chave: oponente forte, antagonista formidável, detenção, força na oposição.
Invertida: uma pedra no caminho, infortúnio.

Uma figura está sobre o palco, olhando furtivamente ao redor, como se para detectar qualquer perigo iminente. Segura uma vara na mão, como se a usasse para atravessar a cerca de varas atrás dela. A carta do Nove de Paus é sobre romper barreiras e entrar num novo espaço. Você saiu da zona de conforto. Um novo território aguarda para ser explorado. Possibilidades que você nunca imaginou estão, agora, disponíveis. Não se sinta desestimulado só porque está diante do novo e do desconhecido. Você logo se acostumará e avançará rumo a uma nova fronteira desconhecida.

O Nove de Paus é a carta para quebrar um teto de vidro. Você está gastando suas reservas de energia e entrando num espaço de transformação. Ela pode refletir a mudança da casa dos pais, o ingresso numa faculdade ou a conquista tão almejada do próprio apartamento – agora sem colegas de quarto. É um risco que pode causar um frio na barriga, como saltar de paraquedas ou convidar alguém que você admira para tomar um café ou jantar. É uma ação que terá uma consequência real e verdadeira em sua vida. É a coragem de defender suas convicções no mesmo lugar onde você costumava se esconder. É uma emocionante experiência criativa em que você vê ou faz algo completamente novo.

A bandagem na cabeça do sujeito é um lembrete de que toda ferida traz uma lição. Você tem sido corajoso. O que não pode matá-lo de fato constrói seu caráter e o deixa mais forte. Isso marca você de maneiras visíveis e invisíveis. Carregamos uma cicatriz de um relacionamento abusivo que nos ensinou a ser ferozes e resilientes. A recuperação de um vício nos ensina lições valiosas que não aprenderíamos de outra maneira. Nós nos tornamos mais humanos, mais vivos, a cada desafio vencido.

Essa carta ecoa nossa necessidade de ir mais longe, depois que um objetivo é alcançado. É da natureza do naipe de Paus e do elemento Fogo nos fazer continuar. De muitas maneiras, Paus é o naipe mais exaustivo do Tarô. Lembre-se de descansar para não correr o risco de esgotamento. Desse modo, seu fogo interior sempre criará uma sensação prazerosa, duradoura e de combustão lenta.

DEZ DE PAUS

"Tirar dos ombros um fardo pesado para que um ciclo possa se renovar."

Palavras-chave: fardos de sucesso e vitória, a sorte carregando a opressão.
Invertida: conspirações, antítese.

O Dez de Paus sugere um tempo de descanso. Suas reservas de energia estão baixas. Você chegou ao limite e precisa de uma pausa. Esta carta, muitas vezes, indica o desgaste que o trabalho árduo provoca no corpo, resultando em cansaço físico. É hora de reduzir o ritmo e permitir que o corpo descanse.

Paus é o naipe estimulante, que alimenta nosso espírito, faz ferver nosso sangue e nos impele à ação. Paus, a essência do amor erótico e da paixão, é o naipe mais elétrico do Tarô. Mesmo servindo como combustível para o fogo, a madeira (Paus) não pode queimar para sempre. Se pudesse, geraria profunda exaustão na alma. A total exaustão de um indivíduo devastado pelo naipe de Paus é ilustrada no Dez de Paus.

Um sujeito caminha com uma coleção de dez varas nas mãos, sob um céu azul e na direção de uma pequena propriedade, um campo arado, e de bosques bem cuidados. Este é um lembrete visual de todos os Arcanos Menores; essas dez varas são a culminância do naipe. Marcam os resultados dos seus esforços e o fim da história. No caso de Paus, sua ideia original teve muitas encarnações. É hora de colocar tudo no chão e reagrupar. Descubra o que você pode delegar. Como pode aliviar a carga que carrega?

A figura da carta está curvada e se inclina para a frente, pressionando o chakra da coroa contra as varas. Sua desconexão e seu desalinhamento são aparentes. Isso sugere que você tem coisas demais para fazer. Você precisa largar o que o está cegando, para que possa enxergar novamente. A figura da carta também está se afastando de uma situação. Do que você precisa se afastar para salvar a si mesmo?

VALETE DE PAUS

"Faça o que lhe dá prazer."

VALETE DE PAUS

Palavras-chave: acúmulo de inteligência, paixão focada, alma aventureira, amante fiel.
Invertida: notícias ruins, contar histórias exageradas.

O Valete de Paus representa a atitude de fascínio e empolgação. Este Valete coloca sua atenção inteiramente no que faz seu coração vibrar. Deixe o prazer guiá-lo até onde você precisa ir. A magia da atração é impossível ignorar. Pare de negar a si mesmo todas as coisas que quer fazer. Entregue-se às suas obsessões. Honre-as, dando atenção a elas.

O Valete de Paus aparece na leitura como uma sugestão para focar em tudo que o emociona. Você sempre será tentado a se distrair. Continue voltando a atenção às coisas da vida que o encantam. Você sabe o que agrada a sua fantasia. Faça mais do que gosta. Mantenha isso em foco.

Uma chama vermelha se projeta do chapéu do Valete. Ela é a juventude do elemento Fogo e, como tal, reflete a pureza da paixão em seus estágios primordiais. Pense no que empolgava você quando era criança. O que você amava mais que tudo? O que mais o fascinava? Livros, filmes, espetáculos? Você ficava encantado com animais de estimação, animais e natureza? Vasculhava o céu noturno em busca de vida em outros planetas ou de discos voadores? Gostava de aventura, de andar de bicicleta, do vento nos cabelos?

Essa carta aparece para indicar pessoas fiéis a si mesmas. Elas também sempre serão fieis a você. Só não espere que larguem tudo e venham correndo no momento que você deseja. Elas têm o próprio cronograma. Saiba que isso não tem nada de pessoal e confie que elas virão quando necessário. Essa carta indica aqueles em quem você pode confiar. Seus amigos e familiares divertidos e animados. Eles iluminam o ambiente quando entram. Esses são os amigos divertidos com quem você provavelmente vai arranjar alguma encrenca. Mas, no final, costuma vale a pena.

O Valete está numa paisagem desértica para lembrá-lo de que ele é filho do Fogo. As areias vermelhas refletem as extensões secas encontradas nos extensos desertos do Oriente Médio. Amarelo e preto são as cores dos lagartos, criaturas do Fogo. Vermelho e laranja são as cores da areia e das chamas saltitantes. Vire uma nova página e deixe que ela o conduza ao destino que sempre foi seu.

CAVALEIRO DE PAUS

"Amante passional e impetuoso."

Palavras-chave: êxodo, debandada, fuga, jovem, extrovertido.
Invertida: aspereza, tumulto.

O Cavaleiro de Paus representa uma atitude de muita ousadia. Ele tem a natureza explosiva, expansiva e desenfreada do Fogo. Representa a paixão desenfreada e tempestuosa. O ímpeto do Fogo o leva adiante. Não há tempo para parar e pensar. É o calor da paixão percorrendo o corpo. É a alegria dos relacionamentos românticos. É a sensação de liberdade, a estrada aberta e o mundo na palma da mão. É uma sede que não pode ser saciada. Sentimento de invencibilidade. Descarga de endorfina. Assim que o Cavaleiro de Paus for reconhecido, ele e sua poderosa energia poderão ser aproveitados para seu bem maior.

A atitude dele funciona bem quando você precisa de uma injeção de ânimo ou encontrar recursos interiores para fazer algo importante para si mesmo ou outra pessoa. Acesse essa energia quando houver um grande projeto em sua vida. Ela será útil quando você tiver que passar por um acontecimento desafiador, um teste ou uma conversa difícil que tem adiado. É o antídoto para a procrastinação.

O Cavaleiro de Paus é ativado quando você faz a reserva para uma viagem de última hora a um lugar exótico ou toma qualquer tipo de atitude por impulso. Você vai aproveitar essa energia poderosa para reunir forças e avançar até cumprir uma tarefa verdadeiramente desafiadora. Esse Cavaleiro o ajudará a cruzar a linha de chegada e possibilitará a você acessar as suas reservas interiores de força e dinamismo.

A energia desenfreada do Cavaleiro de Paus, invertida, pode causar problemas se não for controlada. Sua energia perigosa não vai esperar pelo consentimento do seu parceiro. Esta carta representa uma pessoa que está tão ocupada em atingir seu objetivo que acaba negligenciando os outros nessa busca obstinada. Os tipos extremos de Cavaleiro de Paus não têm filtro. Ninguém sabe o que eles podem dizer ou fazer em seguida. É embaraçoso.

O Cavaleiro de Paus tem imagem cativante. Cuidado quando ele cruzar seu caminho. Sua natureza incendiária lhe confere carisma extraordinário. Ele é fogoso e impetuoso. Brilha de dentro para fora. É absolutamente *sexy*. Essa energia extrema é aprimorada e controlada em atletas, figuras do mundo dos esportes e atores que tenham as características do Cavaleiro de Paus. Ele é um jogador romântico dentro e fora de campo. Você vai vê-lo seduzindo muitas pessoas, sem ficar com ninguém.

RAINHA DE PAUS

"Radiante centro das atenções."

RAINHA DE PAUS

Palavras-chave: mulher carismática, ética, nobre, sincera, acolhedora, empreendimento de sucesso.
Invertida: excepcional, acomodação.

A Rainha de Paus reflete a paixão feminina madura, com compreensão profunda de si mesma. Conhece o prazer inerente de ter vivacidade, em vez da precipitação resultante da empolgação da juventude. É a maturidade e o conhecimento para cultivar a paixão em nível mais elevado.

A arte de cultivar a paixão também requer discriminação e discernimento. Depois que ela é compreendida, pode ser totalmente explorada e vivenciada de formas ilimitadas. A Rainha de Paus sente e exala paixão em todas as manifestações. Dança desde o amor sexual extático até o êxtase espiritual, passando pelo amor pela família e pelos amigos. Além da própria dose de paixão e prazer, a Rainha de Paus gera fogo por meio de suas ações, de sua devoção e de seu trabalho. Ela é a capacidade de animar qualquer coisa que você faça com sua centelha pessoal.

Quando você detém a energia da Rainha de Paus, todos param para reparar em você. Ações em benefício dos outros, devoção à sua chama interior e cultivo dos seus dons fazem de você uma força imparável. Dê um passo à frente e execute suas ideias de maneira proativa. A produtividade está em alta. Provoque uma tempestade de ideias sozinho e com outras pessoas. Crie planos de ação para seguir em direção aos seus desejos. Procure pessoas que pensem como você e compartilhem seus objetivos. Compre suprimentos, reúna o necessário e lidere pelo exemplo.

O conhecimento do que você ama tem a capacidade de transformar o mundo e você mesmo. Essa Rainha é puro magnetismo porque é apaixonada pelo que faz. Segue dicas de outras rainhas, e você também deveria seguir. O que você mais admira nos outros? Isso lhe dirá algo sobre você. Observe sua própria energia para que possa utilizá-la durante seus pontos altos e alimentá-la quando estiver baixa. Planeje atividades importantes e ritualizadas para se alinhar com seus momentos de poder ao longo do dia. Permita-se ser o centro das atenções.

A Rainha de Paus se sente à vontade em todos os lugares porque tem todos os lugares em que vai. Ela não faz isso reivindicando espaço ou estabelecendo fronteiras. É dona de cada espaço porque abraça o que a rodeia. Ela se alinha com o momento presente e com tudo o que veio antes dele. Não está preocupada com o passado, com o que aconteceu ou com o que perdeu. Importa-se pouco com o futuro porque sabe que ele está sempre fora de alcance. Em vez disso, mergulha profundamente no que quer que esteja ao seu redor no momento presente. Essa atenção é a chave para ter prazer pessoal e magnetismo.

O girassol marca a energia ígnea da Rainha, enquanto o gato preto é símbolo da lealdade, da magia e do carisma. O felino também carrega a mensagem da indiferença. Essa é a qualidade do "olhe, mas não toque". Sua postura aberta é sensual por natureza. Invertida, essa carta pode refletir amor desgastante pela família e pelos amigos e o hábito de colocar as necessidades dos outros antes das próprias.

REI DE PAUS

"Iconoclasta e violador de regras."

Palavras-chave: respeito por si, genuíno, saúde, força moral, caráter confiável.
Invertida: implacável na busca dos seus objetivos.

O Rei de Paus é ativado em você quando você assume posição de liderança num projeto a que se dedica de corpo e alma. Ele está em você quando está envolvido no doce ato da sedução. A Rainha se suaviza e se funde ao mistério, e saboreia a energia intensa, enquanto o Rei tem os olhos fixos no seu objetivo. Você vê algo que quer e mergulha atrás disso. Sem jogos. Sem se conter. Sem medo. Ele declara o que quer, por que quer e como vai conseguir. Você personifica o Rei de Paus quando faz a mesma coisa.

O Rei de Paus é o Rei do Fogo. Como tal, tem poderes extraordinários. O que significaria para você controlar o elemento Fogo? O Rei de Paus detém o poder de curar e nutrir ou de incinerar e destruir. Lidera com emoção ardente, como o guardião de tal poder. Sua pele é quente ao toque. Seu temperamento muda com facilidade. Ele se enfurece com rapidez, mas com a mesma rapidez se desmancha num riso encantador. Depois que seus olhos estão voltados para algo, não há como detê-lo.

A energia do Rei de Paus é tanto espiritual quanto sexual. Você encontrará o tipo dele no pregador que jorra fogo e enxofre sobre o púlpito. O Rei de Paus é o guru que inspira o rebanho. É a estrela do rock que reúne e leva à loucura milhares de fãs num estádio. É um herói político que lidera as pessoas rumo à liberdade. Qualquer um que use paixão, fogo e espírito como chama-guia encarna o Rei de Paus.

O lado sombrio do Rei de Paus é a personalidade consumida pelo desejo obsessivo de alcançar suas metas a qualquer preço. Ele incita a violência contra os outros. A volatilidade é o perigo da energia do Fogo, que queima tão forte que a pessoa perde de vista quem ela é e quais são as consequências de suas ações. Waite destaca que o Rei de Paus "se conecta com o símbolo do Leão estampado nas costas de seu trono". O Leão é símbolo do signo de mesmo nome e de sua força e energia solar.

ÁS DE COPAS

"Transbordamento emocional."

Palavras-chave: emoção transbordante, coração palpitante, felicidade, conforto, euforia, exuberância.
Invertida: coração falso, desvio.

O Ás de Copas é a alegria do seu coração explodindo de felicidade. Ele aparece quando você se sente seguro e conectado o suficiente para compartilhar seus sentimentos com quem você entra em contato. Significa fluxo criativo e capacidade de projetar tudo o que sente na tarefa em questão. É usar a inteligência emocional do coração, que é a capacidade de agir com compaixão. A compaixão e o amor estão sempre fluindo, e é por isso que cinco riachos confluem para as águas mais abaixo.

O Ás de Copas está tão vulnerável que nenhum instinto, nenhuma ideia ou nenhum sentimento são reprimidos. É a liberação de tudo que você sente e a beleza indicativa de falar com o coração. É ter amor por si e pelos outros. É compartilhar todas as qualidades da emoção e mover-se com o fluxo. É a energia de limpeza d. água fresca, como um banho, uma cachoeira ou até mesmo um bom choro.

Esta carta reflete a abundância e ter mais do que você jamais precisará. Essa segurança propicia a você a capacidade de compartilhar seus pensamentos, seus sentimentos e suas ideias com os outros. É uma energia contagiante e alegre.

O rejuvenescimento do Ás de Copas surge como uma pia batismal. As águas nos lavam física e metaforicamente. Essa carta evoca o som da água borbulhante, em cascata. O Ás de Copas abre corações e está ligado ao chakra do coração. Trata-se de um coração purificado e saudável.

O cálice (símbolo do naipe de Copas) recebe a dádiva da pomba, enquanto as águas brotam. A imagem tende ao simbolismo cristão, devido à pomba e à hóstia que aparecem na carta. A pomba reflete a paz e a pureza, enquanto a hóstia reflete a divindade. A capacidade de ambos de dar e receber.

A água abaixo do Ás de Copas é pontilhada de flores de lótus e nenúfares. O lótus é símbolo de renascimento, ressurreição e criação. Ele se enraíza profundamente na lama escura, fecha ao anoitecer e floresce quando o sol nasce pela manhã.

Todos os Ases são as sementes do seu naipe, contendo todas as qualidades ainda a serem expressas. O Ás de Copas contém todas as emoções imagináveis, das mais elevadas às mais inferiores, da melancolia ao júbilo. É por isso que os Ases têm potencial infinito e sempre marcam o início de um novo ciclo.

DOIS DE COPAS

"Saudações ao desejo do coração."

Palavras-chave: amor verdadeiro, ternura, afinidade, adoração, casamento.
Invertida: manter a felicidade pessoal em suspenso
por motivo indefinido e inadequado.

O Dois de Copas é o desejo do seu coração refletido de volta para você. É o momento mágico de encontrar sua cara-metade. É a mentalidade semelhante e a compatibilidade genuína que temos com os amigos mais queridos e íntimos e nos relacionamentos mais românticos. É conhecer alguém e sentir que você conhece essa pessoa desde sempre. Também são aqueles amigos que você não vê há anos, e ao encontrá-los, é como se o tempo não tivesse passado. Vocês continuam a conversa exatamente de onde pararam.

Esta carta também significa casamento e prazer. Um caduceu, a haste alada com duas cobras, reflete negociação e equilíbrio. O leão vermelho reflete o elemento Ar. O símbolo é frequentemente conectado ao deus mensageiro Mercúrio. Fique atento a mensagens sobre compromissos sociais, amigos e amor.

A estrutura da carta é surpreendentemente semelhante à dos Enamorados. Duas figuras criam um triângulo em destaque com um ser superior flutuando acima delas. A paisagem atrás se eleva no ponto médio, como a montanha na carta dos Enamorados.

Assim como o homem na carta dos Enamorados olha para a mulher, o mesmo acontece com o homem do Dois de Copas, que estende a mão para a mulher, num gesto de aproximação e convite. Alguém está pedindo para você se juntar a ele. Quem é essa pessoa? O que ela deseja? Você aceitará a oferta dela?

Ambas as figuras estão vestidas como se estivessem num casamento elisabetano. O homem vestido de vermelho e amarelo, simbolizando o Fogo (elemento masculino associado a Paus), enquanto a mulher veste azul, branco e verde, as cores da Água (elemento feminino associado a Copas). A mulher usa uma coroa de louros, com folhas de louro entrelaçadas, representando a vitória.

Livros ocultistas descrevem essa carta como a "harmonia do masculino e do feminino unidos". Como tal, vemos a natureza binária do eu e o equilíbrio dos relacionamentos.

Uma metade da carta espelha a outra e, às vezes, parece indicar que estamos apenas mostrando à outra pessoa o que achamos que ela quer ver.

TRÊS DE COPAS

"Alegria na camaradagem."

Palavras-chave: realização, cura, alívio, amizade.
Invertida: excesso de prazer físico e deleite sensorial avassalador.

O Três de Copas reflete a abundante alegria da amizade, da partilha e da celebração. É amor e comunhão, um encontro para celebrar a amizade. É beber à saúde uns dos outros, brindar e festejar, numa indulgência cheia de prazer. Esta carta reflete forte senso de pertencimento e propósito na vida de alguém. É sentir-se parte de uma comunidade maior. Autoconfiança e excelente autoestima estão sempre em alta.

O trabalho e a labuta chegam a uma conclusão, como indica o campo exuberante repleto de abundância da colheita de outono. O eufórico elemento orgiástico dos cálices transbordando potencial para a perda de inibição. Isso se reflete nas uvas mantidas pela jovem donzela à direita da carta (uma conexão secreta com o Nove de Ouros, em que há uma mulher em um vinhedo). As uvas também estão ligadas à carta do Diabo, em que há uvas na cauda da figura feminina. Esse é um lembrete do lado negro da bebida e da diversão e de quando essas ocasiões generosas se tornam hábitos diários.

A coroa de flores invoca festivais de fertilidade, amor juvenil e vitalidade. Os três cálices formam um triângulo perfeito, lembrando-nos da natureza criativa do número 3. O riso é o remédio da alma e também uma abertura energética.

Uma leitura mais sombria dessa carta revela as três bruxas de Macbeth dançando de alegria e comemorando o sucesso dos seus feitiços, enquanto outros preferem ver nela felicidade e prazer. No seu lado mais negativo, ela reflete a situação de ser deixado de fora de uma reunião social e se sentir um forasteiro onde você já foi bem-vindo. Felizmente, o Três de Copas geralmente marca uma ocasião feliz, onde o prazer é compartilhado.

QUATRO DE COPAS

"Você vê uma oportunidade diante de você?"

Palavras-chave: apatia, relutância, fadiga, problemas imaginados.
Invertida: presságio, profecia.

O Quatro de Copas aparece na leitura para revelar uma oportunidade não vista. Algo é oferecido a você; você está vendo o que é? Olhe para a frente e ao redor. O que você busca está bem ali. Pode ser o elixir mágico que está procurando.

O quatro implica estabilidade, e, portanto, esta carta reflete emoções estáveis servindo como suporte. Você está pronto para enfrentar o que está sendo oferecido. Traga para a consciência o que é interessante e fascinante. Não basta se sentar e esperar tudo de bandeja; cultive ativamente o que você quer.

O simbolismo do Quatro de Copas se alinha com os princípios budistas porque a figura está sentada sob a árvore, como Buda sob a Árvore Bodhi. O nome sânscrito de Buda significa "aquele que despertou". Aproveite uma sugestão da filosofia oriental lembrando que a meditação estimula o equilíbrio emocional. Essa carta o faz lembrar de sentimentos fugazes que logo se tornarão outra coisa. As emoções representadas pelo naipe de Copas, especialmente emoções mais sombrias como ódio, ressentimento e raiva, são, muitas vezes, fonte de grande dor. Aprenda a deixar as emoções passarem sem reagir a elas.

Relembramos nossa conexão com a natureza e o poder rejuvenescedor do mundo natural ao olhar para a árvore do Quatro de Copas. Três cálices estão presentes na parte da frente da carta para lembrá-lo da experiência e da manifestação do passado. Confie no seu conhecimento interior.

Essa carta adverte contra a complacência. Traga todo seu ser para aquilo com que você escolher se envolver. Se não aproveitar as oportunidades, elas serão cada vez mais raras. Mantenha-se em contato com sua rede de amigos e colegas. Esteja disposto a assumir riscos, compartilhar ideias e oferecer opiniões.

A natureza mais sombria do Quatro de Copas pode ser entendida como desconexão. O cansaço do mundo é a ponte para a desilusão. Descanse, alimente-se e recupere o equilíbrio das emoções. Aceite a ajuda dos outros. Saiba que nada dura para sempre.

CINCO DE COPAS

"Herança, mas não a que você esperava."

Palavras-chave: tristeza e depressão, casamento problemático, vício.
Invertida: relações, ancestralidade.

O Cinco de Copas é uma carta sombria, que, às vezes, reflete degeneração. Os leitores modernos costumam chamá-la de carta do vício. É importante lembrar que o vício se manifesta de múltiplas formas. Podemos ser viciados em padrões de pensamento, pessoas e modos de vida, bem como em drogas, nicotina ou álcool. Os três cálices derramados à esquerda refletem o que foi consumido e perdido. Esse é o preço que já pagamos. O veneno permanece nos dois cálices em pé que ainda restam. Você vai ingerir mais ou atravessar a ponte para encontrar a salvação do outro lado? Pergunte a si mesmo: que preço você paga pela indulgência?

O manto escuro da figura humana sugere depressão. O número 5 geralmente traz desafios que precisam ser superados. Há falta de alegria e desejo de se esconder do mundo. A figura poderia estar chorando em seu cálice? Teria chutado os cálices porque o que antes era conforto se transformou em veneno?

Essa carta representa, em geral, as qualidades emocionais que herdamos geneticamente da nossa família e/ou por condicionamento. Não importa o que formou nossa composição emocional; o importante é permanecer fiel a quem você é. Os dois cálices em pé mostram que você pode escolher sua reação diante de qualquer sentimento ou situação.

A postura da figura em meio aos cálices está muito próxima das emoções ligadas a uma situação. A necessidade de se afastar, de abrir distância atravessando a ponte e reavaliando a situação de um novo ponto de vista, oferece inúmeras opções. Ir embora.

Se a carta parece marcar um momento de melancolia ou tristeza, os cálices servem como um lembrete importante. Sinta seus sentimentos, não os reprima. Não se demore muito na tristeza. Libere os apegos ao que desapareceu. Não se deixe enganar pelo que passou nem fique preso ao passado. Quando fica preso a pensamentos sobre como as coisas eram ou poderiam ter sido, você pode perder a felicidade que está bem diante de si. Abra-se para todas as coisas boas que você deseja.

Um Cinco de Copas invertido geralmente mostra que você superou velhos vícios. Os problemas que antes o perturbavam profundamente foram resolvidos. É a resiliência do espírito humano.

SEIS DE COPAS

"Você pode ir para casa outra vez."

Palavras-chave: vislumbres do passado, caminhar pela estrada da memória, afeições passadas, novas realizações.
Invertida: tudo que vai volta, renovação.

O Seis de Copas é, com frequência, apontado como a carta da nostalgia e um passeio pela memória. Da escuridão e do desespero refletidos no Cinco de Copas, a esperança renasce, e a luz do sol volta a reinar. A carta reflete presentes dados de coração, como um menino mais velho passando um cálice de flores para uma menina mais nova. As duas figuras têm a cabeça coberta por um capuz e um véu, sugerindo proteção. Os cálices estão cheios de flores, implicando uma relação importante com resultados reais. De fato, algo rico e reconfortante ocorre.

Uma figura, talvez um soldado, afasta-se ao fundo. Isso significa uma figura de autoridade desaparecendo. Ela deixa as crianças desfrutarem do próprio mundo de magia. Também podemos entender essa cena como sua disposição em se afastar dos comportamentos, das pessoas e das memórias que o assombram e não lhe servem mais.

O cenário dessa carta é o pátio de uma cidade medieval. Ele denota um lugar seguro, pois as paredes mantêm o perigo afastado. Essa carta lembra a você de permitir a si mesmo uma oportunidade para revisitar o passado de maneiras agradáveis. Podemos revisitar certos momentos do passado com a sabedoria da experiência e, assim, compreender os acontecimentos de maneira mais rica e precisa.

O Tarô pode servir como um espelho da memória. Assim como um espelho nunca vai mostrar exatamente como você é, nossa percepção nos prega peças quando consideramos os acontecimentos e as ocorrências da vida. Só podemos saber verdadeiramente como nos sentimos. Olfato, visão e paladar, muitas vezes, vão nos transportar como uma máquina do tempo, levando-nos de volta a um momento específico da memória.

O Seis de Copas aparece para lembrá-lo de aceitar novos amigos, os quais, um dia, serão chamados de velhos amigos. Abra o coração e se doe livremente. Disponha-se a aceitar presentes quando lhe são oferecidos. Entretenha-se com visões agradáveis do passado. Estenda a mão para as pessoas que mais lhe foram caras. Deixe que elas saibam como você se sente.

SETE DE COPAS

"Tudo que poderia ser."

Palavras-chave: imaginação, possibilidades, reflexão, dons, visões.
Invertida: ousadia, decisão.

O Sete de Copas reflete visões do que é possível. É conjurar sonhos diante de você. Os cálices aparecem como novas opções agradáveis. Muitas delícias e muita animação o aguardam. A possibilidade encanta os sentidos. Você pagou, jogou e agora ganhou o prêmio do parque de diversões. Hora de escolher qual será esse prêmio. Mantenha os olhos bem abertos e a percepção clara.

Maravilhas e fantasias cercam você. As imagens flutuantes no ar podem ser uma projeção pessoal. Nesse caso, os cálices refletem facetas da imaginação, cada uma delas com seu tesouro único. Só podemos nos concentrar numa coisa de cada vez. Qual você escolhe? Siga seus instintos. O corpo percebe antes da cabeça.

E se os cálices aparecerem em forma de truque ou quebra-cabeça? E se você selecionar o cálice errado e, como em Indiana Jones, uma pedra vier em sua direção? Sempre há uma chance de você ser esmagado. Lembre-se de que não escolher também é uma escolha.

Em alguns casos, o Sete de Copas parece indicar a criatividade brilhante. Poderiam ser visões sobrenaturais, como Joana d'Arc estava propensa a ter. Esta carta também aponta para a clarividência, que é o talento ou a capacidade de antever acontecimentos passados, presentes e futuros.

O segredo do Sete de Copas é que cada cálice se conecta a uma carta dos Arcanos Maiores. Começando do canto superior esquerdo e movendo-se para a direita:

Cálice nº 1 – a cabeça feminina corresponde à Imperatriz e a Vênus (lembre-se do signo de Vênus nas vestes da Imperatriz).

Cálice nº 2 – a figura velada é a Sacerdotisa e a Lua (lembre-se da coroa de Lua da Sacerdotisa).

Cálice nº 3 – a cobra é o Mago e Mercúrio (lembre-se do cinto de cobra do Mago, que devora a si mesma).

Do canto inferior esquerdo para o direito:

Cálice nº 4 – o castelo nas rochas altas é a carta da Torre (lembre-se de que a Torre fica no pico de uma montanha).

Cálice nº 5 – as joias brilhantes são a Roda da Fortuna (lembre-se de que a Roda representa sorte, fortuna e destino).

Cálice nº 6 – a guirlanda é a carta do Mundo (lembre-se da coroa da carta do Mundo). O crânio é a ilusão de sucesso e suas qualidades enganosas.

Cálice nº 7 – o dragão agachado é o Sol (a energia do Sol é ardente como a respiração do dragão).

OITO DE COPAS

"Afastamento daquilo que já foi."

Palavras-chave: partida, movimento, transição, jornada, liberação, avanço.
Invertida: festa, celebração.

O Oito de Copas reflete um momento particular em que você tem a escolha de ficar exatamente onde está, mas arrisca tudo ao deixar isso para trás. É preciso fazê-lo. A partida é iminente. Explore novas alturas. De muitas maneiras, esta carta pode ser entendida como o Eremita no início de sua jornada, subindo a montanha. Às vezes, você precisa se afastar do que tem para conseguir o que deseja.

Essa carta reflete a escolha de não se envolver com as emoções confusas dos outros (simbolizadas pelos cálices). Não se envolva com problemas que nunca foram seus. Mantenha-se fiel a si mesmo. É sua vez de iniciar sua jornada.

Uma magia curiosa e palpável dança pela água parada. Ocorre um raro eclipse solar quando a lua passa pelo sol e lança sua obscuridade sombria sobre a terra abaixo. Qualquer coisa poderia acontecer. Provavelmente acontecerá.

Aos olhos de alguns, a natureza vívida da carta retrata um nono cálice, que se tornou a figura de uma pessoa que se afasta. Nesse sentido, podemos entender a carta como a sugestão do início de uma aventura que você sempre imaginava que se tornaria real. O que você viu com o olho da mente está se revelando agora.

Existem muitas cartas no Tarô que retratam uma jornada. O Oito de Copas, porém, fala de uma jornada solitária. É a estrada que só você pode percorrer. Nesse sentido, o Oito de Copas é o chamado para a maior aventura da sua vida. Arrume as malas, faça seus planos, mas deixe-os de lado assim que partir. O passaporte de andarilho é seu para fazer o que quiser. Deixe seus sonhos serem seu guia.

Abandone seu itinerário. Deixe a bagagem para trás. Para onde você vai só vai precisar de uma coisa: você mesmo.

NOVE DE COPAS

"Seu desejo se tornará realidade!"

Palavras-chave: realização de sonhos, vantagem, satisfação, seu desejo se tornará realidade.
Invertida: libertação, verdade.

O Nove de Copas aparece numa leitura para que você saiba que seu desejo se tornará realidade! O 9 é sempre o número de sorte da realização. Esta carta representa prazer total e felicidade suprema. Os cálices parecem troféus e prêmios alinhados ao seu nome. Aproveite esse reconhecimento. Essa carta representa você com sucesso e recebendo afeição. Você trabalhou duro. Colha os louros dos seus esforços. Permaneça nesse lugar feliz o máximo que puder. Concorde em aproveitar a vida.

A natureza oculta do Nove de Copas nos lembra: "Cuidado com o que você deseja". Pode haver consequências inimagináveis. Ela também pode significar que nem sempre conseguimos o que queremos, mas, sim, aquilo de que precisamos.

A figura da carta aparece como um gênio concedendo seu pedido. Os gênios têm uma história rica e profunda que vai muito além das simples habilidades de realização de desejos. Os gênios, no Oriente Médio, estão enraizados nos mitos e nas lendas da Mesopotâmia. São, muitas vezes, demônios e criaturas semelhantes a fadas que podem possuir outra pessoa e causar grandes perturbações, angústia, dependência e até a morte. Convém nos lembrarmos disso quando refletirmos sobre o que estamos dispostos a fazer aos outros e a nós mesmos para obter o que queremos.

Conjure o prazer sempre que puder. Não é preciso lançar um feitiço complicado para obter satisfação, embora a magia contenha sua própria alegria sagrada. Examine o Oito, o Nove e o Dez de Copas juntos. Essas três cartas sugerem uma narrativa familiar e ecoam um sentimento popular e moralista; arrisque-se (Oito de Copas), pois coisas boas virão (Nove de Copas), e você viverá feliz para sempre (Dez de Copas).

DEZ DE COPAS

"Felizes para sempre."

Palavras-chave: ambiente agradável, vida doméstica, amizade, família, satisfação.
Invertida: escuridão, violência.

O Dez de Copas é como o fim de uma peça teatral. Pontas soltas são amarradas; vilões, vencidos: e o que se segue é um final feliz. É o amadurecimento familiar e relacionamentos românticos. Crianças brincalhonas, companheirismo profundo e vida familiar feliz. É o fim de uma história, de um capítulo e de um ciclo.

A família que aparece na carta representa qualquer tipo de vida doméstica e a energia que reina ali. Esta carta também pode nos mostrar felicidade no local de trabalho, nas férias ou num lar real onde reinam a paz e a generosidade.

Essa é a única carta do Tarô que contém todas as quatro categorias familiares das Cartas da Corte: o Rei (pai), a Rainha (mãe), o Cavaleiro (filho) e o Valete (filha). As figuras masculinas vestem vermelho, significando a qualidade do Fogo ou dos bastões de Paus. As figuras femininas usam azul, para significar a natureza aquática da criatividade e dos sonhos. Energia e vitalidade são equilibradas pela imaginação e pela emoção.

O arco-íris nos lembra de que as tempestades já passaram. A alegria evidente foi conquistada com muita luta. Esse simples fato nos lembra de que não devemos acreditar que a felicidade dos outros lhes foi concedida de bandeja. As coisas nem sempre são o que parecem. Nunca sabemos o que os indivíduos, os casais e as famílias passaram, mesmo quando externamente tudo pareçam flores. O casal se abraça, dá as boas-vindas ao arco-íris. Esse é o sinal da natureza de que o tumulto acabou. O trovão e a chuva recuam, a distância.

Uma vigorosa saúde emocional prospera na carta do Dez de Copas. Paz, generosidade e compaixão são qualidades importantes para cultivar, mas também para usufruir. As crianças podem representar qualquer pessoa em sua vida com as quais você se importe.

As dezenas refletem o fim de um ciclo. À medida que o naipe de Copas chega ao fim, convém considerar a abertura de um novo capítulo. Aproveite o que está ao seu redor e valorize as pessoas que lhe trazem alegria.

VALETE DE COPAS

"Jovem muito sensitivo e criativo."

Palavras-chave: notícias, mensagens, capacidade psíquica, juventude contemplativa.
Invertida: furtivo, sagaz.

O Valete de Copas representa a atitude de natureza lúdica e mente aberta. Não existem barreiras nas qualidades ilimitadas da alegria e da curiosidade juvenil. Você se lembra de brincar com jogos de imaginação quando criança? Quando foi a última vez que permitiu que sua imaginação voasse livremente? Lampejos intuitivos ocorrem com frequência quando você fica aberto a todas as possibilidades. Preste atenção aos seus devaneios. Siga-os para onde o levarem se quiser descobrir algo novo e curioso.

O Valete de Copas representa uma criatividade indomável e uma personalidade que não tem medo de expressar sentimentos. A capacidade criativa dos tipos Valete de Copas indica que você pode, muitas vezes, encontrá-los em estúdios de arte e de música. Eles são adequados para qualquer tipo de trabalho criativo que exija imaginação fértil e talentos intrínsecos. São os amantes e criadores de expressões de todos os tipos.

Um peixe sai do cálice, representando qualidades visionárias. Waite explica que se trata de "imagens da mente tomando forma". O Valete usa um estilo de roupa inglesa do século XV que denota riqueza. Flores de lótus, símbolo usado pela Golden Dawn para representar o elemento Água, pontilham a túnica. Águas tranquilas são pintadas sobre a textura de linho ao fundo da carta. Elas sugerem abordagem calma e ambiente sereno para incentivar os agradáveis meandros da mente.

A carta sugere atitude aberta diante de todos os desafios. Um olhar curioso sobre o mundo ao redor. Os tipos Valete de Copas são propensos à clarividência, à conexão intuitiva profunda e à empatia. Também são propensos a ver fantasmas e a detectar as energias sutis que os cercam. Costumam ser sonâmbulos, ter terrores noturnos e experiências fora do corpo. Preste atenção a como as emoções afetam seu corpo físico. O Valete de Copas detém a verdade profunda da alma como uma jovem Sacerdotisa. A meditação é sugerida para a mente ocupada. Conecte-se com seu eu mais jovem por meio de experiências agradáveis e atividades em família.

CAVALEIRO DE COPAS

"Pretendente sonhador e poético."

Palavras-chave: aparência, antecipação, convite, presença, sedução.
Invertida: embuste, fraude.

O Cavaleiro de Copas exala amor, romance e palavras doces. É um amante épico que usa todos os recursos ao alcance para seduzir você. Usará palavras, presentes e surpresas para dizer quão especial você é. Ele dedica tempo a você e é sincero no que diz. Esse é o pretendente que elogia suas qualidades e antecipa suas necessidades. Ele, às vezes, pode parecer ambíguo e insípido como a névoa, porque sente tudo profundamente. Em geral, seus sentimentos se estendem a outras pessoas. Ele não faz isso para ser cruel; é da natureza dele encontrar poesia em tudo.

O Cavaleiro de Copas aparece numa tiragem para que você saiba que uma mensagem ou um convite estão a caminho. A chegada é iminente. Grandes elogios vão ajudar você a avançar rumo ao seu objetivo. Lembre-se de que é sempre mais fácil atrair moscas com mel. Aproxime-se dos outros de maneira amável e amorosa. Não há necessidade de ser falso quanto a isso. Encontre algo atraente em todos com quem você interage para fins de romance e encante essas pessoas. Use palavras e gestos com cuidado para fazer os outros se sentirem especiais.

O Cavaleiro de Copas é um amante profundo e emotivo, com a sensibilidade de um poeta e artista. É um sujeito sonhador, cujo cavalo demonstra energia lenta e constante. As asas de Hermes, o deus mensageiro, aparecem no capacete e nos tornozelos do Cavaleiro. Há bordados de peixes na túnica, e são emblemáticos do naipe de Copas o elemento Água e o signo zodiacal de Peixes. A paisagem é composta de areia desértica e rocha temperada por um rio azul. O corpo d'água sinuoso umedece a paisagem acre e sedenta. Uma qualidade onírica preenche essa carta. Ela é um lembrete dos lugares maravilhosos para os quais o romance o levará.

RAINHA DE COPAS

"Liderar com o coração."

Palavras-chave: força vulnerável que capacita os outros, empata, sonhador, profético, vidente, devoção.
Invertida: emocionalmente vazio, perdido na imaginação e na fantasia.

A Rainha de Copas é a carta mais empática do Tarô. Ela é a terapeuta, a cuidadora e a leitora de Tarô, devido à sua capacidade de perscrutar a alma de outra pessoa e "vê-la". Carrega as profundezas oceânicas do entendimento. Sua natureza compassiva se deve ao fato de ela ter vivido altos e baixos, fluxos e refluxos. Ela se reconhece nos outros quando vê pessoas encantadas ou melancólicas e todo o leque de emoções entre esses dois estados de ser.

Ela é a leitora de Tarô perfeita, por causa da capacidade de ver as situações a fundo. É capaz de cruzar os limites da imaginação, entrar no mundo dos arquétipos e receber mensagens dos anjos. Está sempre dizendo exatamente o que as pessoas precisam ouvir e as apoia com um desejo genuíno de que elas se sintam ouvidas e atendidas em suas necessidades.

As qualidades da Rainha de Copas aparecem em outras pessoas extremamente sensíveis. Elas tendem a amar os animais. Sentem-se igualmente à vontade como artistas e como musas e, muitas vezes, trocam de papéis. Ela é a alma intuitiva e psíquica que aperfeiçoou seus dons para compartilhar com o mundo. Ela se encanta com sua arte e com seus dons intuitivos.

O lado mais sombrio da Rainha de Copas é visto quando ela doa muito de si mesma para os outros. Ela pode ignorar os limites entre ela e a outra pessoa e não saber direito quem é que está sofrendo. Atraída pela dor e pela luta, pode presumir que essas qualidades são suas. Portanto, é importante que você tenha autoconhecimento e controle e reconheça e respeite os próprios limites.

A Rainha de Copas se sente atraída pelo mar em frente aos Penhascos Brancos de Dover[1]. Ela olha para um cálice como se fosse uma visão onírica diante dela. Sereias querubins decoram seu trono e a concha de molusco gravada atrás da cabeça da Rainha. Cada concha é o símbolo da sua atribuição zodiacal, Câncer. O vestido dela funde-se com a água, colorida de azul e verde, como as águas que a cercam. É como se ela fosse uma visão onírica do próprio oceano, uma visão fantasmagórica que dá as boas-vindas a todos. Ela é amor e devoção a todos.

---

1. Dover é uma região da costa inglesa famosa por falésias e penhascos brancos decorrentes da composição de giz e listras de sílex preto. A teoria é a de que Pamela Colman Smith tenha se baseado nessas paisagens para compor esse arcano. (N. do RT.)

REI DE COPAS

"Se você pode sonhar, também pode realizar."

Palavras-chave: artes e ciências, inteligência criativa, equidade.
Invertida: malandro, hipócrita.

O Rei de Copas vê o mundo em termos do que é possível. É um sábio conselheiro e confidente cujo cálice está sempre cheio. Tanto o Rei quanto a Rainha de Copas têm a capacidade de navegar nas profundezas do oceano e nos perigos da superfície. Isso inclui entender seu próprio estado emocional e a fluidez das emoções e das vocações artísticas das outras pessoas.

O Rei de Copas é guiado por seus instintos e suas emoções, mas não é controlado ou manipulado por eles. É encontrado, muitas vezes, trabalhando sob os holofotes, para o deleite do público. Ouvir e interagir com esse tipo de personalidade é algo que sempre surpreende. Você vai embora conhecendo uma nova maneira de olhar qualquer situação ou de entender a outra pessoa. O Rei de Copas oferece novas lentes para compreender o mundo. É por isso que ele se destaca em artes e ciências.

O Rei de Copas é representado por pessoas capazes de concretizar seus projetos criativos, não importa quais obstáculos estejam em seu caminho. Representa dedicação absoluta a uma visão. A crença em si mesmo, que se sobrepõe a obstáculos aparentemente intransponíveis. Ele é o artista, o diretor de cinema, o filósofo.

O lado sombrio do Rei de Copas se mostra em pessoas propensas a explosões emocionais e a altos e baixos extremos. Na personalidade que envolve o ego inteiro no sucesso ou no fracasso dos projetos em curso. É exaustivo ter essa energia por perto. Um Rei de Copas invertido também é evidente em pessoas com bloqueio criativo extremo.

O pingente de peixe em volta do pescoço do Rei e o oceano e as criaturas marinhas são pistas visuais que o conectam ao elemento Água. O rei até usa um calçado de peixe escamoso. O alto-mar e as ondas representam sua capacidade de seguir com a corrente. A água é sua imaginação, sempre repleta de vida e possibilidades. O peixe que aparece ao lado direito do Rei é símbolo de amor pelo mito e a habilidade para vencer o perigo. O veleiro é símbolo de histórias e visões que transportam outras pessoas. Todo seu eu é apaixonado pela aventura, pelo entretenimento e pelo risco.

ÁS DE ESPADAS

"Uma excelente ideia que deveria ser seguida."

Palavras-chave: sucesso, força, intenção, conquista gloriosa.
Invertida: resolução definitiva.

O Ás de Espadas representa uma excelente ideia. Você já conhece a solução. A única coisa que resta a fazer é colocá-la em prática. A Espada transpassa uma coroa que representa você em sintonia com seu Eu Superior. Avance com ousadia em direção aos seus planos. Esta carta é a execução rápida e inteligente de um plano.

Ela reflete seu conhecimento intelectual e sua acuidade mental. Suas ideias estão de acordo com o lugar onde você quer chegar. É importante se engajar e se envolver. Você precisa desafiar a si mesmo a passar para o nível seguinte. Encontre uma pessoa ou coisa que esteja na mesma sintonia que você e deixe que ela o inspire a empreender uma ação maior. Isso pode significar que você precisa encontrar uma comunidade com ideias semelhantes ou um professor. Pode ser a hora de se matricular num curso ou voltar a estudar. A chave do Ás de Espadas é aproveitar o que você sabe e aprimorar esse conhecimento. Pensamentos novos e mais amplos abrirão novos caminhos e possibilidades.

As cartas de Espadas tendem a ser as mais assustadoras do Tarô porque o naipe de Espadas e o elemento Ar refletem nosso estado mental. Nossa experiência do mundo depende do que pensamos sobre o que vemos e vivenciamos. As coisas acontecem, e construímos e reconstruímos narrativas em torno delas. Você tem a capacidade de escolher seus pensamentos e alterá-los.

Espadas são instrumentos que podem ser usados para proteger ou destruir. Por tradição, uma figura com uma espada apontando para o céu remete à canalização de pensamentos mais elevados. Implica estar alerta e disposto a realizar a ação "mais elevada". Essa é a verdadeira postura de poder. No entanto, com muita frequência, voltamos as espadas brilhantes e reluzentes contra nós mesmos quando travamos um diálogo interior negativo, exageramos nas autocríticas e mantemos padrões de pensamento desagradáveis. Corte a negatividade, adotando e criando ideias sobre si mesmo que levantem seu moral.

As nuvens nos Ases refletem a manifestação do invisível no mundo visível. A mão brilha com radiância e inspiração divina. Um ramo de oliveira, símbolo de conciliação e boa vontade, pende à direita da coroa. O ramo de palmeira pende à esquerda e é símbolo de vitória e triunfo. Você sairá triunfante.

DOIS DE ESPADAS

"Meditação sobre os reinos interiores."

Palavras-chave: equilíbrio, intimidade, destemor, bondade, harmonia.
Invertida: falsificação, traiçoeiro.

O Dois de Espadas é o lugar onde você para de dar tudo o que deveria guardar para si. Esta carta é uma porta de entrada para seus reinos interiores. Está bloqueando o mundo exterior e mantendo todas as coisas intrusivas do lado de fora. Pare de se distrair com os outros. Deixe de lado a vontade e a necessidade de se ocupar com tarefas e filhos, amigos carentes e colegas de trabalho autoritários. Essa carta marca o momento em que você para de se comparar a outras pessoas. Afaste-se das redes sociais; rejeite as exigências invasivas da tecnologia e os ideais culturalmente impostos.

O número 2 reflete a dualidade, por isso essa carta significa resolução de problemas mundanos. Uma figura feminina, usando um vestido branco, senta-se num cubo de cimento. Seus pés estão pousados no chão. Seus braços se cruzam sobre o peito e o chakra do coração. Suas mãos seguram espadas de prata duplas, apontando para cantos opostos da carta. Ela usa uma venda branca. Uma lua crescente, amarela devido à luz solar refletida, está suspensa no canto superior direito. Um corpo d'água está pintado na tela atrás dela.

O símbolo esotérico da venda marca o estágio inicial de um ritual ou representa a situação de ser "enganado". A venda é colocada para ajudar a pessoa a atravessar suas experiências com os sentidos mais aguçados. Depois que a venda é removida e a iniciação acaba, ela passa a ver o mundo com novos olhos. Portanto, essa carta reflete aqueles momentos de profunda compreensão interior, em que a maneira como você vê o mundo é alterada para sempre. Uma vez que a decisão é tomada, não há como voltar atrás.

O pano de fundo da carta mostra um porto tranquilo com pequenas ondulações na superfície. A energia do elemento Ar e a natureza de seus pensamentos sempre podem ser vistas no modo como a água é afetada pela atmosfera. Nesse caso, a mente está calma. Novas ideias voam pela superfície da água e da sua mente.

A postura protetora da mulher cobre o chakra do coração, o local da vulnerabilidade. Ela, propositadamente, forma uma barreira. É uma questão para a mente, não para o coração. Não abra, nesse momento, sua energia para os outros. Agora é hora de manter as coisas "perto do peito". A base cinza reflete a área cinzenta entre dois extremos, representados pelas espadas duplas. Em certo sentido, o Dois de Espadas representa a Sacerdotisa se conscientizando do conhecimento esquecido sobre quem ela é. É assim que se chega a uma nova ideia que só você pode conceber.

TRÊS DE ESPADAS

"Triângulo amoroso."

Palavras-chave: divisão, caso, traição, desgosto, violação.
Invertida: retraimento, vício.

O Três de Espadas é a carta da traição. É um coração partido, um triângulo amoroso – e, acima de tudo, três elementos distintos despedaçando um coração. O Três de Espadas representa mais que dificuldades românticas. São os afastamentos entre pais e filhos, as separações e os desentendimentos extremos em um grupo de amigos. Muitas vezes, essa carta reflete seu sentimento de que está sendo apunhalado. Alguém atacou sua jugular. Seu coração está literalmente se partindo.

O Três de Espadas reflete palavras, padrões de pensamento e expressões; portanto; o que fere; geralmente; é verbal. Notícias perturbadoras chegam, palavras cruéis são proferidas, e, quanto mais você pensa no assunto, mais profunda é a dor. A perfeição cirúrgica das três espadas demonstra que a dor intencional faz com que tudo fique mais difícil de suportar. Esse é um golpe proposital no coração de quem você é.

Essa carta é, na verdade, a ferida que deixa a luz entrar, pois não podemos crescer se não nos permitirmos sentir. Qualquer coisa que nos force a nos abrir fatalmente vai doer. O crescimento nunca é confortável, e nenhum de nós se recupera do amor destruindo o coração. Ainda assim, são esses cacos que vão se refazer. Você aprenderá a amar melhor, a se tornar mais forte e a cultivar a compaixão.

A iconografia cristã há muito retrata uma espada transpassando o coração da Virgem Maria como símbolo da compaixão contemplativa. Desse modo, o Três de Espadas se estende além das nossas queixas e transgressões pessoais e se torna o lugar em que sentimos compaixão, mágoa e desespero pelo estado do mundo. É o horror e a compaixão da tragédia humana. Fome, atrocidade, guerra e desastres naturais.

O desgosto é subjetivo e algo com o qual todos precisamos lidar. Não tema, as nuvens de tempestade, os trovões e os relâmpagos, a chuva copiosa que gela o coração logo diminuirão e partirão. São nossos momentos mais sombrios que esculpem nosso caráter. Eles estimulam a evolução pessoal que não teríamos buscado de outra forma. Quando o céu estiver limpo, você se verá transformado para sempre. O Três de Espadas é a ferida que permite a entrada da luz.

QUATRO DE ESPADAS

"Pensamentos em ordem."

Palavras-chave: retirada, reclusão, isolamento, introspecção, descanso.
Invertida: cuidado, discrição.

O Quatro de Espadas representa momentos de sono profundo e descanso evocativo, que ocorrem quando a mente está serena. E, neste caso, trata-se da serenidade em seu sentido mais profundo. Ouça o silêncio. Deixe que o olho da mente entre no santuário deste cavaleiro em repouso. O caixão amarelo pálido apoia a efígie de um cavaleiro deitado, em descanso, e a atmosfera de calma em todo seu santuário interior. A carta sugere um sono tão fecundo quanto o tempo e tão profundo quanto a morte. Você pode ficar tranquilo porque está tudo bem.

A câmara ecoa com passos, que ecoam nas paredes de pedra, onde há um vitral colorido. Palitos de incenso almiscarado descem flutuando pela câmara ritualística. A janela carrega simbolismo específico, como uma figura semelhante a Cristo, com uma auréola na cabeça na qual está embutida a palavra PAX, que significa "beijo da paz". É conferida, por tradição, a discípulos e objetos na Eucaristia cristã.

Três espadas na parede apontam para três pontos chákricos, o chakra do terceiro olho (intuição), o da garganta (comunicação) e, o do plexo solar (amor). Essa imagem das três espadas representa o alinhamento perfeito, e a quarta espada as apoia e sustenta. De fato, o Quatro de Espadas é um descanso merecido. A carta também traça paralelos com as lendas arturianas enterradas como segredos em capelas da Europa. Essas capelas são, muitas vezes, construídas em locais sagrados de antigas terras pagãs.

Se essa carta aparecer, você pode ficar tranquilo sobre as decisões que tomou recentemente. A ideia que brotou no Ás de Espadas criou raízes e cresceu. Trata-se de um plano estável e viável e de um pensamento fundamental sólido. Agora é a hora de descansar, enquanto você se prepara para passar para o próximo nível, depois de alcançar o sucesso. Saber algo ou estar aberto ao desconhecido é, sem dúvida, uma indicação de que você tem "mente e corpo sãos". É a pureza do pensamento destituído da emoção. Sonhos e ideais carregam grandes emoções. Com muita frequência, confundimos nossos sentimentos com pensamentos e pensamentos com emoções. Vá com calma e perceba essa confusão.

CINCO DE ESPADAS

"Tirar vantagem do outro."

Palavras-chave: humilhação, devastação, escândalo, fracasso, derrota, crueldade.
Invertida: funeral, descanso.

O Cinco de Espadas é, de todas, a carta mais dramática. Acabou de irromper uma luta perversa e injusta. É fácil distinguir um vencedor, um perdedor e um mediador. As consequências são reais, os acontecimentos estão em curso, e os sentimentos são evidentes. Palavras já foram ditas e espalhadas pelo vento. Talvez você tenha sido muito verdadeiro ou será que foi propositalmente cruel? Talvez tenha sido a vítima da agressão. Esta carta também se refere ao ato de *bullying* e a pessoas que se agrupam numa gangue. O homem colecionando espadas claramente têm vantagem diabólica. Ele, como vilão arquetípico do mal, sente prazer ao ver o que foi roubado. Gosta da força que isso lhe transmite e parece saborear a dor que causou no outro.

O Cinco de Espadas representa uma situação complicada e lembra você do poder das palavras. Elas sempre exercem impacto sobre os outros e sobre você. Causam consequências, muitas vezes desagradáveis. A figura menor, ao fundo, prenuncia desespero, com o rosto nas mãos, assim como a figura que aparece no Nove de Espadas. A superfície da água e as nuvens ao fundo remetem a um sentimento de agitação e descontrole. Parece que tudo pode acontecer. As implicações kármicas da carta lembram que seus atos agressivos voltarão para assombrar o consulente. A situação retratada pela carta se passa num palco. Você participou recentemente de um drama que propiciou um espetáculo público?

O Cinco de Espadas gira em torno dos problemas causados pelo vitimismo, que sugere que você examine as áreas da sua vida nas quais se sente injustiçado. Qual foi seu papel nessa situação? Está acontecendo agora ou é algo do passado que ainda assombra você? Você vive num ciclo de decepção perpétua e insatisfação? Pode ser hora de reavaliar seu papel adulto na vida. O que você dá aos outros e o que injustamente espera de volta? Você pode estar criando ciclos viciosos de abuso? O lado sombrio surge quando a vítima se torna o agressor. Eles são como os dois lados da mesma moeda. Não estão separados. Reconheça que você pode estar desempenhando esses dois papéis. Esteja disposto a se afastar. A melhor maneira de deter uma guerra é não participar dela.

SEIS DE ESPADAS

"Tempos melhores virão."

Palavras-chave: emissário, passagem, despacho, itinerário, viagem por água.
Invertida: confissões de amor.

O Seis de Espadas é uma carta que representa uma jornada literal ou metafórica. Você está seguindo em frente. Ela indica a compra de uma nova casa ou mudança para uma nova cidade, estado ou país. Sugere viagens e férias, extremamente necessárias tanto para a cura quanto para o lazer. O Seis de Espadas é uma das muitas cartas de viagem. Traz a imagem de mãe e filho, o que sugere uma jornada, em princípio, com os entes queridos. Você não vai viajar sozinho. O barqueiro pode refletir um segundo indivíduo, que faz um investimento emocional ou financeiro na situação. Se você pudesse fugir de tudo agora, quem levaria consigo?

Essa carta implica que "tempos melhores virão". A superfície encrespada da água, à direita do barco, e a superfície calma, à esquerda, sugerem a transição de um período conturbado para uma época de navegação tranquila. As profundezas da água refletem a profundidade emocional do relacionamento.

Num sentido mítico, essa carta representa viagens sobrenaturais ao mundo subterrâneo, ao submundo ou ao outro mundo. O barqueiro grego Caronte transporta a alma dos mortos pelo rio Styx, enquanto eles se preparam para entrar no Hades, a terra dos mortos. Em antigos ritos funerários, colocavam-se moedas nos olhos dos cadáveres. Arqueólogos acreditam que a moeda era o pagamento pela passagem para a vida após a morte. Que preço você deve pagar?

Todas as cartas 6 dos Arcanos Menores refletem, de maneira vívida, a separação e as hierarquias entre pessoas. Uma figura se eleva do restante da cena. Ela sugere autoridade, posição de poder e energia psíquica movendo-se entre as pessoas. Todas as figuras do Seis de Espadas estão de costas para o leitor. Numa tiragem, a carta seguinte indica para onde você está indo.

As seis espadas na frente do barco parecem as barras de uma cela de prisão, sugerindo que pensamentos tumultuados agitam a mente. À frente, vê-se uma costa a distância, o que indica que você está avançando em direção a um novo horizonte. O tempo está calmo e sugere uma partida rápida. A postura do barqueiro se assemelha à do Mago, como um lembrete do modo como você canaliza a energia. Ele é também o poder que você tem para mudar qualquer situação ou se adaptar a ela. Não importa o que alguém ao redor diga; metaforicamente, você está avançando para um novo território.

SETE DE ESPADAS

"Fuga estratégica."

Palavras-chave: ambição, objetivo, nervosismo, atrevimento, plano incerto.
Invertida: bom conselho, advertência.

O Sete de Espadas aparece para dizer que é hora de uma fuga rápida. Reflete aqueles momentos em que você quer se afastar antes que a coisa piore, pegar apenas o que precisa e sair da cidade. É, literalmente, deixar para trás o que você não precisa mais.

A figura se afasta na ponta dos pés, levando nas mãos cinco espadas, tão afiadas quanto uma língua ferina. A marcha sugere que você deve avançar com cuidado. Não compartilhe seus planos com os outros. Seja preciso. Saia de cena. Vá embora. A postura do homem aponta para três direções. Seus pés se movem para a direita, que é o futuro. Seu peito está no centro, refletindo o presente. Ele olha para trás e para a esquerda, como se verificasse se alguém o segue. Essa imagem sugere um olho no passado. Do ponto de vista do consulente, o homem se move do futuro para o passado, porque lemos da esquerda para a direita. Essa carta é um lembrete de que nossa experiência do tempo é subjetiva.

O Sete de Espadas pode ser entendido como o ato de fazer uma "correção". É a ação de eliminar o que não é mais necessário. Isso pode significar limpeza no armário e arrumação na casa. Pode significar que, ao se livrar de antigos hábitos e descartar o que não serve mais, você provocou uma reviravolta na sua vida. Você pode optar por se afastar de certas pessoas, abrindo mão do apego ou da expectativa. O amarelo brilhante é a cor que domina a carta, sugerindo alto grau de criatividade.

Barracas abertas e festivas são vistas ao fundo. Bandeiras alegres se agitam sobre as tendas como cerejas sobre um bolo. Um grupo de indivíduos se reúne perto de uma fogueira enfumaçada a distância. Essa cena sugere a escolha de uma posição, de seguir em frente, sem a validação ou a aceitação dos outros. Você pode ter acabado de chegar ou estar procurando a aprovação dos outros. Ao mesmo tempo, pode se sentir tímido e a necessidade instintiva de esconder seus atos. Talvez você só se mostre depois que sua ação estiver concluída. Em todos os aspectos, essa carta sugere que você aja silenciosamente, sem fazer barulho ou alarde. Nem tudo é preciso comunicar ao mundo. A própria aprovação e o senso de autovalor são as coisas mais importantes que você pode dar a si mesmo.

OITO DE ESPADAS

"Situação de estase, semelhante a um casulo."

Palavras-chave: notícias ruins, doença, culpa, repressão, frustração.
Invertida: assédio, traição.

O Oito de Espadas é a carta do refém. Você está preso por uma pessoa dominadora, um parente ou um parceiro. Ou será que é refém de si mesmo? A carta sugere códigos morais culturalmente opressores. A incapacidade de expressar sua individualidade. Uma situação que parece extremamente restritiva.

As contas estão se acumulando, você se depara com uma confusão avassaladora ou sente que não fez boas escolhas.

Como o Três de Espadas, o Oito de Espadas deixa pouco espaço para a imaginação. Uma mulher está vendada e amarrada à beira-mar. Seus pés pairam sobre um terreno arenoso e alagadiço. Uma cerca de espadas a aprisiona. Um castelo com torres é visível no topo de penhascos imponentes. A figura está evidentemente em apuros.

Uma leitura esotérica dessa carta sugere que, assim como ocorre no Dois de Espadas, a venda significa transformação. A mulher não é prisioneira, mas uma pessoa que participa de um ato de iniciação voluntário. O iniciado verá a praia com olhar diferente quando a venda for retirada. A figura é como a lagarta no casulo, passando por uma transformação. As Espadas não são uma prisão. Marcam os limites do espaço ritualístico sagrado. Uma interpretação sexual dessa carta (alinhada com a carta do Diabo) marca propensão ao sadismo e ao masoquismo, *bondage* e joguinhos de dominação.

As praias indicam um limiar. É onde planos opostos da realidade se encontram; areia e mar, campo e floresta. Representam lugares onde podemos provocar grandes mudanças e metamorfoses, se essa for nossa escolha.

O número 8 implica infinito. Espadas representam a mente. As duas imagens juntas revelam que o Oito de Espadas reflete o caráter infinito da mente. Há uma inteligência ilimitada disponível para você em todos os momentos. Nessa interpretação, a figura desafia o consulente a expandir a mente e a maneira com que usa os pensamentos. Trata-se do poder de conceber nossa vida e nossos dons. É uma vida renovada e mais evoluída todos os dias. Nossa mancha cósmica de energia e nossas intenções irradiam para sempre. Somos o efeito borboleta estendendo a mão para o Universo e tocando-o com nossos pensamentos.

NOVE DE ESPADAS

"Ciclo vicioso de pensamentos."

Palavras-chave: luto, colapso, plano frustrado, astúcia, hipocrisia.
Invertida: cativeiro, humilhação.

O Nove de Espadas é uma carta de imenso desespero. É a "noite escura da alma". Representa os círculos de pensamento sombrios e destrutivos em sua cabeça. Você se sente impotente para deter esses pensamentos. É a insônia, estar acordado às 4h30 com o alarme preparado para tocar às 6h30. Esse é o espaço onde você se digladia consigo mesmo, se repreende por atitudes que tomou e questiona tudo o que disse e fez. Aqueles momentos em que ficamos obcecados por situações e pessoas passivo-agressivas. No pior dos casos, essa carta reflete sua determinação em se manter num padrão insustentável.

Uma mulher em perigo está sentada na cama. Seu local de intimidade e sua revitalização estão destruídos. A cabeça está entre as mãos. Isso sugere que existe algo que você não está olhando. Nove espadas estão empilhadas ao lado dela na escuridão. Elas formam uma escada que ela poderia usar para subir e sair da situação. Qual é a sua saída de emergência? O cabelo da figura é tão branco quanto o vestido. Isso sugere susto, como se ela tivesse visto um fantasma ou sofrido um terror noturno.

Uma colcha colorida cobre as pernas da mulher, e uma cena está esculpida na madeira de sua cama simples. A manta é bordada com 42 quadrados. Vinte e um deles ostentam a rosa vermelha do rosacrucianismo. A outra metade tem sucessão aleatória de símbolos do zodíaco e de planetas. Da esquerda para a direita, os símbolos são: Marte, Touro, Câncer, Peixes, Gêmeos, Leão, Virgem, Escorpião, Lua, Saturno, Áries, Saturno, Sagitário, Leão, Marte, Aquário (parcial), Mercúrio, Sol, Gêmeos, Libra, Júpiter, Peixes, Touro (parcialmente escondido).

Quando o Nove de Espadas aparece numa leitura, somos lembrados de que precisamos nos tratar com bondade e compaixão, em vez de com julgamento e crítica. É sinal de que estamos perdidos em meio às divagações da mente. Mas, se nos sentarmos, descobrirmos os olhos e considerarmos os problemas à luz do dia, poderemos ver esses pensamentos pelo que eles são. Espectros perturbadores do inconsciente que, uma vez reconhecidos, podem ser eliminados. Respire e volte a se encontrar.

DEZ DE ESPADAS

"O fim de uma história."

Palavras-chave: miséria, mutilação, desolação, nem sempre uma carta de morte violenta.
Invertida: bênção, ganhos.

Um homem perfurado com dez espadas jaz no chão. Esta carta sugere morte e destruição. Tudo está acabado. Ou não? Espadas representam a mente, e, quando o Dez de Espadas aparece, isso indica que a mente está decidida, determinada e resoluta. De muitas maneiras, essa carta reflete tudo o que não podemos mudar nos outros, nas ações, nas opiniões e no caráter das outras pessoas. No entanto, o naipe de Espadas é um lembrete do poder individual da mente; somos livres a todo instante para escolher nossos pensamentos. Mesmo que os acontecimentos ou os outros não possam ser alterados ou influenciados, podemos mudar o modo como abordamos a tarefa à mão ou a maneira como reagimos a eventos inalteráveis.

O amanhecer surge contra um céu noturno negro e com nuvens cinzentas. Esse é um código simbólico da Golden Dawn (Aurora Dourada), sociedade mágica secreta que deu origem a este Tarô. A aurora dourada é o início brilhante, cintilante, de um novo dia. O Dez de Espadas sugere que o pior já passou. Como as espadas refletem a mente, essa carta sugere tumulto mental finalmente vencido. O 10 sugere o fim de um ciclo ou de uma história.

Dez espadas de prata perfuram a coluna, o pescoço e o rosto do homem. Elas fazem essa carta parecer o fim de uma peça de Shakespeare sobre a vingança. Embora essas peças teatrais retratem assassinatos violentos, canibalismo e espetáculo, uma análise mais profunda da carta revela que as espadas estão cravadas ao longo da coluna à perfeição. Ela sugere, portanto, o alinhamento da coluna, um trabalho concentrado com os chakras e a acupuntura.

O gesto da mão é o mesmo do Hierofante. É sinal de bênção. Essa bênção é sempre feita com a mão direita e com os dois últimos dedos curvados para baixo. O gesto aparece no início da arte bizantina. Uma leitura subversiva dessa imagem sugere que a figura da lança poderia ser o Hierofante. Essa leitura implica que velhas religiões e sistemas estão mortos. Por fim, vemos que o Dez de Espadas reflete a natureza efêmera da vida. Que nada neste mundo dura eternamente. Nada é para sempre.

VALETE DE ESPADAS

"Ler as entrelinhas para descobrir a verdade."

Palavras-chave: vigilância, pastor, diligência, investigação, experimento.
Invertida: nefasto, fantasma.

O Valete de Espadas carrega a juventude e a curiosidade do elemento Ar. A idade dele sugere natureza impressionável, fascínio e vontade de brincar e experimentar. O Ar é o elemento do intelecto, e o jovem tem percepção com a precisão de um *laser*. Novas ideias e pistas se apresentam, e ele vai segui-los até chegar à conclusão correta. Ele confia em seus instintos e presta menos atenção ao que as pessoas dizem e mais ao que realmente fazem.

O Valete de Espadas reflete você quando está lendo as entrelinhas. Aparece para que você saiba que é importante fazê-lo. É o arquétipo da Nancy Drew[2] do Tarô. Como tal, nada escapa da sua mente profunda e investigativa. Você evoca a energia desse Valete quando presta atenção aos detalhes de uma situação. Ele representa você quando pesquisa a história de uma pessoa ou faz uma pesquisa histórica de qualquer tipo. Pode ser uma pesquisa no computador, numa biblioteca ou até de campo, na qual entrevista e conversa com as pessoas para chegar à verdade.

Você incorpora o Valete de Espadas quando está verdadeiramente perplexo e intrigado com uma situação. Essa carta é a emoção da caça, quer você esteja atrás de uma barganha ou brincando de esconde-esconde depois do anoitecer. O Valete de Espadas é superinteligente. É o típico aluno nota 10, cujos padrões são sempre elevados. Ele leva a sério as responsabilidades e é um leitor voraz. Tem o incrível talento de sempre encontrar as palavras certas e articular a verdade de maneira clara e sucinta. É, muitas vezes, encontrado em bibliotecas ou resolvendo um mistério no bairro em que mora. O Valete de Espadas, às vezes, pode ser intrometido, que mete o nariz em tudo.

A paisagem do Valete de Espadas reflete suas características por meio das nuvens e dos picos irregulares. O chão parece estar se movendo sob seus pés, as nuvens se elevam atrás dele. Seus cabelos voam ao vento, e pássaros voam alto, marcando sua ligação com o Eu Superior, mais sábio. Waite descreve essa carta como uma "caminhada rápida". Assim como podemos interpretar a energia do cavaleiro observando a marcha do seu cavalo, você pode determinar o ritmo da sua situação atual por meio da ação rápida da figura dessa carta. O movimento do Valete sugere que, se tomar uma atitude rápida, os resultados virão igualmente rápidos, como um raio.

---

2. Série de TV norte-americana de suspense e mistério, narrada e protagonizada pela detetive amadora Nancy Drew. (N. da T.)

CAVALEIRO DE ESPADAS

"Aja agora e pergunte depois."

Palavras-chave: velocidade máxima, realização, destemor, indignação, choque, proeza.
Invertida: insensatez, esbanjamento.

O caráter impetuoso e expansivo do Ar ilumina o Cavaleiro de Espadas. Ele está tão empolgado com as próprias ideias que é, muitas vezes, uma força indomável. Astuto e determinado, esse personagem intenso vai ultrapassá-lo antes mesmo que você perceba o que está acontecendo. O impulso para a ação supera qualquer hesitação que ele possa ter. Ele vai sempre direto ao cerne da questão. Sua presença faz os outros se sentarem e prestarem atenção. As pessoas também podem se dispersar e buscar proteção quando ele aparece, como um tornado gerando energia frenética.

O Cavaleiro de Espadas é ativado em você no momento em que você corre para defender uma pessoa, um lugar ou um objeto. Atos de agressão também são inspirados por sua atitude, como a insensibilidade não intencional em relação aos sentimentos alheios. Ele marca sua necessidade de exercer controle sobre qualquer situação. Também está cheio de uma coragem tremenda e de vontade de se arriscar sem medir consequências.

O Cavaleiro de Espadas pode, ainda, indicar só um interesse passageiro, um fogo de palha. Sai de cena tão rápido quanto aparece, muitas vezes deixando as pessoas confusas. Suas características podem ser chocantes quando descobertas nos outros. Sua fala rápida e seu comportamento agressivo podem ser difíceis de processar. Do ponto de vista romântico, ele é o melhor dos *bad boys*. Tem estilo James Dean, um sujeito divertido, de fala mansa, andar rápido, que sabe exatamente o que dizer para conseguir o que quer. Ele também pode ser um recurso valioso como protetor, pois aparece justamente quando você precisa.

Waite o chama de "Galaaz[3] na busca pelo Santo Graal, dispersando os inimigos". Ninguém ficará em seu caminho. Os cavaleiros indicam oferendas e mensagens importantes, e sua aparência marca a energia fluida de qualquer situação. O cavalo do Cavaleiro de Espadas avança em ritmo vertiginoso, refletindo resultados precipitados em sua situação. Waite o descreve como "cavalgando a toda velocidade, como se estivesse afugentando os inimigos". Evoque o Cavaleiro de Espadas quando precisar esvaziar um ambiente.

---

3. Um dos cavaleiros da Távola Redonda do rei Artur. (N. da T.)

RAINHA DE ESPADAS

"A expressão da opinião."

Palavras-chave: articulação, inteligência, força, acuidade mental, raciocínio brilhante.
Invertida: de ponta-cabeça, autossabotagem.

A Rainha de Espadas expressa inteligência madura e direta. Essa Rainha sincera e articulada fala com o coração em qualquer circunstância. A análise dela é marcante, e raramente ela se engana. Fala a verdade como a vê. Estende a mão a quem se aproxima. É a natureza feminina da inteligência. Como tal, é extremamente sábia e direta. Não se deixa levar por distrações. A Rainha de Espadas sabe como organizar a si mesma e aos outros. Energiza as pessoas que trabalham ao seu lado por uma causa maior.

A Rainha de Espadas é ativada em você quando mantém o controle numa situação adversa e demonstra clareza e equilíbrio. Ela reflete qualquer um que esteja de posse do seu poder pessoal. Também reflete você quando usa toda sua força mental. Ela é sua confiança nos próprios instintos e convicções. Embora seja clara, ela não é cruel. A Rainha de Espadas é ativada quando uma estratégia é essencial. Ela é você quando defende suas ideias melhor que ninguém.

A Rainha de Espadas, como várias rainhas, é uma força a ser reconhecida em sua vida. Você pode se sentir intimidado ou inspirado pelas pessoas com as características da Rainha de Espadas. Elas levam a si mesmas e o próprio trabalho a sério. Mas podem surpreendê-lo, pois também têm um lado suave e sensível. Dedicação à qualidade e à verdade marcam essas pessoas. Profissionalmente, esse tipo de pessoa se dá melhor quando é escritor, editor, professor, médico. A Rainha é psicóloga brilhante e advogada imbatível. Tem uma agenda cheia e verifica sua lista de tarefas com satisfação. Tem prazer de criar um tópico de discussão, e, muitas vezes, esse tópico é ela mesma.

A coroa e o trono da Rainha de Espadas são decorados com borboletas, símbolos do elemento Ar e do espírito. Seu manto é pontilhado de nuvens, para combinar com o fundo alpino. Seu trono tem um querubim que aparece acima da lua crescente e minguante. Isso indica que a mudança divina está em curso. Um pássaro voa acima da Rainha, sugerindo mensagens divinas. Sua postura emula a carta da Justiça. Ela sempre lembra você de se expressar.

REI DE ESPADAS

"Sem paciência com os tolos."

Palavras-chave: mente militar, lei, julgamento, comando, poder.
Invertida: malevolência, intenções cruéis.

O Rei de Espadas age em você quando você trabalha para cumprir um prazo. É o pensamento ousado, a crença na tarefa em mãos e o foco. Representa grande respeito e ter domínio sobre sua vida interior. É a capacidade de ouvir toda agitação que existe em você e torná-la consciente. É uma grande figura de autoridade. Quando você estabelece regras e regulamentos ou repreende os outros, está ativando a atitude desse Rei em você. Ele está ativo quando você encontra as palavras certas para se expressar. É aquele momento maravilhoso em que você tem a resposta perfeita para a situação, especialmente quando ela é opressiva.

O Rei de Espadas é a articulação madura e masculina da mente. O mecanismo interno dele resulta em avanços científicos e matemáticos. Ele é a natureza e o estado de direito. É o poder da lógica mental. Como a Rainha de Espadas, ele tem um lado sensível, raramente visto por aqueles que não fazem parte do seu círculo íntimo. Ele diz o que quer e tem pouca paciência até que veja resultados. Acima de tudo, ele valoriza a verdade e nada o detém na busca por seu objetivo.

O Rei de Espadas aparecerá em sua vida como uma pessoa mais velha, que lembra a "figura paterna". Está, muitas vezes, ativo em posições militares e estratégicas. Com frequência, é um cientista, médico, advogado e psicólogo. Waite afirma que o Rei de Espadas detém o "poder da vida e da morte". Ele é uma figura bastante imponente, cujo trono é esculpido com borboletas. É como se ele fosse o aspecto masculino da carta da Justiça, e a Rainha de Espadas, o aspecto feminino. O céu que se vê na carta combina com o de outras Cartas da Corte do naipe de Espadas e é preenchido com nuvens ondulantes, que correspondem à atividade da mente.

ÁS DE OUROS

"Oportunidades se apresentam."

Palavras-chave: riqueza, alegria, felicidade ideal, euforia, manifestação.
Invertida: desvantagem da grande riqueza.

Oportunidades não faltam ao Ás de Ouros. Uma oferta, talvez inesperada, marca o início de um novo caminho. Existe enorme potencial para o crescimento, que acaba em resultados no mundo real. Esta carta é como um bloco de construção nas áreas das finanças, da saúde e do mundo físico.

O jardim circundante é uma lembrança do que já floresceu e conta a você o que é possível. Um portão de jardim, enfeitado com hera e flores, mostra que uma porta de novas oportunidades está se abrindo. O caminho o convence a sair desse jardim proverbial de zonas de conforto para buscar novas e loucas aventuras. As montanhas distantes lembram as alturas que é possível atingir.

Uma inspeção minuciosa marca o milagre da manifestação física no reino material, simbolizado por uma estrela de cinco pontas dentro de um círculo duplo, símbolo do pentagrama, que remonta à antiga Mesopotâmia. O círculo é o bloco de construção básico da vida, a forma dos nossos planetas e das nossas estrelas, bem como das moléculas e células do nosso corpo. Contém o poder e a energia do sol e a essência doadora de vida. Essa vibração é o que faz todas as coisas florescerem e crescerem. Ela acompanha os ritmos naturais e as mudanças de estações. O que quer florescer dentro de você? Você vai ficar na sombra ou permitir que a energia do sol se infunda em você?

A cor dourada do pentagrama se conecta com o ouro alquímico. Faça vibrar a energia do dinheiro em sua vida economizando e sabendo gastar bem. Delicie-se com o mundo físico e com o prazer sensorial. Dê presentes com frequência. Você é o melhor presente que poderia dar ao mundo.

Fique aberto e pronto para receber na vida diária, dando de si mesmo. Pague adiantado. Muitos de nós aprendemos que é melhor dar do que receber; porém, a alegria de receber oferece uma oportunidade de conexão e intimidade.

DOIS DE OUROS

"Uma escolha agradável à disposição."

Palavras-chave: dualidade, recreação, deleite, dança delicada.
Invertida: fingir estar se divertindo.

O Dois de Ouros surge para refletir dualidade e escolha. As opções apareceram, e a decisão final está em suas mãos. Qualquer uma das opções é boa; é apenas uma questão de preferência pessoal. Você pode se divertir com o que está ao redor. Consequências não intencionais mudam seus planos iniciais, mas você está apto a seguir o fluxo.

A *lemniscata*, um 8 na horizontal, é o símbolo do infinito. Arthur Waite a chamava de "cordão sem fim". Ela envolve os pentáculos (símbolos do naipe de Ouros) e é um lembrete profundo para seguir o fluxo e não pressionar com muita força em nenhuma direção. A figura está num palco, dançando uma jiga. Ela o lembra de ser leve. A situação não exige mão pesada. Aplique seu toque mais leve e fique aberto à inspiração. As ondas na tela atrás da figura refletem a natureza mutável da situação. Há muito mais coisas por vir, e a energia é fluida. Fique leve e focado em sua tarefa, especialmente se for agradável. Aproveite o processo. Não precisa pensar demais. Apenas, preste atenção.

O Dois de Ouros espelha a carta do Mago, que, em baralhos históricos anteriores, retratava um malabarista. Ambas as cartas contêm uma *lemniscata* e mostram a postura de mover a energia de cima para baixo. Os resultados do Mago são vistos no Dois de Ouros, que é o mundo prático do dia a dia.

Os navios ao fundo pressagiam uma evolução ainda maior. Eles sugerem elementos de viagens e as mãos do destino, que convocam tempestades e rajadas invisíveis sobre aqueles que navegam com leveza nos mares. Pise com leveza; porém, olhe para o que está por vir na estrada. Por fim, essa carta é uma *performance*. Levanta as questões: para quem você está se apresentando agora? Você está dançando no ritmo da outra pessoa ou no seu próprio?

TRÊS DE OUROS

"Colaboração criativa entre campos profissionais."

Palavras-chave: indústria, comércio, aristocracia, alta sociedade, patronos.
Invertida: escolha do caminho mais fácil.

O Três de Ouros aparece na leitura para nos lembrar do valor de colaborar com os outros, especialmente quando estão criando algo. Agora é a hora da renovação física ou metafórica. Vale a pena buscar especialistas para ajudá-lo. Eles poderão lhe dar suporte técnico, financeiro, emocional ou criativo.

Esta carta reflete a natureza da progressão e dos blocos de construção. As três figuras estão em um antigo mosteiro ou em uma capela de pedra. Um monge parece até um trabalhador. O trabalhador é um maçom. Os símbolos maçônicos são um banco, um avental e uma ferramenta. A antiga linhagem dessa carta se conecta com o mito, com a lenda e com o mistério da existência. Embora você possa estar preocupado com coisas materiais, como dinheiro, conclusão de um projeto ou sucesso, há implicações mais profundas fundamentando o trabalho que você faz. Isso o conecta com o tecido da realidade. Sugere linhagem, até mesmo nobreza.

O triângulo de pentagramas cravado na pedra acima das figuras é indicativo da criatividade do 3. É a forma da divindade do modo como é evocada em todas as culturas: do Pai, do Filho e do Espírito Santo até a Donzela, a Mãe e a Anciã. Esse é um lembrete de que tudo o que construímos no mundo material tem raízes no invisível. Que todas as formas de manifestação brotam da inteligência que queria participar da criação. Podemos pensar que somos nós que temos o plano mestre, mas uma energia e força maiores estão se movendo através de nós. Estamos sonhando ou o sonho está nos sonhando? Quando o Três de Ouros aparece numa leitura, é um lembrete para voltarmos ao trabalho.

QUATRO DE OUROS

"Identificação com os bens materiais."

Palavras-chave: buscar recursos, herança, estabilidade, presentes.
Invertida: incerteza, tensão.

O Quatro de Ouros aparece para dizer que você tem o que precisa. A cidade atrás da figura é o que ela já construiu. Trabalho duro e planejamento inteligente valeram a pena, mas não se apegue ao efêmero.

Esta carta, muitas vezes, parece indicar tendências à mesquinharia. A figura se apega com desespero aos seus recursos financeiros. A atração do mundo material provou ser irresistível. A que você está se apegando? Você segura isso com tanta força que pode acabar por destruí-lo.

A figura usa uma coroa representando sucesso inicial. E ainda não foi coroada rei. O 4 é o número dos blocos de construção estáveis. Você tem uma base sólida sobre a qual pode construir o que quiser. Não tema seu sucesso inicial. Você não vai perder o que já ganhou. É mais do que você pensa.

O pentagrama sobre a cabeça da figura se alinha com o chakra da coroa, que nos conecta com nossos pensamentos e nossa inspiração mais elevados. Ele nos lembra de que, não importa quão espiritualmente conectados estejamos, é importante permanecermos ancorados no corpo. Somos, afinal, criaturas físicas. É o corpo que nos mantém seguros e sãos durante o trabalho esotérico e xamânico. A figura agarra o segundo pentáculo no centro do coração. A própria estrela é uma figura talismânica; os cantos sugerem cabeça, dois braços e duas pernas. É a magia brotando de decisões tomadas com o coração. Os dois pés da figura estão enraizados na magia dos pentáculos. Essa carta lembra que você está protegido daqueles que podem prejudicá-lo mantendo os pés ancorados. Solte-se para se mover livremente em qualquer direção que quiser.

CINCO DE OUROS

"Os altos e baixos dos relacionamentos."

Palavras-chave: estrada pedregosa, problemas sérios, falta de imaginação, luta, dificuldade.
Invertida: dissonância, falência.

O Cinco de Ouros parece refletir os altos e baixos dos relacionamentos de longo prazo, casamentos, amizades, e a natureza tumultuada da paternidade e da maternidade. Esta é a noite mais escura. Um casal se move por uma paisagem de neve invernal. Uma mulher puxa o lenço para perto do pescoço. Um sujeito se apoia em muletas com um sino ao redor do pescoço. Ele olha para você como se estivesse com dor. Um vitral brilhante está acima deles.

O Cinco de Ouros reflete a "noite escura da alma". A impressão é a de que você tem problemas e desafios intransponíveis à frente. Tudo parece perdido. No entanto, não é um viajante solitário que enfrenta esse momento de angústia e aflição, mas um par. Esta é a carta dos desafios enfrentados a dois.

Os pentáculos simbolizam dinheiro. O Cinco de Ouros parece alertar sobre problemas financeiros e má gestão de investimentos. Em relacionamentos de longo prazo, marca a natureza dos conflitos financeiros do casal. Questões relacionadas a gastos, poupança, orçamentos e indiscrições financeiras prevalecem.

O Cinco de Ouros aparece na leitura para marcar aqueles momentos em que você se sente um pária. Indica que você pode ser excluído por amigos ou grupos sociais. Isso é particularmente doloroso, pois os seres humanos são criaturas sociais. Pesquisas mostram que a rejeição ativa a mesma parte do cérebro que sente dor física. É por isso que ser deixado de lado e ser rejeitado doem. Há momentos em que você deve se afastar de amigos e colegas. Pode não ser fácil ou bom, mas o ato de se poupar é essencial para a própria saúde física e mental.

Os vitrais da capela são iluminados por um brilho efêmero. A salvação que o casal busca está logo atrás da parede. Eles vão ver? Você pode se virar e encontrar exatamente o que pode salvá-lo? Você vê a resposta, mas vai aceitá-la? A luz brilhante também lembra que nem tudo está perdido. Segurança, satisfação e sentimento de pertencimento um dia voltarão a reinar em sua vida.

SEIS DE OUROS

"Capacidade de dar e receber."

Palavras-chave: caridade, mesada, benefício, querer, subsídio.
Invertida: inveja, avidez.

O Seis de Ouros reflete momentos de dar e receber. Presentes são recursos que podem ser registrados, pesados e relacionados numa lista detalhada.

Como a natureza do mundo material é tangível, essas coisas podem ser pesadas. E, às vezes, usadas contra você. A apropriação indevida de fundos e recursos parece nos lembrar de que o mundo físico apenas nos mostra o que há na superfície. Nunca nos fala o caráter da pessoa. No momento em que se obtém algo, isso pode ser manipulado, usado indevidamente ou para controlar, julgar e inflar o ego. Nesse caso, é a natureza da doação que ativa seu lado benéfico ou seu lado sombrio.

Os mendigos se ajoelham aos pés do mercador. Isso pode fazer o comerciante se sentir forte e majestoso. No entanto, as figuras encapuzadas podem usar um disfarce. Aquele envolto em azul tem algum tipo de bilhete ou ficha no bolso. Quem realmente detém o poder?

Conheça o caráter de alguém pela maneira como essa pessoa trata aqueles que não conhece e não considera "importantes". O Seis de Ouros representa o ato de dar, se doar e ajudar almas menos afortunadas. A balança indica que o benfeitor está acompanhando de perto o que distribui. A reciprocidade, a ideia de dar e receber, está implícita aqui. Você tem uma motivação oculta quando dá algo aos outros?

Todas as cartas 6 dos Arcanos Menores carregam o significado de separação e hierarquias entre pessoas. Uma figura se eleva sobre as restantes. Isso pode significar separação, autoridade e posições de poder. Sugere casta ou sistema social pelo qual as pessoas são organizadas com base em atributos externos. No nível sutil, a natureza dos Arcanos Menores se mostra na progressão do número, ficando maior, mais extenso e mais próximo do objetivo final da manifestação completa à medida que se aproxima do dez. O número 6 se conecta à carta do Carro, que avança para fazer conquistas. Saiba que você está progredindo e fique atento às suas ações.

SETE DE OUROS

"Resultados são obtidos, e decisões futuras, necessárias."

Palavras-chave: regatear, barganhar, brigar, consciência limpa, engenhosidade.
Invertida: preocupação financeira, expectativas de empréstimos.

O Sete de Ouros é o momento em que seus resultados são vistos. A aparência deles não é bem o que você esperava. Sejam eles bons ou ruins, esta carta reflete nossa perplexidade diante dos nossos resultados. Nunca sabemos se as coisas que buscamos e nas quais investimos nosso tempo vai nos trazer recompensas. Podemos buscar o romance com determinada pessoa e, depois que ela está em nossa vida, descobrirmos que não era o que esperávamos. Você pode se empenhar muito para conseguir uma promoção ou reconhecimento profissional e, depois que o objetivo é alcançado, ficar confuso sobre qual direção seguir. Esta carta é um lugar de questionamento, mesmo que você esteja satisfeito com seus resultados. É o momento em que você se pergunta: "Para onde vou daqui em diante?".

Sete pentáculos caem de colheitas cultivadas. Um agricultor se inclina sobre sua ferramenta de trabalho. Ele faz uma pausa para refletir sobre seu trabalho e pensa profundamente sobre o que deve fazer em seguida. Uma gavinha se estende. Agora é o momento ideal para fazer um balanço, avaliações, e analisar o caminho que você escolheu. Reexamine sua motivação e os resultados obtidos. Você pode fazer algo melhor, mais rápido ou mais eficiente? Há mais por vir com o número 7 da sorte. Mais evolução o aguarda. A pergunta é: como conseguir um resultado mais próximo do seu ideal mais elevado?

O Sete de Ouros aparece na leitura para nos lembrar de que a jornada é tão importante quanto o destino. É fácil mostrar resultados por meio de coisas materiais, dinheiro e posses, mas a recompensa não está nas coisas que você pode exibir. Você gostou do processo? Isso mudou você? O que você aprendeu e o que ganhou por ter visitado aqueles lugares que só você conheceu? Aqui está a verdadeira recompensa obtida com aquilo a que você se dedicou. A grama pode parecer mais verde do outro lado da cerca, mas você é o campo inteiro.

OITO DE OUROS

"O prazer de trabalhar e de aprender."

Palavras-chave: carreira, trabalho, arte, talento, diligência.
Invertida: arrogância, ganância.

Um artesão trabalha em sua bancada. Segura um martelo na mão direita, um utensílio para esculpir na esquerda e usa avental. Todos esses são ricos símbolos maçônicos. Exemplos de sua obra alinham-se na parede de madeira ao lado dele.

O Oito de Ouros sugere prazer no trabalho. Também reflete vontade de se orgulhar do próprio trabalho, pois ele está em exibição para que todos o vejam. Um mergulho mais profundo na carta reflete as implicações espirituais de se dedicar ao seu trabalho, razão pela qual os símbolos maçônicos permeiam a carta. O trabalho ou campo de atividade escolhido por uma pessoa requer dedicação diária. É apenas o aprimoramento constante das habilidades, a prática diária, independentemente dos fluxos e refluxos das emoções, que diferencia o artista do profissional talentoso. O talento mostra vislumbres do que é possível, enquanto a verdadeira diligência revela prazer e resultados inigualáveis.

Você já teve a sorte de entrar na loja de um artesão enquanto ele estava ocupado praticando sua arte? Tem gente que pratica a vida toda para se tornar mestre das artes e ofícios, seja panificação, a arte do vidro soprado ou a confecção de Tarôs. Entrar na oficina de um artesão é como entrar numa caixa de joias cintilante. É uma honra contemplar alguém cuja vida é dedicada a um ofício particular. Embora esta carta não sugira que você deva ser um verdadeiro artesão, sugere que se dedique de maneira séria e alegre a qualquer coisa com a qual trabalhe.

Uma cidade aparece a distância. É um lugar estranho, em segundo plano. Você, o artesão, está perdido no próprio mundo, como se estivesse num sonho. O trabalho que escolhemos se torna nosso mundo, principalmente quando estamos imersos nele. A figura também parece estar num palco que levanta a questão: você está representando? Só finge trabalhar quando os outros aparecem? Para quem e em que está trabalhando? Se você estiver trabalhando para outras pessoas, certifique-se de que também o esteja para si mesmo.

NOVE DE OUROS

"Prazer com a solidão."

Palavras-chave: realização, segurança, sucesso, reflexão, ponderação, riqueza.
Invertida: má conduta, interesses ocultos.

O Nove de Ouros está encontrando seu verdadeiro lugar. Ele é a casa, o lar e o jardim dentro de você. O Nove de Ouros implica luxo, riqueza e bens. São objetos bonitos e queridos não porque sejam símbolos de *status*, mas porque seu valor artístico é apreciado. É a apreciação da beleza simples e o desejo de cercar-se de conforto e amor.

A herança está implícita na vinha. Uma mansão ao longe. Vinhas europeias são, muitas vezes, transmitidas por gerações. Portanto, o Nove de Ouros reflete qualquer coisa que você tenha herdado da família. Poderiam ser seus traços físicos, sua personalidade ou mesmo seus comportamentos, assim como gostos e desgostos. Podemos ver os pentáculos desta carta como o DNA que carregamos em nós. Olhar para o lugar onde viemos nos ajuda a encontrar nosso lugar neste momento da vida. Esta carta nos conecta como um elo aos nossos antepassados e àqueles que pertencem a um futuro incognoscível. Ela é, em todos os sentidos, nossa carta da Casa dos Espíritos.

O símbolo de Vênus decora o vestido da figura feminina, conectando-a à carta da Imperatriz. Trata-se da carta do namoro e da adoração, assim como dos gostos pessoais e estéticos, mas, acima de tudo, do prazer. Ela nos lembra de que o prazer, em última análise, está em nossas próprias mãos. Você consegue parar e se concentrar em coisas simples, como o sol na pele ou o vento nos cabelos? Pode se perder saboreando a doçura de uma pera? Consegue olhar com prazer as pessoas da sua vida?

A mão enluvada da figura e o falcão implicam lealdade. O treinamento do falcão leva tempo e exige dedicação. As tapeçarias mostram falcoeiros persas com pássaros no punho em épocas que remontam 1700 a.C. Esse é um trabalho conjunto com as forças da natureza. O caracol diz que não há problema em ir devagar e avançar a seu tempo. Permitir que as coisas se desenvolvam sem correria. As uvas rompidas denotam a colheita e a valorização de tudo o que você tem. O Nove de Ouros serve como forte lembrete para trabalhar em conjunto com as forças e os ativos da sua vida. Isso o lembra de apreciar as coisas que você já tem, em vez de se concentrar no que você não tem ou no que os outros parecem ter.

DEZ DE OUROS

"Desfrute de tudo que o mundo material tem a oferecer."

Palavras-chave: riqueza, família, legado, segurança, ciclos, gerações.
Invertida: perda, dissociação.

O Dez de Ouros reflete a culminação de tudo no mundo material. Esta é a carta da conclusão, da plenitude e da riqueza. São a família e os amigos, a casa e o lar, o mundo animal e vegetal à sua disposição. Ela é, também, o fim de um ciclo, sugerindo que, a essa altura, não há muito mais que você possa fazer. É hora de aproveitar o que cultivou.

A carta mostra três gerações: avô, mãe e pai, filho espiando por trás da saia da mãe e até os cachorros da família. Mostra a sabedoria do passado e a promessa do futuro. Essa é a única carta do baralho que mostra um limiar, o espaço interior e exterior de uma porta. Dez pentáculos estão suspensos na forma da Árvore da Vida Cabalística. Ela mostra a natureza mística do mundo invisível.

Essa carta reflete o legado que você está construindo. O que você dá aos outros e como aproveita o legado que lhe foi dado? Quais são os privilégios de que você usufrui? Como eleva os outros com os dons que lhe foram concedidos?

O Dez de Ouros reflete a culminação de uma obra-prima absoluta. "As Quatro Estações" de Vivaldi, o Inferno de Dante, o Taj Mahal ou Macbeth. Essas obras de arte existem em nível material, mas nos levam ao espaço da alegria espiritual e da felicidade extasiante. São, muitas vezes, cheias de complexidade, como a imagem do Dez de Ouros, mas nos transportam a um nível espiritual superior.

Essa carta reflete o processo de envelhecimento e a sabedoria que ele traz. O velho pode estar olhando para trás, para as fases da sua vida, em vez de se juntar a uma família. Ele vê a si mesmo como o menino e o homem, como se a carta fosse as projeções da sua imaginação. Nesse sentido, ela pode ser usada como contemplação de onde você está agora e o que foi preciso para chegar até aqui. Todos os seus eus anteriores vivem dentro de você, deixando sua marca em seu espírito. Acenda uma vela e contemple a maravilha que você é.

VALETE DE OUROS

"Jovem estudioso."

Palavras-chave: propósito, dedicação, estudo, bolsa de estudos, organização.
Invertida: distração, notícia triste.

O Valete de Ouros é seduzido, fascinado e enlevado por tudo que existe no mundo material. Estuda borboletas, pula atrás de grilos e pega vaga-lumes em potes de vidro em noites estreladas. Sente o aroma das lojas de doce e vasculha os armários para brincar de se vestir. Faz uma casinha em tamanho real de galhos de árvores, pedras e musgo verde em uma única tarde. Os olhos dele estão atentos. Sua imaginação é curiosa. Nada o distrai do prazer terreno.

O Valete de Ouros é ativado em você quando você se envolve em atividades com a curiosidade juvenil. Você perde toda a noção do tempo enquanto explora a natureza, não vê a hora passar em uma livraria e bagunça a cozinha assando deliciosos bolinhos de mirtilo. O Valete de Ouros é ativado em você quando você se dedica a um novo curso, projeto ou aula. Está vivo em você quando você se concentra totalmente no que está à sua frente, e o ego desliza para longe, e você entra em estado de atemporalidade.

Os tipos Valete de Ouros podem ser observados em escolas primárias e secundárias e em parquinhos ao redor do mundo. São seus filhos, suas sobrinhas e sobrinhos, os pequeninos que você ouve correndo, brincando e rindo no seu bairro, nas noites quentes de verão. Você sabe que está olhando para um tipo Valete de Ouros quando ele revela algo novo para você, com ar de total assombro. O Valete tem a capacidade de detê-lo em seu caminho, arrancá-lo dos seus pensamentos e mostrar a você algo que você nunca viu ou pensou em ver antes. É o aluno ideal porque, depois que ele é "fisgado" por um assunto ou abre um livro, nada desvia sua atenção.

O Valete segura um pentáculo na mão como um talismã. Trata-se de um objeto que tem o poder de influenciar sentimentos e ações. Seu dom é fazer mágica com o que está à sua volta. O campo arado atrás dele é fértil e espera que ele plante sua semente. Que ação você vai empreender? O que sua curiosidade quer que você plante?

CAVALEIRO DE OUROS

"Devagar e sempre, esse é o truque."

Palavras-chave: útil, responsável, sensual, interessante, íntegro.
Invertida: ocioso, descuidado.

O Cavaleiro de Ouros é o poder de expansão da energia pesada da Terra. É o lento crescer de um impulso em direção à manifestação inevitável. Traz mudanças importantes e duradouras quando são necessárias. É firme e atencioso em todos os sentidos. Ele não vai agir rapidamente, mas quando age seus atos causam grandes repercussões. O Cavaleiro de Ouros escuta coisas em lugares inesperados. Pode sentir o que uma pessoa, um lugar ou uma coisa precisam. A fisicalidade é importante para esse cavaleiro sensual. Ele se sente confortável na própria pele, mas tende à introversão, preferindo dias de reflexão e noites tranquilas.

O Cavaleiro de Ouros é ativado quando você age com cuidado e examina todas as opções antes de prosseguir. Afinal, ele é o cavaleiro mais tranquilo do Tarô e extremamente altruísta. É ativado em você quando você se empenha na execução do digno trabalho de construção de coisas que auxiliam os outros. É a capacidade de deixar sua marca no mundo. Pode ser um jardim, uma casa, uma fundação ou uma escola. Pode ser seu investimento em outras pessoas por meio do trabalho social ou do ensino.

O Cavaleiro de Ouros, muitas vezes, aparece em sua vida como um lento e deliberado pretendente romântico. O pentáculo na mão dele é um presente. Ele pode oferecê-lo a você. Esse presente pode ser algo que ele oferece ao mundo graças ao seu talento e trabalho profissional. Ele é um planejador financeiro cuidadoso. É o agricultor que sente a terra para determinar o que vai plantar. É o médico intuitivo ou o talentoso massagista que sabe intuitivamente a origem da sua dor.

O campo atrás do Cavaleiro de Ouros lembra que o que você planta cresce. A energia nutritiva traz todas as coisas à fruição se forem bem cuidadas. O passo do cavalo sugere que você faça as coisas no seu tempo. Não há necessidade de se apressar. O conselho desse Cavaleiro é fazer as coisas com vagar e constância. Você vai vencer a corrida, mas aproveite o passeio.

RAINHA DE OUROS

"Deusa da casa e do lar."

Palavras-chave: bom coração, generosidade, segurança, liberdade, prazer sensual.
Invertida: superficial, insípida.

A Rainha de Ouros é a deusa da Terra. Como tal, exerce poder sobre tudo o que é visto, sentido e tocado. Sua graça é evidente na visão, no som e no paladar. Cada coisa física é refletida em seus olhos. Ela representa a beleza do mundo físico. A beleza abre o espírito e a alma. Como riso ou oração, a beleza é um caminho para a consciência alterada. Modalidades novas, desafiadoras e únicas de beleza tomam forma todos os dias. São a manifestação da Rainha de Ouros.

A Rainha de Ouros está operando em você quando você está decorando sua casa, fazendo compras no mercado e preparando o jantar. A Rainha está lá enquanto você arruma e limpa, reorganizando, assim, sua energia pessoal. Teoricamente, você reorganiza seu espaço e seu mundo. A Rainha de Ouros é a dona de casa perfeita; está ativa enquanto você corta, pica e prepara o jantar. É sua jardineira interior. Supervisiona todos os atos de autocuidado. Opera sobre todo o espectro da saúde e do corpo.

A Rainha de Ouros aparece nos outros quando você os encontra; um indivíduo que se dedica ao conforto físico. Essa qualidade nutritiva brilha em todos os atos, desde a reforma da casa até a ajuda que dá às crianças com a lição de casa. Ela pode administrar estoques de alimentos para os necessitados, organizar doações e levantar fundos para a caridade. É excelente em gerir e levantar quantias em dinheiro. Dá aulas sobre todos os tópicos imagináveis e pode ser encontrada trabalhando como *designer* de interiores ou arquiteta.

O coelhinho presente na carta representa a fertilidade de todas as coisas. O olhar da Rainha reflete sua atitude de adoração e amor. O manto vermelho implica paixão, enquanto o véu verde marca a manifestação. O céu amarelo representa a criatividade. O exuberante jardim e as flores são símbolos de abundância. Ela é a mais protegida de todas as Rainhas. Move-se lentamente e está alinhada com a energia da terra. Quando aparece numa leitura, é sinal de que a situação evoluirá prazerosamente, no próprio tempo.

REI DE OUROS

"Aquele com o toque de Midas."

Palavras-chave: construtor, corajoso, negócios, imóveis, liberdade financeira.
Invertida: manipulador, dominador.

O Rei de Ouros é o Rei da Terra, que exerce poder sísmico. Comanda conscientemente cada molécula de manifestação na Terra. Sua energia reverbera por grutas e cavernas, e ele lança placas tectônicas como runas. Como o rei da manifestação, sua energia existe em cada coisa viva e objeto tátil. Ele nos lembra do poder físico que temos sobre nosso corpo. É um espelho que reflete como trazemos objetos para nossa vida por meio das escolhas que fazemos. Constrói reinos e é o mestre das finanças e da segurança.

O Rei de Ouros é ativado em você quando você dá pequenos passos em direção à realização de grandes objetivos ou realiza mudanças de comportamento. As menores mudanças, muitas vezes, trazem as maiores consequências. O Rei de Ouros, que é lento, metódico e proposital, entende isso perfeitamente. Ele vai ficando para trás enquanto os outros correm tolamente à frente dele.

Esse Rei parece grande como um *viking*, cheio de poder, potência e fecundidade, mas nem sempre é um homem de muitas palavras. Não se engane, sua mente rápida está sempre ativa por trás dos olhos observadores. A estatura física o torna perfeito para trabalhos árduos, incluindo combate a incêndios, agricultura e carpintaria. Ele é o arquétipo do agricultor ou o enólogo usando anos de experiência e autêntico conhecimento intuitivo do terreno em que trabalha.

A cabeça de um touro é tema recorrente em seu trono. O touro, quatro dos quais posicionados em volta do trono do Rei e um sob seu pé, é símbolo do signo de Touro. Os touros eram, muitas vezes, o animal de sacrifício das primeiras sociedades de agricultores, pois eram altamente valorizados e considerados oferta significativa para os deuses. O traje do Rei é coberto com uvas, denotando história e legado. A parede atrás dele expressa segurança. Os edifícios e a cidade sugerem comércio e fortuna. Ele parece brotar da própria natureza.

Capítulo Cinco

Guia de Referência Rápida

Folha de Dicas

Há duas razões pelas quais uma Folha de Dicas, ou "cola" (perdão, quero dizer, um guia de referência rápida), pode ser muito útil. A primeira são os estudos. A Folha de Dicas permite que você tenha sempre à mão uma síntese dos vários pormenores do Tarô. Embora ela possa ser apenas um resumo bem tosco, pode ajudar você a memorizar os conceitos básicos de cada Arcano. Nesse sentido, manter um diário de Tarô (*ver p. 27*) pode ser muito útil para compor suas próprias colas e guias de referência rápida.

A segunda razão é a possibilidade de usar essa Folha de Dicas durante a leitura (especialmente se você for tarólogo iniciante), pois a informação pode servir como sugestão para incentivar a memória e a intuição.

Folha de Dicas com os Fundamentos Básicos do Tarô

Elementos: os quatro naipes/elementos se conectam a todos os aspectos da vida e do Universo.

- Água/Copas = Sentimentos/Emoções: arte, ideias e emoções. O reino da água rege nossos sentimentos. As emoções se alternam e mudam tão rapidamente quanto a água. Esse é o mundo transformador da dor, da alegria, da tristeza, do amor e de todas as outras emoções.

- Terra/Ouros = Matéria/Coisas: a paisagem do elemento Terra: imagine a sensação da terra na ponta dos dedos; os torrões, a rocha lisa, os campos recém-arados e as montanhas vibrantes, as árvores, os animais e as pessoas. O naipe de Ouros se compõe de todos os elementos do mundo material; tudo o que podemos ver, tocar, cheirar e saborear. Esse mundo reflete todas as coisas (pessoas, lugares, coisas), incluindo o dinheiro, os bens e os recursos.

- Fogo/Paus = Ação/Paixão: paixão, impulso e excitação. Sexualidade erótica. Vocações e carreiras escolhidas. Espiritualidade, impulso e nosso destino final. O Fogo impulsionando a energia da vida.

- Ar/Espadas = Pensamentos/Comunicação: pensamentos, ideias e atividade mental. As histórias que contamos a nós mesmos, as narrativas que criamos e todas as formas de comunicação; escrita verbal e inferida.

Números: cada um dos dez números tem um significado. Normalmente, os números pares expressam estabilidade, enquanto os números ímpares expressam transformação e mudança.

1. Um = Começo
2. Dois = Parceria
3. Três = Criatividade
4. Quatro = Estrutura
5. Cinco = Desafio
6. Seis = Expansão do Coração
7. Sete = Estranheza
8. Oito = Perfeição Infinita
9. Nove = Realização de Desejo
10. Dez = Final

Estrutura do Tarô

Arcanos Maiores: numerados de 0 (o Louco) a 21 (o Mundo), representam grandes momentos, grandes acontecimentos da vida e conceitos universais transculturais (arquétipos), como o Inocente, o Malandro, a Mãe, o Pai, o Sábio, as Amantes, a Morte, a Transformação, o Mistério...

0. O Louco – Novos ciclos, recomeços, risco, aventura.
1. O Mago – Ação, consciência, poder, carisma.
2. A Sacerdotisa – Intuição, conhecimento interior, potencial, autenticidade.
3. A Imperatriz – Maternidade, carinho, criatividade, abundância.
4. O Imperador – Estrutura, regras, forma, configuração, limites.
5. O Hierofante – Professor/mentor, dogma, crença, espaço sagrado.
6. Os Enamorados – Amor, paixão, Eros, sexualidade, escolha.
7. O Carro – Vitória, progresso, vontade, maestria, movimento.
8. A Força – Compaixão, coragem, autocontrole, fortaleza.
9. O Eremita – Introspecção, espiritualidade, retiro, solidão.
10. A Roda da Fortuna – Destino, sina, fortuna, ponto de virada.
11. A Justiça – Trabalho, lei, karma, decisões, responsabilidade.
12. O Pendurado – Estase, filosofia, rendição, experiência mística.

13. A Morte – Finais, ressurreição, transição, evolução.
14. A Temperança – Equilíbrio, dualidade, complexidade, alquimia.
15. O Diabo – Vício, problemas de controle, desvio, ganância, gula, escravidão.
16. A Torre – Destruição, liberação, catarse, momento de revelação.
17. A Estrela – Inspiração, esperança, deleite, clareira, artista/musa.
18. A Lua – Mistério, sonhos, habilidades psíquicas, estranheza, subconsciente.
19. O Sol – Expansão, crescimento, clareza, vitalidade.
20. O Julgamento – Sem volta, evolução, renascimento, despertar, chamados mais elevados.
21. O Mundo – Viagem, conclusão, integração, Eu Superior.

Arcanos Menores: representam lições, experiências e acontecimentos cotidianos. São divididos em quatro naipes, que se referem aos quatro mundos elementais. Estão divididos em Numerais e Cartas da Corte. Os numerais estão numa sequência de 1 a 10. As Cartas da Corte estão divididas em quatro categorias que lembram a estrutura de uma família (pai, mãe, primogênito, caçula).

Cartas da Corte: representam aspectos da sua personalidade, formas de abordagem e outras pessoas da sua vida.

- Valete = Consciência e curiosidade infantis.
- Cavaleiro = Energia adolescente expansiva.
- Rainha = Compaixão e cuidados femininos maduros.
- Rei = Controle e estrutura masculina madura.

Como ler o Tarô

Leitura: conselhos simples sobre como ler o Tarô.

- O que chama sua atenção?
- Conte a história que você vê na carta.
- Escolha um único símbolo e interprete isso como resposta.
- O que um símbolo em particular significa para você?
- Leia como se estivesse contando uma história a uma criança.
- Siga seu primeiro instinto.

Lembrar de:

- centrar-se.
- evocar sua orientação interior/Eu Superior;
- pedir as informações que você precisa que lhe sejam mostradas.

Questões poderosas:

- Declare sua responsabilidade pessoal.
- Declare o resultado desejado.

Tiragens de Referência Rápida

Tiragens do Tarô: quantas cartas tirar, como dispô-las na mesa e o que elas querem dizer. O procedimento para uma tiragem de Tarô é sempre o mesmo.

1. Pense numa pergunta.
2. Escolha uma tiragem
3. Embaralhe as cartas da maneira que desejar.
4. Pegue as cartas e deite-as numa superfície, voltadas para baixo.
5. Vire as cartas (uma a uma ou todas juntas) e interprete-as.

Tiragem de Uma Carta
(Tiragem perfeita para consulta diária)

1. O que preciso saber?

Tiragem de Três Cartas

1. Passado
2. Presente
3. Futuro

Tiragem de Que Você Deveria Fazer ou Não
(em forma de triângulo)

1. Minha situação
2. Não deveria fazer
3. Deveria fazer

Sobre a autora

Palavras-chave: autora, artista, nova-iorquina

Na posição normal: Sasha Graham ensina e dá palestras em todo o mundo. As obras dela já foram traduzidas para o chinês, o italiano, o russo, o francês, o espanhol, o polonês e o português. É a autora de *Tarot Diva, 365 Tarot Spreads, 365 Tarot Spells, Llewellyn's Complete Book of the Rider Waite Smith Tarot* e *Magic of Tarot* (no prelo). Atuou como editora e escritora de *Lo Scarabeo's Tarot Fundamentals, Tarot Experience* e *Tarot Compendium*. Sasha é autora colaboradora do *Llewellyn's Magical Almanac,* 2020, 2022, 2023, *Witches' Datebook* 2022 e *Llewellyn's Witches Calendar,* 2021, 2023. Seus baralhos de Tarô incluem *Tarot of Haunted House, Dark Wood Tarot* e *Tarot of the Witch's Garden* (no prelo).

Invertida: nos dias menos produtivos, Sasha pode ser encontrada assistindo a reprises de *The Vampire Diaries,* olhando o céu por horas a fio e sonhando com lugares distantes e aventuras ainda por acontecer.

A história em curso de Sasha (você pode chamá-la de conto de fadas ou carta curinga do Tarô) mostra o que acontece quando você segue em frente, ouve sua intuição e acredita na magia.

Parte Dois

Arthur Edward Waite
(Publicado originalmente em 1910)

A Chave Ilustrada do Tarô

Fragmentos de uma tradição secreta sob o véu da adivinhação

Tradução
Cláudia Hauy

Prefácio, notas e revisão técnica
Leo Chioda

Prefácio à Edição Brasileira

Poucas vezes o Tarô foi visto e lido como ferramenta de aprimoramento do espírito. Arthur Edward Waite (1857-1942) sustenta que a vida humana pode e deve ser tomada como um processo alquímico – partindo de si próprio, sua *prima materia*, o indivíduo, se bem direcionado em sua jornada diária, pode alcançar a famosa Pedra Filosofal, isto é, ele mesmo, transformado. Para isso, são necessárias as melhores ferramentas. É assim que, pesquisando incansavelmente a simbologia do Tarô, Waite decide reparar séculos de impurezas e desinformações associadas às cartas e dar à luz uma obra nova, limpa e plenamente adequada aos propósitos espirituais do ser humano. Para realizar essa tarefa, recorre a uma das mais proeminentes artistas de sua época, Pamela Colman Smith (1878-1951), que sob sua orientação reimagina as 78 cartas do baralho – esse instrumento enigmático, tanto relegado à leitura de sorte quanto restrito a círculos de ocultistas curiosos. É assim que, juntos, eles mudam para sempre o destino do Tarô.

Em dezembro de 1909, é publicado, em Londres, esse *deck* de cartas, lançado e distribuído pela William Rider & Son, editora especializada em literatura esotérica. O fruto da parceria Waite-Smith vem a público pela primeira vez em *The Tarot – A Wheel of Fortune* (Tarô: uma Roda da Fortuna), artigo de Waite publicado em dezembro de 1909 no periódico *The Occult Review*, fundado, por sua vez, por Ralph Shirley, editor da William Rider & Son e grande responsável pela publicação e distribuição do baralho que viria a se chamar Tarô Waite-Smith. O ensaio divulga o trabalho encomendado a Smith e assenta as premissas de Waite em relação ao seu Tarô revisto e atualizado para os tempos modernos, com a reprodução de treze cartas e comentários sobre sua literalidade, já que essa "novidade" traria claras percepções sobre o simbolismo até então oculto, soterrado em versões degradadas de baralhos anônimos e pouco acessíveis. A inovação do projeto é relativa, pois Smith se inspira em outras imagens para a composição de algumas de suas cartas. A referência mais evidente é o *Tarô Sola-Busca*[4], provavelmente devido a visitas frequentes ao Museu Britânico, que recebe e abre ao público a reprodução das cartas desse baralho, em 1907. Mesmo assim, Smith vai além e concebe imagens universais que mudariam os rumos conceituais e editoriais do Tarô.

Apesar de algumas teorias considerarem mágica ou mesmo ritualística a concepção do Tarô Waite-Smith, para a artista é um trabalho encomendado. Sobre ele, Smith se debruça de abril a agosto de 1909, enquanto se ocupa de outros projetos, incluindo uma exposição em Nova York. É suposto que Waite tenha aprovado de imediato pelo menos a maioria das ilustrações, uma vez que nenhum rascunho ou cartas redesenhadas foram encontradas posteriormente – o contrário ocorreu com Lady Frieda Harris (1877-1962), por exemplo, que, ao longo de quatro anos, se dedicou a pintar e repintar o *Livro de Thoth*, de Aleister Crowley (1875-1947).

Inicialmente, a editora Rider anuncia o baralho como "A Pack of 78 Tarot Cards" – "um baralho de 78 cartas de Tarô". Ao longo de várias décadas, as caixas são neutras ou intituladas simplesmente como "Tarot Cards". Quando é impresso o título "Rider Tarot Deck" ou "Rider-Waite Tarot Deck", o baralho já não é mais publicado pela Rider, mas, sim, pela norte-americana

---

4. O Tarô Sola-Busca é, possivelmente, o mais enigmático dos baralhos renascentistas. Esse título vem dos sobrenomes de seus últimos proprietários: o conde Andrea Sola-Cabiati e sua esposa, a Marquesa Antonietta Busca. É constituído de figuras históricas, mitológicas e cartas com cenas de violência, trabalho, poesia e homoerotismo. Ainda que a autoria artística seja desconhecida, é um dos poucos maços de cartas preservados por inteiro desde sua origem. É objeto de estudo de estudiosos que sugerem associações com a magia, a alquimia e o antigo culto do deus Saturno, por exemplo. Integra o acervo da Pinacoteca de Brera, em Milão.

U.S. Games Systems, aos cuidados de Stuart R. Kaplan (1932-2021), empresário, estudioso e colecionador de Tarô. É graças aos esforços de Kaplan que o baralho Waite-Smith ganha o mundo, tornando-se o mais popular e o mais copiado, já que sua estrutura – visual e conceitual – foi e continua sendo norteadora para estudiosos e artistas ao redor do mundo.

Se toda a obra de Pamela Colman Smith tem vindo à tona pelas mais variadas editoras, fazendo jus à sua importância indiscutível como mulher, artista e visionária, convém falar, em linhas breves, sobre a relevância de Waite. Aos 20 anos, já era respeitado pelo vasto conhecimento esotérico e famoso, em Londres, pela memória sempre enciclopédica e acurada em relação a temas e detalhes sobre esoterismo. Além das inúmeras obras publicadas, edita, anonimamente, as resenhas de livros esotéricos da revista *The Occult Review*, provando sua atenção a tudo o que se publica sobre tais temas. E, por prezar pela veracidade do que se lê e escreve, Waite identifica pretensos mestres e se posiciona de modo sempre crítico, sem hesitar em denunciar charlatões e desmascarar impostores com seus argumentos sólidos e bem afiados. A leitura atenta de sua obra denota quão importante ele considera buscar a verdade em vez de acreditar em falácias, ou mesmo passá-las adiante sem um posicionamento crítico, principalmente quando se trata de temas esotéricos. A excelência, segundo ele, demanda conhecimento; e este se destina a quem pesquisa, questiona e busca a realidade de maneira séria e ininterrupta.

Levando em conta essa premissa, é a primeira vez que se publica, em língua portuguesa, **uma edição de fato integral** de *A Chave Ilustrada do Tarô*, vindo a público pela primeira vez em 1910, também pela editora William Rider & Son. Além das comparações com as mais fiéis versões já publicadas no Brasil, foi feito um cotejo minucioso com o *fac-símile* original inglês, cobrindo termos e períodos até então suprimidos, para oferecer, finalmente, a obra em sua totalidade. As notas de rodapé foram elaboradas para facilitar a compreensão de todo o texto, com expressões latinas devidamente explicadas, quando necessário – um traço peculiar do estilo do autor na maioria de suas obras –, breve apresentação das personalidades citadas e trechos ou termos elucidados ao estudante de Tarô contemporâneo.

Este livro de Waite é um dos mais negligenciados por estudantes e profissionais de Tarô. Em parte, se deve às descrições curtas e até mesmo reduzidas dos arcanos, como se Waite tivesse noção mínima do poder de sugestão das imagens criadas por Smith, que sempre estão, de fato, além dos atributos de qualquer manual ou lista de significados. Mas, em parte, também, devido às traduções pouco acuradas até então disponíveis. Um exemplo é quando o autor faz menção ao *Manual de Cartomancia* de Grand Orient, também publicado pela Rider, em 1909. Muitas vezes, essas traduções se referem a "Grande Oriente" aludindo a um local ou advento de natureza mística, talvez da Índia ou da China, quando, na verdade, se trata de um pseudônimo do próprio Waite. Esse manual, que ele assina como Grand Orient, lança as bases para *A Chave do Tarô*, de 1909, e já apresenta os motes do seu sucessor definitivo, *A Chave Ilustrada do Tarô*. A premissa dessa primeira obra é resgatar das mãos de falaciosos os principais procedimentos de adivinhação e reparar as constantes mutilações conceituais a que vinham submetidas as artes mânticas, entre elas o Tarô, que ele chama de "O Livro da Palavra Secreta". É nesse manual que Grand Orient – o nome fictício explica o óbvio fascínio de Waite pela mística cristã, que assenta o Leste, terra do sol nascente, como o advento da luz e da verdade – justifica a importância do desenvolvimento da intuição por meio da prática da cartomancia. E evoca, também, uma distinção entre o que ele considera simples leitura da sorte, aquém de toda a potencialidade das cartas, e adivinhação, baseada no estudo dos símbolos e do ofício que se aproxima de uma prática espiritual. Mas a aparente falta de profundidade dos significados dos arcanos, ao longo da obra, é justificável em dois pontos: o primeiro é que Waite supera, aqui, o texto de *A Chave do Tarô* com relativa rapidez para acompanhar o sucesso do baralho. O segundo é a clara intenção de incumbir o leitor da tarefa de descobrir os significados, já que, segundo ele, agora todas as cartas, devidamente corrigidas, são claras em relação ao que significam, inspiram e sugerem.

A concepção dessa que será sua obra definitiva sobre o Tarô tem influência direta de Éliphas Lévi e Papus, ainda que os critique frequentemente ao longo das páginas. Waite é quem prepara a segunda edição de *O Tarô dos Boêmios*, também publicada em inglês pela Rider, em 1910, acrescida de um prefácio importante de sua autoria a respeito do Tarô, em que rechaça as ditas origens egípcias das cartas, por exemplo, que os ocultistas franceses sustentavam com tanto fascínio. Mas um dos destaques desse ensaio introdutório é o de concordar com Papus que os Arcanos Menores têm tanta importância e profundidade quanto os Maiores, colocando os dois grupos de cartas em igualdade conceitual como duas fontes inesgotáveis de estudos e infinitas aplicações. Essa rara concordância do autor, ainda que em um prefácio ao primeiro livro de Papus sobre o tema, diz respeito ao segundo, O Tarô Adivinhatório[5], e se explica pela concepção cênica dos Arcanos Menores redesenhados por Smith, que agora trazem personagens e situações que não haviam nos baralhos conhecidos e veiculados na época, como o de Marselha, nem nas novidades francesas, como os de Goulinat e Oswald Wirth.

A leitura atenta que A Chave Ilustrada do Tarô agora merece traz ao leitor lições valiosas, não apenas em relação à postura do autor frente ao seu Tarô retificado, mas também sobre o estudo sério e a prática constante da leitura das cartas. A bibliografia comentada ao final, por mais datada que pareça nos dias de hoje, demonstra o alto nível de seriedade de sua pesquisa e a sofisticação de seus argumentos. Waite jamais compactua com a "egiptomania francesa" nem com qualquer outra teoria sobre a origem das cartas e sempre sustenta que o Tarô é de ordem espiritual, não mundana, já que contém, em si, a "Doutrina", o próprio reino espiritual por trás de seus 78 portais. O livro comprova que a intenção de Waite, ao propor cenas e acontecimentos nos Arcanos Menores do seu baralho devida e finalmente corrigido pelo imaginário de Smith, é a de facilitar e validar a prática da cartomancia e propiciar uma verdadeira jornada espiritual a toda e qualquer pessoa interessada no assunto: a retificação (artística) a serviço da evolução (espiritual).

Além desta ser a versão mais completa e fiel à original de A Chave Ilustrada do Tarô disponível no mercado, o leitor brasileiro tem agora o privilégio de poder utilizar, comprovadamente, uma das primeiras versões do baralho Waite-Smith. A vantagem é a de se aproximar das cores e dos traços originais de Smith, já que, desde a época de lançamento, foram surgindo variações de *design* devido a diversos fatores associados à litografia e mesmo à fotografia das pranchas originais, que passaram por várias correções.

---

5. O Tarô Adivinhatório, primeira obra sobre o assunto publicada no Brasil em 1920, é indispensável para compreender o raciocínio de Waite em relação a um Tarô retificado. É com base na influência de Papus, considerado inovador ao equiparar os Arcanos Menores aos Maiores em importância e desempenho oracular, que Waite se esforça para suprir lacunas conceituais e oferecer uma obra clara e abrangente sobre o assunto. Sua mais nova edição (Pensamento, 2022) conta com projeto gráfico renovado, apresentação do editor, prefácio e posfácio de especialistas e diversas notas técnicas que elucidam o processo de criação de Papus, além de comemorar o centenário do Tarô no Brasil.

A primeiríssima versão, tão rara e quase extinta, circulou a partir de dezembro de 1909 e trazia, no verso, a famosa estampa de "rosas e lírios". Porém, em abril de 1910, ela foi descontinuada em substituição a uma edição superior, tanto na cartonagem quanto nos detalhes de impressão. A Editora Pensamento nos entrega, assim, esse ouro: o *Tarô Waite-Smith* na riqueza absoluta de detalhes, com dois manuais indispensáveis – o de Sasha Graham, que nos guia com clareza pelo universo da cartomancia, e o do próprio Waite, esse tratado histórico, até então pouco valorizado no Brasil, repleto de referências úteis ao buscador iniciante e ao verdadeiro interessado no oráculo – servindo não só para acompanhar as cartas criadas magistralmente por Pamela Colman Smith, mas sendo crucial para acompanhar a evolução do Tarô e compreender cada carta como instrumento de lapidação da vida e do espírito.

– Leo Chioda
São Paulo, outono de 2023

Leo Chioda é um dos principais nomes do Tarô no Brasil. Além de revisor, professor, pesquisador e oraculista, sua tese de doutorado direto em Literatura, pela Universidade de São Paulo, é sobre poesia, magia e alquimia. Mantém o blog *Café Tarot* desde 2006, com ensaios, curiosidades e artigos sobre os arcanos à luz da cultura popular, da literatura, do cinema e da espiritualidade. Assina matérias para diversos sites e revistas como Claudia, Capricho e Bons Fluidos e é o especialista em Tarô do Personare, o maior portal brasileiro de autoconhecimento e bem-viver.

Site: www.personare.com.br/tarot
Blog: www.cafetarot.com.br
Instagram: @cafetarot

Prefácio

Parece mais uma necessidade que uma preferência no sentido de *apologia* que eu deva registrar, em primeiro lugar, uma declaração clara da minha posição pessoal como alguém que, por muitos anos de vida literária, sujeito às suas limitações espirituais e outras, tem sido um expoente das escolas místicas superiores.

Pensarão que estou agindo estranhamente em me preocupar, neste momento, com o que parece, à primeira vista, simplesmente um método bem conhecido de adivinhação.

Agora, as opiniões do Sr. Smith, mesmo nas críticas literárias, não são de nenhuma importância, a menos que ocorra de elas concordarem com as nossas, mas, para santificar esta doutrina, devemos tomar cuidado para que nossas opiniões, e os assuntos dos quais elas surgem, sejam relacionadas apenas ao mais alto. No entanto, é apenas isso que pode parecer duvidoso, no presente caso, não somente para o leigo, o "Sr. Smith", a quem respeito dentro das devidas medidas de desapego, mas para alguns de consequência mais real, visto que suas dedicações são as minhas. A estes e a qualquer um eu diria que, depois do mais iluminado Frater Christian Rosa-Cruz ter contemplado o Casamento Alquímico no Palácio Secreto da Transmutação, sua história rompe-se abruptamente, com uma insinuação de que ele esperava na manhã seguinte ser porteiro. Do mesmo modo, ocorre com mais frequência que parece provável que aqueles que viram o Rei do Céu através dos véus mais claros dos sacramentos são os que assumem depois disso os ofícios mais humildes de todos na Casa de Deus[6].

Por tais recursos simples, os Adeptos e os Grandes Mestres nas ordens secretas também são diferenciados do grupo de Neófitos como *servi servorum mysterii*[7]. Assim também, ou de maneira não totalmente diferente, encontramo-nos com as cartas de Tarô nos portões mais externos – entre os destroços e o detrito das assim chamadas artes ocultas, sobre as quais ninguém sensato sofreu o menor engano; e, ainda, essas cartas em si pertencem a outra região, pois contêm um simbolismo muito elevado, interpretado de acordo com as Leis da Graça mais que pelos pretextos e intuições daquilo que passa por adivinhação.

O fato de que a sabedoria de Deus é tolice para os homens não cria uma presunção de que a tolice deste mundo faça qualquer sentido para a Sabedoria Divina; assim, nem os estudiosos nas classes comuns nem os pedagogos nas cadeiras dos poderosos serão rápidos em perceber a probabilidade ou mesmo a possibilidade dessa proposição.

O assunto tem estado nas mãos de cartomantes como parte do estoque comerciável da sua indústria; não busco persuadir ninguém fora dos meus próprios círculos de que isso é de muita ou nenhuma consequência; mas, do ponto de vista histórico e interpretativo, ele não se saiu melhor; esteve nas mãos dos expoentes que o trouxeram em desprezo absoluto para aquelas pessoas que têm visão ou faculdades filosóficas para a apreciação de evidência.

É hora de ele ser resgatado, e isso proponho realizar de uma vez por todas, para que possa acabar com as questões paralelas que desviam a atenção do termo. Assim como a poesia é a mais bela expressão das coisas que são, de todas, as mais belas, assim é o simbolismo a expressão mais católica na ocultação de coisas que são mais profundas no Santuário e não

---

6. Embora alguns tradutores e comentadores associem a algum editor, leitor crítico ou à própria Pamela Colman Smith, a expressão "Sr. Smith" é um termo impessoal na língua inglesa que alude a "man in the street", o Anônimo, o cidadão médio ou o "homem comum". Uma referência de Waite ao "leitor comum" ou "não iniciado" no tema. Ele afirma que, se o "Sr. Smith" pensa que está "agindo de modo estranho", isso não o preocupa; no entanto, para se justificar, declara sua intenção de manter o assunto no mais alto nível. Porém, apesar de suas intenções claras, pode haver outros, além do "Sr. Smith", que tenham dúvidas, como os próprios colegas, cuja opinião ele também valoriza. (N. do RT.)
7. *Servi servorum mysterii* é uma variação de *Servus Servorum Dei*, que significa "Servo dos Servos de Deus", um dos títulos do Papa. O termo de Waite, de cunho iniciático, significa, portanto, "servos dos servos do (Sagrado) Mistério". (N. do RT.)

foram declaradas fora dele com a mesma plenitude por meio da palavra falada. A justificação da regra do silêncio não faz parte do meu interesse atual, mas registrei em outro lugar, e muito recentemente, o que é possível dizer sobre esse assunto.

O pequeno tratado que se segue está dividido em três partes, na primeira das quais tratei dos primórdios do tema e de algumas coisas que surgem e se conectam com ele.

Deve-se compreender que não é apresentado como contribuição à história do jogo de cartas, sobre o qual não conheço e não me importo; é uma consideração dedicada e dirigida a determinada escola de ocultismo, mais especialmente na França, como a fonte e o centro de toda a fantasmagoria que entrou em expressão durante os últimos cinquenta anos, sob o pretexto de considerar historicamente as cartas do Tarô. Na segunda parte, tratei do simbolismo de acordo com alguns dos seus aspectos superiores, e isso também serve para introduzir o Tarô completo e retificado, disponível separadamente, na forma de cartas coloridas, cujos desenhos estão adicionados em preto e branco ao presente texto. Eles foram preparados sob minha supervisão – no que se refere às atribuições e aos significados – por uma senhora que tem altos créditos como artista. Em relação à parte adivinhatória, pela qual minha tese é concluída, eu a considero, pessoalmente, um fato na história do Tarô – como tal, extraí de todas as fontes publicadas um compêndio de significados atribuídos às várias cartas e dei destaque a um método de trabalho que jamais foi publicado anteriormente; tendo o mérito da simplicidade, embora também seja de aplicação universal, ele pode ser aplicado para substituir os pesados e complexos sistemas dos extensos manuais sobre o tema.

Parte I

O VÉU E SEUS SÍMBOLOS

1. Introdução e Generalidades

A patologia do poeta diz que "o astrônomo sem devoção é louco"[8]; a patologia do homem muito simples diz que o gênio é louco; e, entre esses extremos, que representam 10 mil excessos análogos, a razão soberana age como moderadora e faz o que pode. Não penso que haja uma patologia das dedicações ocultistas, mas de suas extravagâncias ninguém pode duvidar, e não é menos difícil que ingrato agir como moderador em relação a elas.

Além disso, a patologia, se existisse, provavelmente seria um empirismo em vez de um diagnóstico, e não ofereceria nenhum critério. Assim, o ocultismo não é como uma capacidade mística, ele muito raramente funciona em harmonia com a aptidão empresarial nas coisas da vida comum ou com conhecimento dos cânones de evidências em sua própria esfera.

---

8. O poeta a que Waite se refere é o inglês Edward Young (1683-1765), autor de *Night-Thoughts*, poema escrito entre 1742 e 1745 e famoso por ter sido ricamente ilustrado por William Blake (1757-1827). (N. do RT.)

Sei que para a elevada arte da difamação existem poucas coisas mais enfadonhas que a crítica que sustenta que uma tese é falsa e não consegue entender que ela é decorativa. Sei também que, depois de muito tempo lidando com doutrinas duvidosas ou com pesquisas difíceis, é sempre revigorante, no domínio dessa arte, deparar-se com o que é, obviamente, uma fraude ou, no mínimo, um completo absurdo.

Mas os aspectos da história, como vistos pelas lentes do ocultismo, não são, por regra, decorativos e têm alguns dons de alívio para curar as lacerações infligidas no entendimento lógico.

Quase requer um *Frater Sapiens dominabitur astris*[9] na Fraternidade Rosa-Cruz para ter a paciência que não se perde entre as nuvens da loucura quando a consideração sobre o Tarô é realizada de acordo com a lei superior do simbolismo. O verdadeiro Tarô é simbolismo; não fala nenhuma outra linguagem nem oferece outros sinais. Dado o significado interior de seus emblemas, eles se tornam um tipo de alfabeto capaz de combinações indefinidas e faz verdadeiro sentido em todas. No plano mais elevado, oferece uma chave para os Mistérios, de maneira não arbitrária, até agora não devidamente lida. Mas histórias simbólicas erradas foram contadas a respeito dele, e a história equivocada tem sido apresentada em todas as obras publicadas que até agora trataram do tema.

Foi sugerido por dois ou três escritores que, ao menos em relação aos significados, este é inevitavelmente o caso, porque poucos estão familiarizados com eles, e estes poucos detêm esse conhecimento por transmissão, sob promessas de sigilo, e não podem trair a confiança neles depositada.

A sugestão é fantástica, de modo superficial, pois parece haver certo anticlímax na proposição de que uma interpretação particular da leitura da sorte – *l'art de tirer les cartes* – está reservada aos Filhos da Doutrina.

Não obstante, permanece o fato de que existe uma Tradição Secreta relativa ao Tarô, e, como há sempre a possibilidade de que algum arcano

---

9. *Frater Sapiens dominabitur astris* faz referência a um hipotético irmão rosa-cruz por se valer do lema "Sapiens dominabitur astris", que significa "o sábio governará as estrelas". Com esses termos, Waite sugere que um estudioso é "um santo", isto é, aquele que com a devida paciência se dedica aos símbolos e refuta as desinformações a respeito do Tarô, chegando aos seus significados e propósitos mais elevados. A expressão em latim também é epígrafe de *A Handbook of Cartomancy – Fortune--Telling and Occult Divination* (Rider, 1891), livro igualmente escrito por Waite e publicado sob o pseudônimo Grand Orient. (N. do RT.)

menor dos Mistérios possa se tornar público com um floreio de trombetas, seria melhor adiantar-se ao evento e informar àqueles que estiverem curiosos por tais questões que qualquer revelação dará apenas um terço da terra e do mar e um terço das estrelas do céu no que diz respeito ao simbolismo. Isso ocorre pela simples razão de que nem na matéria-raiz nem no desenvolvimento mais que isso tenha sido colocado por escrito, de modo que muito permanecerá a ser dito após qualquer pretensa revelação. Os guardiões de certos templos de iniciação que vigiam os mistérios desta ordem não têm, portanto, motivo para alarme.

No meu prefácio a *O Tarô dos Boêmios*, que, por coincidência, foi reeditado após longo tempo, eu disse o que era então possível ou que parecia mais necessário. A presente obra é concebida especificamente – como sugeri – para introduzir um conjunto retificado das próprias cartas em si e contar a verdade sobre elas sem quaisquer adornos, até onde é possível, aos círculos externos.

Quanto à sequência de símbolos maiores, seu significado definitivo e mais elevado é mais profundo que a linguagem comum da imagem ou do hieróglifo. Isso será compreendido por aqueles que receberam alguma parte da Tradição Secreta. Quanto aos significados verbais atribuídos aqui às mais importantes cartas, chamadas de Trunfos[10], foram concebidos para deixar de lado as loucuras e imposturas de atribuições passadas para colocar aqueles que têm o dom da visão no caminho certo e garantir, dentro dos limites das minhas possibilidades, que se mostrem verdadeiros no que lhes dizem respeito.

É lamentável, em vários aspectos, que eu tenha que confessar certas reservas, mas há uma questão de honra em jogo. Além disso, entre, de um lado, as loucuras daqueles que não sabem nada da tradição, mas são, na própria opinião, os expoentes do que se chama ciência e filosofia ocultas, e, do outro lado, o faz de conta de alguns escritores que receberam parte da tradição e pensam que ela constitui um título legal para jogar poeira nos olhos do mundo que não a conhece, sinto que chegou a hora de dizer

---

10. O termo "trunfo", utilizado por Waite ao longo do livro, em vez de "arcano", vem do latim "trionfo" e, em termos gerais, simboliza, desde os primórdios do Tarô, as imagens que hoje conhecemos como Arcanos Maiores. Consulte as notas do livro *O Tarô Adivinhatório*, de Papus (Pensamento, 2022), para conhecer o surgimento e a difusão do termo "arcano" para as cartas maiores e menores do Tarô. (N. do RT.)

o que é possível ser dito, para que o efeito do charlatanismo e da falta de inteligência vigentes seja reduzido ao mínimo.

Veremos, no devido tempo, que a história das cartas de Tarô é, em grande parte, de um tipo negativo, e que, quando as questões são esclarecidas pela dissipação dos devaneios e pelas especulações gratuitas expressas em termos de certeza, não há, de fato, nenhuma história anterior ao século XIV. O equívoco e o autoengano sobre sua origem no Egito, na Índia ou na China falaram, de modo mentiroso, pela boca dos primeiros expositores; e os escritores ocultistas posteriores fizeram pouco mais que reproduzir o primeiro falso testemunho, na boa-fé de uma inteligência não desperta para as questões de pesquisa.

Como acontece, todas as exposições funcionaram dentro de uma faixa muito restrita e devem pouco, comparativamente falando, à faculdade inventiva. Uma brilhante oportunidade, no mínimo, foi perdida, pois até agora não ocorreu a ninguém que o Tarô possa talvez ter funcionado e até mesmo se originado como linguagem simbólica secreta das seitas albigenses.

Recomendo essa sugestão aos descendentes lineares no espírito de Gabriele Rossetti e Eugène Aroux, ao sr. Harold Bayley, como outra Nova Luz sobre a Renascença e como um túnel na escuridão que poderia, com todo respeito, ser útil à mente zelosa e perspicaz da sra. Cooper-Oakley.

Pense só no que o suposto testemunho de marcas d'água no papel pode ganhar com a carta de Tarô do Papa, ou Hierofante, em conexão com a noção de um patriarca albigense secreto, do qual o sr. Bayley encontrou nessas mesmas marcas d'água tanto material para seu propósito.

Pense apenas por um momento na carta da Sacerdotisa representando a própria igreja albigense; e pense na Torre atingida pelo Raio simbolizando a desejada destruição da Roma Papal, a cidade sobre as sete colinas, com o pontífice e seu poder temporal derrubados do edifício espiritual, quando despedaçado pela ira de Deus. As possibilidades são tão numerosas e persuasivas que quase enganam, em sua expressão, um dos eleitos que as inventou. Mas há ainda mais que isso, embora eu mal me atreva a citá-lo. Quando chegou o momento de as cartas de Tarô serem o tema de sua primeira explicação formal, o arqueólogo Court de Gébelin reproduziu alguns dos seus emblemas mais importantes, e – se posso assim chamá-lo – o códice que usou serviu, por meio das lâminas gravadas, como base de referência para muitos baralhos publicados posteriormente. As figuras são muito primitivas e diferem como tal das cartas de Etteilla, do Tarô de Marselha, e de outros ainda em circulação na França. Não sou um bom juiz sobre tais assuntos, mas o fato de que cada um dos Trunfos Maiores pode ter servido para fins de marca d'água é mostrado pelos casos que citei e por um exemplo mais notável do Ás de Copas.

Eu poderia chamá-lo de emblema eucarístico à maneira de um cibório, mas isso não tem relevância no momento. O ponto é que o sr. Harol Bayley dá seis recursos análogos em sua obra *A New Light on the Renaissance*, sendo marcas d'água em papel do século XVII, que ele afirma ser de origem albigense e representar emblemas sacramentais e do Graal.

Se ele ao menos tivesse ouvido falar do Tarô, se soubesse que essas cartas de adivinhação, cartas do destino e cartas de todas as artes errantes,[11] fossem, talvez, frequentes à época no Sul da França, creio que sua hipótese encantadora, embora fantasiosa demais, poderia ter se expandido ainda mais amplamente na atmosfera de seu sonho. Teríamos, sem dúvida, uma visão do Gnosticismo Cristão, do Maniqueísmo e de tudo o que ele compreende como puro Evangelho primitivo brilhando por trás das imagens.

Vejo não por essa óptica e só posso confiar o assunto à atenção dele em um período posterior; é mencionado aqui para que eu possa introduzir, com inédita admiração pelas maravilhas da especulação arbitrária, algo sobre a história das cartas.

---

11. O termo "cards of all vagrant arts", conforme utilizado por Waite no original, faz menção a povos nômades, sem filiação ocultista, que têm as próprias crenças e sistemas de adivinhação pelas cartas. (N. do RT.)

Com referência à forma e ao número, dificilmente seria necessário enumerá-los, pois eles devem ser quase popularmente conhecidos; mas, como é arriscado presumir qualquer coisa, e como pode haver também outras razões, eu os classifico brevemente da seguinte maneira:

2. CLASSE I

Os Trunfos Maiores ou Arcanos Maiores

1. *O Mago, Mágico ou prestidigitador*, o lançador dos dados e o charlatão, no mundo dos truques vulgares. Esta é a interpretação da *colportagem*[12], e ela tem a mesma correspondência com o significado simbólico real que o uso do Tarô na previsão da sorte tem com sua construção mística de acordo com a ciência secreta do simbolismo.

Devo acrescentar que muitos estudantes independentes do assunto, seguindo as próprias ideias, produziram sequências individuais de significado em relação aos Trunfos Maiores, e suas ideias, às vezes, são sugestivas, mas não as verdadeiras. Por exemplo, Éliphas Lévi diz que o Mago significa aquela unidade que é a mãe dos números; outros dizem que é a Unidade Divina; e um dos mais recentes comentaristas franceses considera que, em sentido geral, ele é a vontade.

2. *A Sacerdotisa, a Papisa Joana*, ou Pontífice feminina; os primeiros expositores procuraram chamar esta carta de Mãe, ou Esposa do Papa, o que é oposto ao simbolismo. Às vezes é considerada representante da Lei Divina e da Gnose; neste caso, a Sacerdotisa corresponde à ideia de *Shekinah*. É a Tradição Secreta e o sentido mais elevado dos Mistérios instituídos.

---

12. Do francês *colportage*, diz respeito à venda de porta em porta, ofício do mascate ou do vendedor ambulante que carrega as próprias mercadorias e as entrega em domicílio. Waite quer dizer que o arcano O Mago pode ser visto como o comerciante embusteiro, aquele que pode iludir ou enganar os transeuntes com palavras, promessas ou produtos de qualidade ou função duvidosas. (N. do RT).

3. *A Imperatriz*, que é, às vezes, representada de frente, enquanto seu correspondente, o Imperador, o é de perfil. Como tem havido alguma tendência a atribuir importância simbólica a essa distinção, parece desejável dizer que isso não carrega nenhum significado intrínseco. A Imperatriz tem sido conectada às ideias de fecundidade universal e, em sentido geral, à atividade.

4. O *Imperador*, o cônjuge da anterior, por imputação. É ocasionalmente representado usando, além da insígnia pessoal, as estrelas ou as condecorações de alguma ordem de cavalaria. Menciono isso para mostrar que as cartas são uma mistura de emblemas antigos e novos. Aqueles que insistem na evidência de um podem lidar, se conseguirem, com o outro. Nenhum argumento eficaz para a antiguidade de um desenho específico pode ser extraído do fato de que ele incorpora o material antigo; mas também não há nenhum que possa ser baseado em novidades esporádicas, cuja intervenção pode significar apenas a mão sem inteligência de um editor ou de um desenhista final.

5. O *Sumo Sacerdote ou Hierofante*, chamado também de Pai Espiritual e, mais comum e obviamente, o Papa. Parece até ter sido nomeado o Abade, e depois sua correspondência, a Sacerdotisa, era a Abadessa ou a Madre do Convento. Ambos são nomes arbitrários. As insígnias das figuras são papais, e, nesse caso, a Sacerdotisa é e só pode ser a Igreja, com quem o Papa e os padres são casados pelo rito espiritual da ordenação. Penso, entretanto, que, na forma primitiva, esta carta não representava o Pontífice Romano.

6. *Os Enamorados ou Casamento*. Este símbolo sofreu muitas variações, como se poderia esperar de seu tema. Na forma do século XVIII, pela qual ele se tornou conhecido para o mundo da pesquisa arqueológica, é realmente uma carta da vida conjugal, mostrando o pai e a mãe, com o filho colocado entre eles; e o Cupido pagão acima, disparando uma flecha, é claramente um emblema mal aplicado.[13]

O Cupido representa a paixão inicial, não o amor na plenitude, já com seu fruto. É dito que a carta foi intitulada *Simulacrum fidei*, símbolo da confiança conjugal, para a qual o arco-íris, como sinal da aliança, teria sido

---

13. A descrição que Waite faz é da carta *Os Enamorados* do baralho desenhado por Court de Gébelin, não de algum Tarô de Marselha, por exemplo. (N. do RT.)

um ornamento mais apropriado. Considerou-se também que as figuras significavam Verdade, Honra e Amor, mas suspeito de que isso foi, por assim dizer, o comentário superficial de um comentador moralista. A carta tem esses atributos, mas também outros mais elevados.

7. *O Carro*. É representado, em alguns códices existentes, como sendo puxado por duas esfinges, e o recurso figurativo está em consonância com o simbolismo, mas não se deve supor que tal era sua forma original; a variação foi inventada para apoiar uma hipótese histórica específica. No século XVIII, cavalos brancos eram atrelados à carruagem. No que diz respeito ao nome habitual, o menor representa o maior; é realmente o Rei triunfante, representando, entretanto, a vitória que cria a realeza como sua consequência natural, não a realeza adquirida, da quarta carta. Court de Gébelin disse que este era Osíris Triunfante, o sol conquistador, na Primavera, tendo vencido os obstáculos do Inverno. Sabemos agora que Osíris, ressuscitando dos mortos, não é representado por um simbolismo tão óbvio. Outros animais, além dos cavalos, também foram usados para puxar o *currus triumphalis*[14], por exemplo, um leão e um leopardo.

8. *Fortitude*[15]. Esta é uma das virtudes cardeais, das quais falarei mais tarde. A figura feminina é geralmente representada fechando a boca de um leão. Na forma anterior, impressa por Court de Gébelin, ela está, obviamente, abrindo-a. A primeira alternativa é simbolicamente melhor, mas qualquer uma delas é exemplo de força na compreensão convencional e transmite a ideia de domínio. Foi dito que a figura representa a força orgânica, a força moral e o princípio de toda força.

9. O *Eremita*, como é chamado em linguagem comum, é o próximo na lista; ele é também o Capuchinho e, em linguagem mais filosófica, o Sábio. Diz-se que está em busca daquela Verdade localizada bem mais adiante na sequência e da justiça que o precedeu no caminho. Mas esta é uma carta

---

14. A expressão significa carruagem ou carro triunfal e faz alusão tanto às procissões alegóricas da Antiguidade quanto à expressão utilizada pelos alquimistas em seus tratados, como ocorre em *Currus Triunphalis Antimonii* (O Carro Triunfal do Antimônio), de Basílio Valentim (1394-1450). (N. do RT.)
15. *Fortitude* é o termo latino para "coragem", a virtude estoica, por vezes traduzida como "Fortaleza" e, posteriormente, como "Força", termo mais difundido no âmbito do Tarô. (N. do RT.)

de realização, como veremos mais tarde, em vez de uma carta de busca. Diz-se, ainda, que a lamparina contém a Luz da Ciência Oculta, e que o cajado é uma Varinha Mágica. Essas interpretações são comparáveis em todos os aspectos aos significados adivinhatórios e de leituras da sorte com os quais, por sua vez, devo lidar em momento propício. O mais insólito é que ambos são verdadeiros, à sua maneira, ainda que lhes falte todas as coisas elevadas às quais os Arcanos Maiores devem estar associados. É como se um homem, que sabe intimamente que todos os caminhos levam às alturas e que Deus está na maior altura de todas, devesse escolher o caminho da perdição ou o da loucura como parte da própria realização. Éliphas Lévi atribuiu essa carta à Prudência, mas, ao fazê-lo, foi movido pelo desejo de preencher uma lacuna que, de outra maneira, ocorreria no simbolismo.

As quatro virtudes cardeais são necessárias para uma sequência ideológica como a dos Trunfos Maiores, mas elas não devem ser entendidas apenas no simples sentido que existe para uso e consolo daquele que, nestes dias de jornalismo barato, é chamado de cidadão comum. Na concepção adequada, elas são os modelos dos conselhos de perfeição, quando expressos e lidos da seguinte maneira:

a. Justiça transcendental, o contrapeso das balanças, quando elas ficam com excesso de peso, de modo que afundam pesadamente do lado de Deus. O conselho correspondente é usar dados viciados quando você aposta alto como *Diabolus*. O axioma é *Aut Deus, aut nihil*[16].

b. Êxtase Divino, como contrapeso a algo chamado Temperança, cujo sinal é, creio, a extinção das luzes na taverna. O conselho correspondente é beber apenas do vinho novo no Reino do Pai, porque Deus é tudo em tudo. O axioma é que o homem, como ser racional, deve se intoxicar com Deus; o caso imputado em questão é Spinoza.

c. O estado da Fortaleza Real, que é aquele de uma Torre de Marfim e uma Casa de Ouro, mas é Deus, não o homem, que se tornou *Turris fortitudinis a facie inimici*[17], e fora dessa Casa o inimigo foi lançado.

---

16. Traduzida como "Deus ou nada", é uma expressão latina frequentemente usada por filósofos cristãos em sermões a respeito da existência da figura do Criador e do seu poder. (N. do RT.)
17. A expressão latina faz referência a uma passagem bíblica dos Salmos (60:4), cujo sentido seria o de tornar-se uma "torre de coragem contra os inimigos". (N. do RT.)

O conselho correspondente é que um homem não deve se poupar mesmo na presença da morte, mas deve ter certeza de que seu sacrifício será – de qualquer maneira – o melhor que garantirá seu fim. O axioma é que a força erguida a tal ponto que o homem ousa se perder deve mostrar a ele como Deus é encontrado, e, quanto a tal refúgio, ousar para, então, aprender.

d. Prudência é a economia que segue a linha da menor resistência para que a alma possa voltar de onde veio. É uma doutrina de parcimônia divina e conservação de energia devido ao estresse, ao terror e às manifestas impertinências desta vida. O conselho correspondente é que a verdadeira prudência se preocupa com a única coisa necessária, e o axioma é: caso não queira, não desperdice.

A conclusão de toda a questão é uma proposta de negócios fundamentada na lei de troca: você não pode deixar de obter o que procura em relação às coisas Divinas: é a lei da oferta e da procura. Mencionei essas questões nesse ponto por duas simples razões:

a. porque, em proporção à imparcialidade da mente, às vezes parece mais difícil determinar se é o vício ou a vulgaridade que assola o mundo atual de maneira mais deplorável;
b. porque, para remediar as imperfeições das velhas noções, é altamente necessário, por vezes, esvaziar termos e frases de seus significados aceitos, para que recebam significado novo e mais adequado.

10. *A Roda da Fortuna*. Há em circulação um *Manual de Cartomancia* que se tornou consideravelmente popular na Inglaterra e, em meio a uma grande miscelânea de curiosidades sem nenhum propósito, oferece uns poucos tópicos considerados sérios. Em sua última e maior edição, trata do Tarô em uma seção que – se interpreto corretamente o autor – diz respeito, do início ao fim, à Roda da Fortuna, sendo essa expressão compreendida à minha maneira. Não tenho qualquer objeção a uma descrição tão inclusiva, embora convencional; ela existe em todos os âmbitos, e me surpreende que não tenha sido adotada anteriormente como o nome mais apropriado junto à leitura da sorte comum. É também o título de um dos Trunfos Maiores – que é, de fato, nosso foco no momento, como meu subtítulo indica.

Nos últimos anos, ela tem sofrido muitas variações fantásticas e uma reconstrução hipotética sugestiva em seu simbolismo.

A roda tem sete raios; no século XVIII, os animais ascendentes e descendentes eram realmente de caráter indefinido, tendo um deles uma cabeça humana. No topo estava outro monstro com o corpo de uma fera indefinida, com asas nos ombros e coroa na cabeça. Ele carregava duas varinhas nas garras. Eles foram substituídos, na reconstrução, por um *Hermanubis* ascendendo na roda, uma esfinge no topo e um Tifão no sentido descendente. Aqui se tem outro exemplo de uma invenção que apoia uma hipótese; porém, esta última foi posta de lado, o arranjo está simbolicamente correto e pode servir conforme se apresenta.

11. *Justiça*. Que o Tarô, embora seja de antiguidade razoável, não é de tempos imemoriais é mostrado por esta carta, que poderia ter sido apresentada de maneira muito mais arcaica. Aqueles, entretanto, que têm dons de discernimento em matérias desse tipo não precisam ser informados de que a idade não tem, de modo algum, importância a respeito dessa consideração; o Rito de Encerramento da Loja no Terceiro Grau Simbólico[18] da Maçonaria pode pertencer ao final do século XVIII, mas o fato nada significa; ele ainda é a síntese de todos os Mistérios instituídos e oficiais. Diz-se que a figura feminina da décima primeira carta é Astræa[19], que personificou a mesma virtude e é representada pelos mesmos símbolos. Apesar dessa deusa e do Cupido em sua representação vulgar, o Tarô não é da mitologia romana ou da grega. Sua apresentação da justiça é supostamente uma das quatro virtudes cardeais presentes na sequência dos Arcanos Maiores; mas ocorre que o quarto emblema está faltando, e tornou-se necessário que os comentaristas o descobrissem a qualquer custo. Eles fizeram o que era possível, e mesmo assim as leis da pesquisa nunca conseguiram libertar a Perséfone desaparecida sob a forma de Prudência. Court de Gébelin tentou resolver a dificuldade por meio de um *tour de force* e acreditava ter extraído o que

---

18. Craft Grade, no original em Inglês. No Brasil, a *Craft Masonry* é chamada de Maçonaria Simbólica, e os Graus podem ser Simbólicos e Filosóficos. (N. da T.)
19. Do grego Αστραῖα, "virgem estrelada", Astreia é filha de Zeus e Têmis e considerada a deusa da justiça, da inocência. É representada segurando uma balança e está associada aos signos de Libra, Gêmeos e Virgem. A associação entre a divindade e o arcano, citada por Waite, é sugerida inicialmente por Gébelin. (N. do RT.)

queria do símbolo do Pendurado – no que se enganou. O Tarô tem, portanto, a sua justiça, a sua Temperança e também a sua Fortitude, mas – devido a uma curiosa omissão – não nos oferece nenhum tipo de Prudência, embora possa ser admitido que, em alguns aspectos, o isolamento do Eremita, trilhando um caminho solitário com a luz da própria lamparina, oferece àqueles que podem recebê-lo certo conselho elevado a respeito da *via prudentiae*.

12. *O Pendurado*. Este é o símbolo que supostamente representa a Prudência, e Éliphas Lévi diz, à sua maneira superficial e plausível, que ele é o adepto amarrado por seus compromissos[20]. A figura de um homem é suspensa de cabeça para baixo em uma forca, à qual está preso por uma corda em volta de um dos tornozelos. Os braços estão presos atrás dele, e uma perna está cruzada sobre a outra. De acordo com outra interpretação e, de fato, a predominante, ele significa sacrifício, mas todos os significados atuais atribuídos a esta carta são intuições de cartomantes, além de qualquer valor real quanto ao aspecto simbólico. Os cartomantes do século XVIII que divulgaram Tarôs retratam um jovem semifeminino[21] vestindo um gibão, equilibrado ereto sobre um pé e frouxamente atado a uma estaca curta cravada no chão.

13. *Morte*. O método de apresentação é quase invariável e incorpora uma forma popular de simbolismo. O cenário é o campo da vida, e, em meio à vegetação comum, há braços vivos e cabeças saindo da terra. Uma das cabeças é coroada, e um esqueleto com uma grande foice está prestes a ceifá-la. O significado transparente e inescapável é a morte, mas as alternativas atribuídas ao símbolo são mudança e transformação. Outras cabeças foram varridas de seu lugar anteriormente, mas é, em seu significado atual e patente, mais especificamente, uma carta sobre a morte de Reis. No sentido exótico, tem sido dito que significa a ascensão do espírito nas esferas divinas, criação e destruição, movimento perpétuo, e assim por diante.

---

20. Com o termo "compromissos", Waite se refere aos juramentos ou às promessas do adepto. (N. do RT.)
21. Com o termo "semifeminino", Waite quer dizer que o Pendurado apresenta traços andróginos. (N. do RT.)

14. *Temperança*. A figura alada de uma mulher que – em oposição a toda doutrina relativa à hierarquia dos anjos, normalmente atribuída a esta ordem de espíritos servidores – está derramando líquido de um jarro para outro. Em sua última obra sobre o Tarô, o dr. Papus abandona a forma tradicional e retrata uma mulher usando um adorno de cabeça egípcio[22]. A primeira coisa que parece clara à primeira vista é que o símbolo todo não tem nenhuma ligação especial com a Temperança, e o fato de que essa designação, sempre adotada para a carta, oferece uma instância muito óbvia de um significado por trás do significado, já que é um título considerável em relação ao Tarô como um todo.

15. *O Diabo*. No século XVIII, esta carta parece ter sido mais um símbolo de mera indecência animal. Exceto por um fantástico adorno de cabeça, a figura principal está inteiramente nua; ela tem asas como as de morcego, e as mãos e os pés são representados pelas garras de um pássaro. Na mão esquerda, tem um cetro que termina em um sinal que se pensa representar o fogo. A figura como um todo não é particularmente demoníaca; ela não tem cauda, e os comentaristas que alegaram que as garras são de uma harpia falaram de modo aleatório. Não existe embasamento melhor para a sugestão alternativa de que sejam garras de águia. Atados por uma corda pendente das coleiras ao pedestal em que a figura está montada, encontram-se dois pequenos demônios, um presumivelmente masculino e outro feminino. Eles têm caudas, mas não asas. Desde 1856, a influência de Éliphas Lévi e sua doutrina de ocultismo modificaram a face desta carta, e ela agora aparece como uma figura pseudobafomética, com a cabeça de um bode e uma grande tocha entre os chifres; está sentada ao invés de ereta, e no lugar dos órgãos reprodutivos está o caduceu Hermético. No livro *Le Tarot Divinatoire*, de Papus, os pequenos demônios foram substituídos por seres humanos nus, homem e mulher, amarrados apenas um ao outro. O autor pode ser felicitado por esse simbolismo melhorado.

16. *A Torre atingida pelo Raio*. Seus títulos alternativos são Castelo de Plutão, a Casa de Deus e a Torre de Babel. No último caso, as figuras que caem dela são consideradas Nimrod e seu ministro. Certamente é uma carta de

---

22. Trata-se da obra *Le Tarot divinatoire* (*O Tarô Adivinhatório*, São Paulo: Pensamento, 2022). (N. do RT.)

confusão, e o desenho corresponde, em linhas gerais, a qualquer uma das designações, exceto *Maison Dieu*, a menos que devamos entender que a Casa de Deus foi abandonada, e o véu do templo, rasgado. É um pouco surpreendente que a imagem não tenha sido até agora atribuída à destruição do Templo de Salomão, em que o raio simbolizaria o fogo e a espada quando aquele edifício foi visitado pelo Rei dos Caldeus.

17. *A Estrela*, constelação do Cão Maior, ou Sírius, também chamada fantasticamente de Estrela dos Magos. Agrupados ao redor dela estão sete luminares menores, e abaixo dela está uma figura feminina nua, com o joelho esquerdo sobre a terra e o pé direito na água. Ela está derramando líquidos de dois vasos. Um pássaro está empoleirado em uma árvore próxima a ela; isso foi substituído por uma borboleta em uma rosa em algumas cartas posteriores. E, também, a Estrela tem sido chamada de Esperança. Esta é uma das cartas que Court de Gébelin descreve como totalmente egípcia – isto é, em seu próprio devaneio equivocado.

18. *A Lua*. Algumas cartas do século XVIII mostram o luminar no lado minguante. Na edição degradada de Etteilla[23], é a Lua à noite, em sua plenitude, fixada em um céu de estrelas; nos últimos anos, a Lua é mostrada do lado crescente. Em quase todas as apresentações, ela está brilhando intensamente e derramando a umidade do orvalho fertilizador em grandes gotas. Abaixo dela há duas torres, entre as quais um caminho serpenteia até o limite do horizonte. Dois cães, ou, alternativamente, um lobo e um cão, estão ladrando para a Lua, e no primeiro plano há água, por meio da qual um lagostim se move em direção à terra.

19. *O Sol*. O luminar distingue-se em cartas mais antigas por raios principais ondulados e salientes alternadamente e por raios salientes secundários. Ele parece derramar sua influência sobre a terra não apenas pela luz e pelo calor, mas – assim como a Lua – por gotas de orvalho. Court de Gébelin as

---

23. Waite compartilha da mesma opinião de Éliphas Lévi de que Etteilla deformou a estrutura simbólica do Tarô quando recriou e difundiu suas cartas. Consulte *O Tarô Adivinhatório* (Pensamento, 2022) para mais detalhes sobre a relação dos pensadores ocultistas a respeito de Etteilla, considerado o pai da cartomancia. (N. do RT.)

chamou de lágrimas de ouro e de pérola, assim como identificou o orvalho lunar com as lágrimas de Ísis. Sob a constelação do Cão Maior, há uma parede sugerindo um recinto – como se fosse um jardim murado –, dentro do qual estão duas crianças, nuas ou levemente vestidas, de frente para a água e brincando ou correndo de mãos dadas. Éliphas Lévi diz que elas são, às vezes, substituídas por uma fiandeira tecendo destinos e, de outra forma, por um símbolo muito melhor – uma criança nua montada em um cavalo branco e exibindo uma bandeira escarlate[24].

20. *O Julgamento Final*. Já falei sobre este símbolo, cuja forma é essencialmente invariável, mesmo no baralho de Etteilla. Um anjo toca sua trombeta *per sepulchra regionum*[25], e os mortos se levantam. Pouco importa que Etteilla omita o anjo, ou que o dr. Papus o substitua por uma figura ridícula, que está, no entanto, em consonância com o propósito geral do baralho que acompanha sua mais recente obra. Antes de rejeitar a óbvia interpretação do simbolismo transmitida pelo nome da carta e pela imagem que ela apresenta aos olhos, deve haver muita segurança a respeito de nossa própria posição. Na superfície, pelo menos, é e só pode ser a ressurreição daquela tríade – pai, mãe e filho –, com a qual já nos encontramos na sexta carta. O sr. Bourgeat arrisca a sugestão de que esotericamente é o símbolo da evolução – da qual não carrega nenhum dos sinais. Outros dizem que ela significa renovação, o que é bastante óbvio; que é a tríade da vida humana; que é a "força geradora da terra... e a vida eterna". Court de Gébelin torna-se impossível, como de costume, e pontua que, se as pedras do túmulo fossem removidas, ela poderia ser aceita como símbolo da criação.

21. A que, sem dúvida, na maioria das disposições, é a carta zero, número nada – *O Louco, O Tolo, ou O Homem Insensato*. Court de Gébelin a coloca no início da série como o zero ou o negativo, pressuposto pela numeração, e, como é a mais simples, também é o melhor arranjo. Ele foi abandonado porque em tempos posteriores as cartas foram atribuídas às letras do

---

24. A descrição de Waite é emprestada do Livro de Hermes, capítulo XXII, de *Dogma e Ritual de Alta Magia* (Pensamento, 2021), obra clássica de extrema importância para compreender a concepção ocultista do Tarô. (N. do RT.)

25. Alude à "região dos sepulcros", ou cemitério. A expressão está presente em diversas composições musicais, como *Réquiem*, de Mozart. (N. do RT.)

alfabeto hebraico, e houve, aparentemente, alguma dificuldade em alocar o símbolo zero satisfatoriamente em uma sequência de letras, todas as quais significam números. Na presente referência da carta à letra Shin, que corresponde a 300, a dificuldade ou a irrealidade permanece. A verdade é que a disposição real das cartas jamais foi descoberta. O Louco carrega uma bolsa; está olhando por cima do ombro e não sabe que está à beira de um precipício; mas um cão ou outro animal – alguns dizem que um tigre – o está atacando por trás, e ele segue apressado para a própria queda. Etteilla forneceu uma variação justificável dessa carta – como geralmente compreendida – na forma de um bobo da corte, com chapéu, guizos e traje colorido. As outras descrições dizem que a bolsa contém as tolices e os vícios do seu dono, o que parece bem típico e arbitrário.

22. O *Mundo*, *O Universo*, *ou Tempo*. As quatro criaturas viventes do Apocalipse e a visão de Ezequiel, atribuídas aos evangelistas no simbolismo cristão, estão agrupadas em torno de uma guirlanda elíptica, como se fosse um arco de flores pretendendo simbolizar todas as coisas sensíveis; dentro da guirlanda há a figura de uma mulher, a quem o vento cobriu os quadris com um lenço leve; e essa é sua única vestimenta. Ela está dançando e tem uma varinha em cada mão. É eloquente como imagem do redemoinho da vida sensível, da alegria alcançada no corpo, da embriaguez da alma no paraíso terrestre, ainda que protegida pelos Divinos Guardiões, como se pelos poderes e pelas graças do Santo Nome, *Tetragammaton*, יהוה – aquelas quatro letras inefáveis às vezes atribuídas às bestas místicas. Éliphas Lévi chama a guirlanda de coroa e relata que a figura representa a Verdade. Dr. Papus a associa ao Absoluto e à realização da Grande Obra; para outros, ainda, é símbolo da humanidade e a recompensa eterna de uma vida bem vivida. Deve-se notar que nos quatro cantos da guirlanda há quatro flores marcadas distintamente. De acordo com P. Christian, a guirlanda deve ser formada por rosas, e esse é o tipo de corrente que Éliphas Lévi diz ser menos facilmente quebrada que uma corrente de ferro. Talvez por antítese, mas pela mesma razão, a coroa de ferro de Pedro possa ser mais leve sobre a cabeça dos soberanos pontífices que a coroa de ouro sobre a dos reis.

3. CLASSE II

Os Quatro Naipes ou Arcanos Menores

As fontes de interpretação foram pródigas, senão exauridas, sobre os 22 Trunfos Maiores, cujo simbolismo é inquestionável. Restam os quatro naipes, sendo Paus ou Cetros – *ex hypothesi*, na arqueologia do assunto, os antecedentes de Diamantes nas cartas modernas; Copas, correspondendo a Corações; Espadas, que respondem por Bastões, como a arma de cavalaria é em relação à lança do camponês ou ao açoite alsaciano; e, finalmente, Ouros – também chamados Denários[26] e Dinheiro –, que são os protótipos de Espadas[27].

Nos velhos e nos novos naipes, há dez cartas numeradas, mas no Tarô há quatro Cartas da Corte atribuídas a cada naipe, ou um Cavaleiro, além do Rei, da Rainha e do Valete. O Valete é um pajem, criado ou *damoiseau*; mais corretamente, é um escudeiro, presumivelmente, a serviço do Cavaleiro; mas existem certos baralhos raros nos quais o Valete se torna dama de honra, emparelhando, assim, os sexos no quarteto das Cartas da Corte. Há características naturalmente distintas no que se refere às várias imagens, pelas quais digo que o Rei de Paus não é exatamente o mesmo personagem que o Rei de Copas, inclusive após considerar os diferentes emblemas que eles ostentam; mas o simbolismo reside no posto e no naipe ao qual eles pertencem. Assim também as cartas menores, que – até agora – nunca foram publicadas de forma ilustrada nestes nossos tempos modernos, dependem do significado particular associado aos seus números em conexão com o naipe específico. Reservo, portanto, os detalhes dos Arcanos Menores até vir a falar, na segunda parte, do Tarô retificado e aperfeiçoado que acompanha esta obra. O consenso sobre os significados adivinhatórios ligados aos símbolos maiores e menores pertencem à terceira parte.

---

26. Moedas romanas antigas (N. da T.)
27. Por mais estranhas ou mesmo equivocadas que pareçam essas correspondências, o autor estava familiarizado com elas por serem divulgadas em outros livros, como o *Manual de Cartomancia* citado pelo próprio Waite anteriormente. (N. do RT.)

4.0 TARÔ NA HISTÓRIA

Nosso próximo interesse imediato é falar das cartas em sua história, de modo que as especulações e os devaneios perpetuados e multiplicados nas escolas de pesquisa oculta possam ser eliminados de uma vez por todas, como indicado aqui no prefácio.

Que seja entendido no início deste ponto que existem vários baralhos ou sequências de cartas antigas que são apenas parte do nosso interesse. O *Tarô dos Boêmios*, de Papus, que veiculei recentemente pela imprensa, revisando a representação imperfeita, tem algumas informações úteis nesta conexão e, exceto pela omissão de datas e outras evidências de sentido arqueológico, servirá ao propósito do leitor em geral. Não proponho falar muito sobre isso aqui de qualquer maneira que possa ser chamada de considerável, mas certos acréscimos são desejáveis, e também é um modo distinto de apresentação.

Entre as cartas antigas mencionadas em conexão com o Tarô, estão primeiramente as de Baldini[28], que são o célebre baralho atribuído por tradição a Andrea Mantegna, embora esta opinião agora seja geralmente rejeitada. Supõe-se que sua data seja por volta de 1470 e pensa-se não haver mais de quatro coleções existentes na Europa. Uma cópia ou reprodução atribuída a 1485 é, talvez, igualmente rara. Um conjunto completo contém cinquenta números, divididos em cinco denários ou sequências de dez cartas cada. Parece não haver registro de que tenham sido usadas para propósito de jogo, seja de sorte ou de habilidade; dificilmente poderiam ter-se prestado à adivinhação ou a qualquer forma de previsão do futuro; ao passo que seria mais que inútil imputar significado simbólico profundo aos seus óbvios desenhos emblemáticos.

O primeiro denário incorpora Condições de Vida, como a seguir: (1) o Mendigo, (2) o Valete, (3) o Artesão, (4) o Mercador, (5) o Nobre, (6)

---

[28]. A criação dessas cartas, que surgiram por volta de 1460, é frequentemente atribuída ao pintor Andrea Mantegna (1431-1506) e ao gravurista Baccio Baldini (1436-1487), mas somente um nome é documentado devido a uma cópia integral das cartas, feita em 1540: o do gravador alemão Johann Ladenspelder (1512-1574). Ainda assim, a autoria original dessas imagens continua desconhecida. Também é preciso ressaltar que elas não compõem um Tarô propriamente, mas, sim, um baralho educativo de cunho moral e religioso, mesmo que as figuras possam ter inspirado, em alguma medida, as cartas criadas por Pamela Colman Smith. (N. do RT.)

o Cavaleiro, (7) o Magistrado, (8) o Rei, (9) o Imperador, (10) o Papa. O segundo contém as Musas e seu Líder Divino: (11) Calíope, (12) Urânia, (13) Terpsícore, (14) Érato, (15) Polímnia, (16) Tália, (17) Melpômene, (18) Euterpe, (19) Clio, (20) Apolo. O terceiro combina parte das Artes Liberais e das Ciências com outras áreas do conhecimento humano, como a seguir: (21) Gramática, (22) Lógica, (23) Retórica, (24) Geometria, (25) Aritmética, (26) Música, (27) Poesia, (28) Filosofia, (29) Astrologia, (30) Teologia. O quarto denário completa as Artes Liberais e enumera as Virtudes: (31) Astronomia, (32) Cronologia, (33) Cosmologia, (34) Temperança, (35) Prudência, (36) Força, (37) Justiça, (38) Caridade, (39) Esperança, (40) Fé. O quinto e último denário apresenta o Sistema dos Céus: (41) Lua, (42) Mercúrio, (43) Vênus, (44) Sol, (45) Marte, (46) Júpiter, (47) Saturno, (48) A Oitava Esfera, (49) *Primum Mobile*, (50) Primeira Causa.

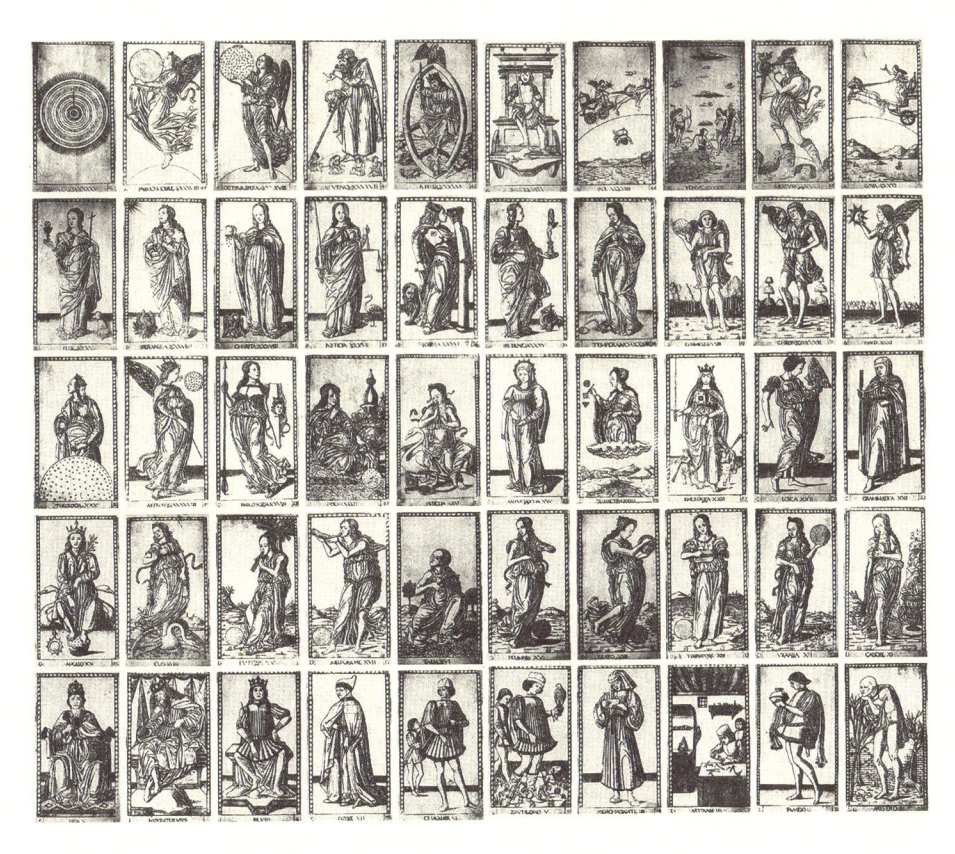

O TARÔ DE MANTEGNA

Devemos deixar de lado as tentativas fantasiosas de querer extrair sequências completas de Tarô dessas dezenas de imagens; devemos nos abster de dizer, por exemplo, que as Condições de Vida correspondem aos Trunfos Maiores, as Musas a Ouros, as Artes e Ciências a Copas, as Virtudes etc. a Paus, e as condições da vida a Espadas. Esse tipo de coisa só pode ser feito por um processo de contorção mental, sem nenhum fundamento na realidade. Ao mesmo tempo, é pouco possível que cartas individuais não devam exibir certas e até impressionantes analogias. O Rei, o Cavaleiro e o Valete do Baldini sugerem as cartas da corte dos Arcanos Menores correspondentes. O Imperador, o Papa, a Temperança, a Força, a Justiça, a Lua e o Sol são comuns ao Mantegna e aos Trunfos Maiores de qualquer baralho de Tarô. A predisposição também conectou o Mendigo[29] ao Louco, Vênus à Estrela, Marte e o Carro, Saturno e o Eremita, e mesmo Júpiter ou, alternativamente, a Primeira Causa, com a carta de Tarô O Mundo.

Mas as características mais marcantes dos Trunfos Maiores estão faltando no conjunto de Mantegna, e não creio que a sequência ordenada, nesse caso, originou, como foi sugerido, os outros. Romain Merlin manteve essa opinião e afirmativamente atribuiu as cartas de Baldini ao fim do século XIV.

Se concordarmos que, exceto acidental e esporadicamente, as figuras alegóricas ou emblemáticas do Baldini têm apenas leve e ocasional conexão com as cartas de Tarô, e, independentemente de sua mais provável data, que não fornecem qualquer resquício sobre sua origem, fica entendido que ainda estamos buscando não apenas seu surgimento no lugar e no tempo para os símbolos sobre os quais nos debruçamos, mas também um caso específico de sua manifestação no continente europeu que sirva de ponto de partida, seja para trás ou para a frente. Agora é bem sabido que, no ano de 1393, o pintor Charles Gringonneur – que por nenhuma razão que eu possa imaginar foi chamado de ocultista e cabalista por um escritor inglês desinformado – desenhou e coloriu um maço de cartas para os momentos de lazer de Carlos VI, da França, quando ele estava mentalmente doente, e surge a pergunta se algo pode ser descoberto a respeito de sua natureza.

---

29. O mendigo está praticamente nu, e a analogia é constituída pela presença de dois cães, dos quais um parece estar voando em suas pernas. A carta Marte retrata um guerreiro portando uma espada em uma carruagem de dossel, à qual, no entanto, nenhum cavalo está preso. É claro, se as cartas Baldini pertencem ao final do século XV, não há dúvida em questão de que o Tarô era conhecido na Europa muito antes desse período.

A única resposta disponível é que em Paris, na Bibliothèque du Roi[30], existem dezessete cartas desenhadas e coloridas em papel. Elas são muito bonitas, antigas e valiosas; as figuras têm fundo de ouro e são emolduradas em bordas de prata; mas não são acompanhadas de nenhuma legenda ou numeração.

É certo, entretanto, que incluem os Trunfos Maiores do Tarô, cuja lista é como a seguir: o Louco, o Imperador, o Papa, os Enamorados, a Roda da Fortuna, a Temperança, a Força, a Justiça, a Lua, o Sol, o Carro, o Eremita, o Pendurado, a Morte, a Torre e o Juízo Final. Há também quatro cartas de Tarô no Museu Correr, em Veneza, e cinco outras em algum outro lugar, totalizando nove. Elas incluem dois Valetes ou Pajens, três Reis e duas Rainhas, compondo, assim, os Arcanos Menores. Essas coleções foram todas identificadas com o baralho criado por Gringonneur, mas a atribuição foi contestada já no ano de 1848 e, aparentemente, não é confirmada atualmente nem por aqueles ansiosos por tornar evidente a antiguidade do Tarô. Acredita-se que todas elas sejam italianas e algumas certamente de origem veneziana. Temos, dessa maneira, nosso ponto de partida necessário, pelo menos em relação ao local. Foi ainda afirmado com autoridade que os Tarôs venezianos têm a forma antiga e verdadeira, a matriz de todas as outras; mas deduzo que baralhos completos dos Arcanos Maiores e Menores pertencem a períodos muito posteriores. Acredita-se que o maço tenha consistido de 78 cartas.

Não obstante, no entanto, a preferência demonstrada em relação ao Tarô veneziano, reconhece-se que algumas partes de um baralho Minchiate, ou Florentino, devem ser atribuídas ao período entre 1413 e 1418. Essas partes estiveram, uma vez, na posse da Condessa Gonzaga, em Milão. Um baralho Minchiate completo contém 97 cartas e, apesar desses vestígios, é considerado, de modo geral, um desenvolvimento posterior. Havia 41 Trunfos Maiores, os números adicionais sendo emprestados ou refletidos do emblemático baralho Baldini. Nas cartas da corte dos Arcanos Menores, os Cavaleiros eram monstros do tipo centauro, enquanto os Pajens eram, algumas vezes, guerreiros e, outras vezes, serviçais. Outra distinção sobre a qual nos debruçamos é a prevalência das ideias medievais cristãs e a total ausência de qualquer indício oriental. No entanto, permanece a questão de se há traços orientais em quaisquer cartas de Tarô.

---

30. La Bibliothèque du Roi, localizada no complexo do Louvre, em Paris, foi reinaugurada como Bibliothèque National de France, em 1972. (N. do RT.)

Chegamos, finalmente, ao Tarô bolonhês, por vezes referido como o de Veneza e tendo os Trunfos Maiores completos, mas com os números 20 e 21 transpostos. Nos Arcanos Menores, o 2, 3, 4 e 5 das cartas menores são omitidos, com o resultado de existirem 62 cartas no total. O término dos Trunfos Maiores na representação do Juízo Final é curioso e um pouco impressionante em termos de simbolismo; mas isso é tudo que parece ser necessário observar sobre o baralho de Bolonha, exceto que é dito que foi inventado – ou, como Tarô, mais corretamente, modificado – por volta do início do século XV, por um Príncipe de Pisa exilado na cidade. O propósito para o qual elas eram usadas torna-se toleravelmente evidente pelo fato de que, em 1423, São Bernardino de Siena pregou contra cartas de baralho e outras modalidades de aposta.[31] Quarenta anos mais tarde, a importação de cartas para a Inglaterra foi proibida, nos tempos do Rei Eduardo IV. Esse é o primeiro registro seguro do assunto em nosso país.

É difícil consultar exemplares completos dos baralhos enumerados acima, mas não é difícil encontrar descrições detalhadas e ilustradas – devo acrescentar, desde que o escritor não seja ocultista, porque relatos vindos de fontes assim são geralmente imperfeitos, vagos e preocupados com considerações que obscurecem questões essenciais[32]. Uma instância em questão é oferecida por certos pontos de vista expressos sobre o códice de Mantegna – se eu puder continuar a dignificar sequências de cartas com um título desse tipo. Foi decidido – como vimos – em devaneio ocultista que Apolo e as Nove Musas correspondem a Ouros, mas a analogia não prevalece em trabalho profundo de pesquisa; e os devaneios se tornam um pesadelo se identificarmos Astronomia, Cronologia e Cosmologia com o naipe de Copas. As figuras de Baldini que representam esses assuntos são emblemas da sua época, não símbolos, como o Tarô.

Em conclusão a esta parte, observo que houve disposição entre os especialistas para pensar que os Trunfos Maiores não eram originalmente conectados

---

31. O sermão de São Bernardino de Siena cita um baralho de 65 cartas, mas não faz qualquer referência aos Trunfos. (N. do RT.)
32. A posição de Waite em relação aos ocultistas e reformuladores do Tarô é digna de atenção porque é uma crítica direta a toda e qualquer reformulação tanto estética quanto conceitual das cartas, como empreenderam Etteilla, Lévi, Papus, McGregor Mathers, por exemplo. Em vez de perscrutar as origens das imagens, Waite aponta esses "devaneios", geralmente com teor egípcio ou misterioso, como responsáveis por deformar os sentidos mais elevados dos arcanos, justamente algo que ele propõe com este trabalho, ilustrado por Pamela Colman Smith. (N. do RT.)

com os naipes numerados. Não quero oferecer uma visão pessoal; não sou especialista na história dos jogos de azar e detesto o *profanum vulgus*[33] dos aparatos adivinhatórios; mas arrisco, com todas as reservas, a declarar que, se pesquisas posteriores justificarem tal inclinação, então – exceto pela boa e velha arte da adivinhação e suas adulterações com o chamado destino – será tanto melhor para os Arcanos Maiores.

No que diz respeito ao indispensável como preliminares aos aspectos históricos das cartas de Tarô, tomo agora o lado especulativo do assunto, a fim de testar seu valor. Em meu prefácio ao *Tarô dos Boêmios*, mencionei que o primeiro escritor que tornou conhecido o fato das cartas foi o arqueólogo Court de Gébelin, que, pouco antes da Revolução Francesa, se ocupou, por anos, para publicar seu *Monde Primitif*[34], que se estendeu a nove volumes *in quarto*[35]. Ele era um homem culto de sua época, um maçom de alto grau, membro da histórica Loja dos *Philalethes* e um *virtuoso* com profundo e duradouro interesse no debate sobre antiguidades universais antes de existir uma ciência sobre o assunto.

Mesmo nos dias atuais, vale a pena ter suas memórias e dissertações reunidas sob o título citado. Por acidente, ele se familiarizou com o Tarô quando era bastante desconhecido em Paris e imediatamente concebeu que eram resquícios de um livro egípcio. Fez investigações sobre o tema e verificou que estava em circulação por parte considerável da Europa – Espanha, Itália, Alemanha e Sul da França. Circulava em uso como um jogo de azar ou habilidade, depois da forma comum de jogar cartas; e ele investigou mais profundamente como se jogava o jogo.

Mas o Tarô estava em uso também para o propósito maior da adivinhação, e, com a ajuda de um amigo erudito, Court de Gébelin descobriu o significado atribuído às cartas, com o método de disposição adotado para esse propósito. Em uma palavra, fez uma contribuição distinta para o nosso conhecimento e ainda é fonte de referência – mas somente em relação aos fatos, não sobre a tão amada hipótese de que o Tarô sustenta, em suas

---

33. A expressão, traduzida como "detesto o vulgo profano", vem de uma das Odes de Horácio e diz respeito ao desprezo pelos populares e à consequente exaltação do público instruído. Waite faz referência, aqui, ao senso comum que autores e praticantes conferem à cartomancia. (N. do RT.)
34. *O Mundo Primitivo*, ainda sem tradução para o português. (N. do RT.)
35. *In quarto* é o termo latino que descreve um formato de livro baseado na dobra de uma folha de papel em quatro ou oito partes, cada uma tendo um quarto do tamanho de uma página. (N. do RT.)

imagens, a pura doutrina egípcia. No entanto, ele estabeleceu a opinião, predominante até hoje em todas as escolas ocultistas, de que, no mistério e na maravilha, na noite mágica dos deuses, na língua desconhecida e nos hieróglifos indecifrados que simbolizavam o Egito no final do século XVIII, a origem das cartas, de fato, se perdeu.

Assim sonhava um dos mais característicos intelectuais da França, e quase se pode entender e simpatizar, pois o país sobre o Delta e o Nilo estava começando a aparecer, em grande parte, no interesse do pensamento erudito, e *omne ignolum pro AEgyptiaco*[36] era o caminho da ilusão que muitas mentes seguiam. Era bastante desculpável à época, mas não há desculpa para que a loucura continue no círculo encantado das ciências ocultas e ainda passe de boca em boca. Vejamos, portanto, as evidências propostas por M. Court de Gébelin em apoio de sua tese, e, para que eu possa tratar de modo justo, elas devem ser resumidas, tanto quanto possível, em suas próprias palavras.

(1) As figuras e combinações do jogo são manifestamente alegóricas; **(2)** as alegorias estão em conformidade com a doutrina religiosa, filosófica e civil do Antigo Egito; **(3)** se as cartas fossem modernas, a Sacerdotisa não deveria estar incluída entre os Arcanos Maiores; **(4)** a figura em questão usa os chifres de Ísis; **(5)** a carta chamada O Imperador tem um cetro terminado em uma cruz tríplice; **(6)** a carta intitulada A Lua, que é Ísis, mostra gotas de chuva ou orvalho prestes a serem derramadas pelo luminar e – conforme vimos – são as lágrimas de Ísis que encheram as águas do Nilo e fertilizaram os campos do Egito; **(7)** a décima sétima carta, ou A Estrela, é a constelação do Cão Maior, Sírius, consagrada a Ísis, e simbolizava o início do ano; **(8)** o jogo feito com o Tarô é fundamentado no sagrado número 7, que era de grande importância no Egito; **(9)** a palavra Tarô é puramente egípcia, em cujo idioma – Tar = caminho ou estrada, e Ro = rei ou real – significa, portanto, o Caminho Real da Vida; **(10)** alternativamente, ela é derivada de A = doutrina, Rosh = Mercúrio = Thoth, e o artigo T; em suma, *Tarosh*; e, portanto, o Tarô é o *Livro de Thoth*, ou a *Tábua da Doutrina de Mercúrio*.

---

36. A expressão que Waite usa deriva de *omne ignotum pro magnifico*, isto é, "tudo o que não se conhece é tido como magnífico". Assim, o autor alude ao pretexto de que tudo o que é desconhecido ou misterioso teria origem no Egito. (N. do RT.)

Tal é o testemunho, entendendo-se que deixei de lado várias declarações casuais para as quais não é apresentada qualquer justificativa. Estes, portanto, são os dez pilares que sustentam o edifício da tese, e os mesmos são pilares de areia. O Tarô, é claro, é alegórico – ou seja, é simbolismo –, mas alegoria e símbolo são católicos. Sendo de todos os países, nações e épocas, não são mais egípcios que mexicanos; são da Europa e de Catai, do Tibete além dos Himalaias e das sarjetas de Londres. Como alegoria e símbolo, as cartas correspondem a muitos tipos de ideias e coisas; são universais e não particulares; e o fato de que não respondem especial e peculiarmente à doutrina egípcia – religiosa, filosófica ou civil – é evidente a partir do fracasso de Court de Gébelin em querer ir além da sua afirmativa. A presença de uma Sacerdotisa entre os Trunfos Maiores é mais facilmente explicada como a memória de alguma superstição popular – o culto de Diana, por exemplo, cuja persistência na Itália moderna foi traçada com resultados tão impressionantes por Leland[37]. Devemos nos lembrar da universalidade dos chifres em todos os cultos, inclusive naquele do Tibete. A cruz tríplice é absurda como exemplo de simbolismo egípcio; é a cruz da Sé patriarcal, tanto grega como latina – de Veneza e de Jerusalém, por exemplo – e a forma de assinatura usada até hoje pelos sacerdotes e leigos do Rito Ortodoxo. Passo por cima da alusão inútil às lágrimas de Ísis porque outros escritores ocultistas nos disseram que são *Jods*[38] hebraicas; quanto à décima sétima carta, é a estrela Sírius ou outra, como a predisposição quiser; o número 7 era certamente importante no Egito, e qualquer tratado sobre misticismo numérico mostrará que a mesma afirmação se aplica em toda parte, mesmo se optarmos por ignorar os sete sacramentos cristãos e os dons do Espírito Santo. Por fim, quanto à etimologia da palavra Tarô, basta observar que foi proposta antes da descoberta da Pedra de Roseta e quando não havia qualquer conhecimento sobre a linguagem egípcia.

---

37. Charles Godfrey Leland (1824-1903), folclorista e escritor norte-americano, autor de várias obras sobre crenças populares e cultos pagãos. Sua principal publicação é *Aradia, o Evangelho das Bruxas*, que reúne feitiços, relatos e rituais confiados a ele por uma sacerdotisa de um *coven* italiano. Esse livro influenciou Gerald B. Gardner (1884-1964) a compor vários dos textos sagrados da Wicca e, desde então, é uma obra fundamental da religião dos bruxos. (N. do RT.)

38. Os *Jods* em questão dizem respeito à letra Yod, que significa "mão" ou "punho". Sua grafia lembra uma chama, justificando, por vezes, ser associada ao fogo espiritual e à onipresença de Deus. Consulte o *Dicionário Enciclopédico do Pensamento Esotérico Ocidental* (Pensamento, 2012), obra fundamental de John Michael Greer, para mais informações sobre o alfabeto hebraico e suas aplicações mágicas. (N. do RT.)

A tese de Court de Gébelin foi assentada sem dificuldade na mentalidade da época, apelando ao que foi aprendido exclusivamente por meio de um quarto volume (um livreto). Ele criou a oportunidade para as cartas de Tarô em Paris como o centro da França e todas as coisas francesas no Universo. A ideia de que a adivinhação pelas cartas sustentava as garantias inesperadas da antiga ciência oculta, e que a raiz de todo o assunto estava na maravilha e no mistério do Egito, conferia a ela caráter quase divino; dos confins das práticas ocultas, a cartomancia tornou-se moda e assumiu, então, vestes quase religiosas. O primeiro a assumir o papel de *bateleur*, mágico e malabarista foi o analfabeto, porém zeloso aventureiro, Alliette; a segunda, como espécie de Alta Sacerdotisa, cheia de intuições e revelações, foi Mlle. Lenormand – mas ela pertence a um período posterior; e por último veio Julia Orsini, comparável a uma Rainha de Copas, ainda que vestida com os farrapos da clarividência. Não estou preocupado com essas pessoas como leitoras da sorte, quando o próprio destino estava embaralhando e cortando as cartas para o jogo da revolução universal, ou para tais cortes e cortesãos como os de Luís XVIII, Carlos IX e Luís Filipe. Mas, sob a designação oculta de Etteilla, uma transliteração do nome Alliette, esse fabricante de perucas levou-se muito a sério e posou mais como sacerdote das ciências ocultas que como adepto comum da arte de tirar as cartas. Até hoje existem pessoas, como o dr. Papus, que têm tentado salvar do esquecimento qualquer fragmento do seu bizarro sistema de cartomancia.

A longa e heterogênea história do *Le Mond Primitiff* chegou ao fim em 1782, e em 1783 os ensaios de Etteilla começaram a jorrar da imprensa, testemunhando que ele tinha passado trinta, não, quase quarenta anos no estudo da magia egípcia e encontrara as últimas chaves. Elas seriam, de fato, as Chaves do Tarô, livro de filosofia e o *Livro de Thoth*, mas que, ao mesmo tempo, foi escrito por dezessete Magos em um Templo de Fogo, nas fronteiras do Levante, a cerca de três léguas de Mênfis. Dizendo possuir a ciência do Universo, o cartomante passa a aplicá-lo à Astrologia, à Alquimia e à Adivinhação, sem a menor modéstia ou reserva quanto ao fato de que estava criando um comércio. Tenho realmente poucas dúvidas de que ele se considerou um genuíno *métier*, e de que ele mesmo foi a primeira pessoa que se convenceu a respeito do próprio sistema. Mas o ponto que temos que notar é que, dessa maneira, a antiguidade do Tarô foi amplamente alardeada. Os livrinhos de Etteilla são provas de que ele não sabia sequer a própria linguagem; quando no decorrer do tempo ele produziu um Tarô reformado, mesmo aqueles que pensam nele com carinho admitem que ele deteriorou seu simbolismo; e, em relação às referências antigas, ele tinha apenas Court de Gébelin como autoridade universal.

Os cartomantes sucederam-se da maneira que mencionei, e, é claro, houve adeptos rivais desses mistérios menos que menores; mas a erudição do assunto, se é que se pode dizer que existiu, repousou, acima de tudo, no livreto de Court de Gébelin por mais de sessenta anos. Sobre sua autoridade, há pouca dúvida de que todos que se familiarizaram, por teoria ou prática, por interesse ocasional ou especial, com a questão das cartas de Tarô aceitaram a ideia de origem egípcia. É dito que as pessoas são levadas normalmente por sua própria opinião, e – seguindo a linha da menor resistência – o senso comum, descuidado, aceita seguramente as pretensões arqueológicas no sentido da própria ousadia e daqueles que as apresentam. O primeiro que pareceu reconsiderar o assunto com alguns títulos presumíveis a uma audiência foi o escritor francês Duchesne, mas sou obrigado a citá-lo como mera referência, e assim também por algumas pesquisas interessantes sobre o jogo de cartas proposto por Singer, na Inglaterra. Este último acreditava que o antigo jogo veneziano chamado Trappola foi a primeira forma europeia de jogar cartas, que seria, então, de origem árabe, e que as 52 cartas usadas para o propósito derivavam daquela região. Não noto qualquer importância dada a essa tese.

Duchesne e Singer foram sucedidos por outro escritor inglês, W. A. Chatto, que reavaliou os fatos disponíveis e a névoa de especulações que já se tinha levantado sobre o assunto. Isso ocorreu em 1848, e sua obra ainda mostra uma espécie de autoridade-padrão, porém – após toda permissão a certa justiça atribuível à mente independente – permanece uma obra indiferente e, até mesmo, inferior. Foi, entretanto, peculiar à meia-noite do século XIX. Chatto rejeitou a hipótese egípcia, mas não estava muito preocupado com isso, pois dificilmente seria considerado para substituir Court de Gébelin se este tivesse qualquer embasamento sólido para sua hipótese. Em 1854, outro escritor francês, Boiteau, levantou a questão geral, mantendo a origem oriental das cartas de Tarô, embora sem tentar comprová-la. Não tenho certeza, mas acho que ele foi o primeiro escritor que as identificou definitivamente com os ciganos; para ele, entretanto, a terra original dos ciganos era a Índia, e o Egito não fazia parte, portanto, de suas suposições.

Em 1860, surgiu Éliphas Lévi, um *illuminé* brilhante e profundo, impossível de aceitar e a quem é ainda mais impossível dispensar. Jamais houve boca a declarar coisas tão grandiosas, de todas as vozes ocidentais que proclamaram ou interpretaram a ciência chamada ocultismo e a doutrina chamada de mágica. Suponho que, fundamentalmente falando, ele se importava tanto e tão pouco quanto eu pela parte fenomenal que explicou os fenômenos com a certeza de alguém que abertamente considerava o charlatanismo um grande meio para um fim, se usado em boa ou justa causa. Ele apareceu por si só e por si só foi aceito, também de acordo com a própria avaliação, como homem de grande conhecimento – o que nunca foi – e como revelador de todos os mistérios sem ter sido aceito em nenhum. Creio que não tenha havido caso de escritor com grandes dons, desse determinado tipo, que os tenha utilizado para fins tão medíocres. Afinal, ele era apenas um segundo Etteilla encarnado e dotado, em sua transmutação, com boca de ouro e conhecimento casual mais amplo.

Apesar disso, ele escreveu a mais abrangente, brilhante e encantadora *História da Magia*[39], jamais escrita em qualquer idioma. Abraçou o Tarô e a hipótese de Gébelin, e toda a França ocultista e toda a Grã-Bretanha esotérica, os Martinistas, os Cabalistas instruídos e aqueles das escolas da assim chamada Teosofia – lá, aqui e em toda parte – aceitaram suas concepções com a mesma confiança que aceitaram suas interpretações daqueles grandes clássicos da Cabala que ele folheou em vez de ter lido.

Para ele, o Tarô não era apenas o instrumento mais perfeito de adivinhação e a pedra angular da ciência oculta, como também o livro primitivo, o livro único dos antigos Magi, o volume milagroso que inspirou todos os escritos sagrados da Antiguidade. No entanto, em sua primeira obra, Lévi se contentou em aceitar a teoria de Court de Gébelin e reproduziu o sétimo Trunfo Maior com algumas características egípcias. Não se ocupou da questão da difusão do Tarô por meio dos ciganos até J. A. Vaillant, escritor bizarro com grande conhecimento sobre o povo romani, sugerir isso em seu trabalho sobre esses povos nômades. Os dois autores foram quase coincidentes e refletiram um ao outro desde então. Coube a Romain Merlin, em 1869, pontuar o que deveria ter sido óbvio, a saber, que quaisquer cartas eram

---

39. Publicado pela Editora Pensamento, São Paulo, 2ª edição, 2019. (N. do RT.)

conhecidas na Europa antes da chegada dos ciganos em, ou por volta de, 1417. Mas, como essa foi a chegada deles a Luneburgo, e como sua presença pode ser rastreada anteriormente, a correção perde parte considerável de sua força. É mais seguro, portanto, dizer que a evidência do uso do Tarô pelo povo cigano não foi aventada até depois de 1840; o fato de que alguns ciganos antes desse período foram encontrados usando cartas se explica pela hipótese de que eles não as trouxeram para a Europa, mas as encontraram lá e as adicionaram aos seus ofícios.

Vimos agora que não há nenhuma partícula de evidência para a origem egípcia das cartas de Tarô. Olhando em outras direções, foi uma vez (avançando sobre autoridade nativa) que cartas de algum tipo foram inventadas na China por volta de 1120 d.C. Court de Gébelin acreditava que as havia rastreado até uma inscrição chinesa supostamente muito antiga que dizia se referir à diminuição das águas do Dilúvio. Os caracteres dessa inscrição estavam contidos em 77 compartimentos, daí vem a analogia. A Índia também tinha suas tábuas, fossem cartas ou não, e estas apresentavam leves semelhanças com o Tarô. Mas a existência, por exemplo, de dez naipes ou estilos representando os avatares de Vishnu como peixe, tartaruga, javali, leão, macaco, machadinha, guarda-chuva ou arco, como cabra, bode e cavalo, enfim, não vão nos ajudar em relação às origens dos nossos próprios Trunfos Maiores; nem coroas e harpas, nem mesmo a presença de possíveis moedas como sinônimos de denários e talvez como equivalentes aos pentáculos servem para elucidar os Arcanos Menores. Se todas as línguas, povos e regiões e épocas tiveram suas cartas – e se com estas também filosofaram, adivinharam e apostaram –, o fato seria interessante; mas, a menos que fossem cartas de Tarô, elas ilustrariam apenas a tendência universal do homem de buscar as mesmas coisas, mais ou menos, da mesma maneira.

Encerro, portanto, esse assunto repetindo que não há história anterior ao século XIV, quando os primeiros rumores foram ouvidos a respeito de cartas. Elas podem ter existido por séculos, mas esse período seria muito anterior, caso fossem destinadas apenas às pessoas tentarem a sorte no jogo ou em ver o futuro; por outro lado, se elas contêm profundas referências à Doutrina Secreta, então o século XIV é antigo o bastante, ou, pelo menos a esse respeito, estamos alcançando o máximo que podemos.

PARTE II

A DOUTRINA POR TRÁS DO VÉU

1. O Tarô e a Tradição Secreta

O Tarô incorpora apresentações simbólicas de ideias universais, por trás das quais residem tudo o que é implícito na mente humana, e é nesse sentido que elas contêm a doutrina secreta, que é a compreensão, por poucos, das verdades embutidas na consciência de todos, embora não tenham passado ao reconhecimento explícito do homem comum. A teoria é a de que essa doutrina sempre existiu – o que significa que foi muito cogitada na consciência de uma minoria eleita; perpetuada em segredo, de uma pessoa para outra, e registrada em literaturas secretas, como as da Alquimia e da Cabala; também contida naqueles Mistérios Instituídos dos quais o Rosacrucianismo oferece um exemplo acessível no passado, e a Maçonaria Simbólica, um resumo vivo, ou memorial geral, para aqueles que podem interpretar seu real significado. Por trás da Doutrina Secreta sustenta-se que há uma experiência ou prática pela qual a Doutrina é justificada. É obvio que, em um manual como este, pouco posso fazer senão relatar as reivindicações, as quais, entretanto, foram discutidas longamente em vários dos meus outros escritos, cujo intento é tratar de duas de suas fases mais importantes em livros dedicados à Tradição Secreta na Maçonaria e na literatura Hermética.

No que diz respeito às afirmações sobre o Tarô, deve ser lembrado que alguma parte considerável da imputada Doutrina Secreta foi apresentada nos emblemas pictóricos da Alquimia, de modo que o *Livro de Thoth* não é, de modo algum, um exemplo único desse tipo emblemático. Agora, a Alquimia tem dois ramos, conforme expliquei totalmente em outra ocasião, e os emblemas pictóricos que mencionei são comuns a ambas as divisões.

Seu lado material é representado no estranho simbolismo do *Mutus Liber – O Livro Mudo da Alquimia*, impresso nas grandes pranchas de *Mangetus*[40]. Nele, o processo para a realização da grande obra de transmutação é retratado em quatorze gravuras em chapas de cobre que ilustram os diferentes estágios da matéria nos vários vasos alquímicos. Acima desses vasos há símbolos mitológicos, planetários, solares e lunares, como se os poderes e as virtudes que, de acordo com o ensinamento hermético, presidem o desenvolvimento e a perfeição do reino metálico estivessem intervindo ativamente para ajudar os dois operadores labutando abaixo. Os operadores, curiosamente, são homens e mulheres. O lado espiritual da Alquimia é estabelecido nos emblemas muito estranhos do *Livro de Lambspring*, e dele já dei uma interpretação preliminar, para a qual o leitor pode ser encaminhado.[41] O tratado fala do mistério daquilo que é chamado de elixir místico ou arquinatural, sendo o casamento da alma e do espírito no corpo do filósofo adepto e a transmutação do corpo como o resultado físico dessa união. Nunca me deparei com sugestões mais curiosas do que nessa pequena obra. Pode ser mencionado como fato que ambos os tratados são muito posteriores no tempo que a última data que poderia ser atribuída à distribuição geral das cartas de Tarô na Europa, pela forma mais drástica de crítica.

---

40. *Mutus Liber*, ou livro mudo, é um dos mais conhecidos tratados alquímicos já publicados. Apesar de sua origem e atribuição autoral serem controversas, é tido como uma das obras-primas do hermetismo medieval. Mangetus, referido por Waite, diz respeito ao físico e escritor suíço Jean-Jacques Manget (1652-1742), que publicou, em 1702, uma grande reunião de tratados alquímicos intitulada *Biblioteca Chemica Curiosa*. (N. do RT.)

41. Ver *The Occult Review*, vol. VIII, 1908. O autor faz referência ao seu próprio artigo intitulado The Pictorial Symbols of Alchemy. Ao longo de quatorze páginas, Waite discorre sobre os princípios e os atributos das gravuras presentes nas obras de diversos alquimistas como Basílio Valentim, Filaleto, Geber e Michael Maier. (N. Do RT.)

Elas pertencem, respectivamente, ao final dos séculos XVII e XVI. Como não bebo na fonte da imaginação para refrescar o fato e a experiência, não sugiro que o Tarô gerou um modelo de expressão da Doutrina Secreta em imagens, e que, então, foi seguido por escritores herméticos; mas é notável que talvez ele seja o primeiro exemplo dessa arte. É também o mais católico, porque não é, por atribuição ou por outro motivo, derivado de qualquer escola ou literatura específica de ocultismo; não é de Alquimia ou Cabala, ou Astrologia, ou Magia Cerimonial; mas, como eu disse, é a apresentação de ideias universais por meio de imagens universais, e é pela combinação dessas imagens – de alguma forma – que se desvela a Doutrina Secreta.

Essa combinação pode, *ex hypothesi*, residir na sequência numerada de suas séries ou no arranjo fortuito ao embaralhar, cortar e distribuir, como nos jogos populares de azar jogados com cartas. Dois escritores adotaram a primeira visão sem prejuízo à segunda, e farei bem, talvez, em tratar do que eles disseram. O sr. MacGregor Mathers, que certa vez publicou um ensaio sobre o Tarô[42], principalmente dedicado à adivinhação, sugeriu que os 22 Trunfos Maiores poderiam ser lidos, seguindo sua ordem numérica, como o que chamou de "frase conectada". Seria, na verdade, o princípio de uma tese moral sobre a vontade humana, sua iluminação pela ciência, representada pelo Mago, sua manifestação pela ação – significado atribuído à Sacerdotisa – e sua realização (a Imperatriz) em atos de misericórdia e beneficência, cujas qualidades foram atribuídas ao Imperador. Ele fala também, de modo convencional e familiar, de prudência, força, sacrifício, esperança e felicidade suprema. Mas se essa fosse a mensagem das cartas, é certo que não haveria desculpa para publicá-las hoje ou ter o cuidado de elucidá-las com mais profundidade.

Em seu *Tarô dos Boêmios*, obra escrita com zelo e entusiasmo, sem poupar esforços de pensamento ou pesquisa dentro de suas possibilidades – mas, infelizmente, sem visão real sobre o assunto –, o dr. Papus fornece um esquema singularmente elaborado dos Trunfos Maiores. Ele depende, como o do sr. Mathers, da sequência numérica, mas exibe a interrelação com o Mundo Divino, o Macrocosmo e o Microcosmo. Dessa maneira, obtemos, por assim dizer, uma história espiritual do homem, ou da alma, saindo do

---

42. O livro em questão é *The Tarot: Its Occult Significance, Use in Fortune – Telling, and Method of Play, Etc.*, publicado originalmente em 1888. (N. do RT.)

Eterno, passando para a escuridão do corpo material e retornando às alturas. Creio que o autor está a uma distância mensurável do caminho certo, e suas opiniões são, nesta medida, informativas, mas seu método – em alguns aspectos – confunde as questões e os modos e planos do ser.

Os Trunfos Maiores também foram tratados no método alternativo que mencionei, e Grand Orient, em seu *Handbook of Cartomancy* (*Manual de Cartomancia*)[43], sob o disfarce de um modo de adivinhação transcendental, realmente ofereceu o resultado de certas leituras ilustrativas das cartas quando organizadas como o resultado de uma combinação fortuita por meio do embaralhamento e da distribuição. O uso de métodos adivinhatórios, com qualquer intenção que seja e para qualquer propósito, traz consigo duas sugestões. Pode-se pensar que os significados mais profundos são imputados em vez de reais, mas isso é eliminado pelo fato de certas cartas, como o Mago, a Sacerdotisa, a Roda da Fortuna, o Pendurado, a Torre ou a Casa de Deus, e muitas outras, não corresponderem às Condições de Vida, às Artes, às Ciências, às Virtudes ou aos outros assuntos contidos nas dezenas de figuras emblemáticas de Baldini[44]. Elas também são prova positiva de que moralidades óbvias e naturais não podem explicar a sequência. Tais cartas testemunham sobre si mesmas de outra maneira; e, embora o estado em que deixei o Tarô em relação ao seu aspecto histórico é tanto mais difícil quanto mais aberto, elas indicam o assunto real com o qual estamos preocupados. Os métodos mostram também que pelo menos os Trunfos Maiores foram adaptados para a leitura de sorte em vez de pertencerem a ela. Os significados adivinhatórios comuns, que serão dados na terceira parte, são atribuições bastante arbitrárias ou o produto de intuição secundária ou pouco instruída; ou, no máximo, pertencem ao assunto em um plano inferior, fora da intenção original. Se o Tarô fosse para adivinhação em sua raiz, deveríamos ter que procurar em locais bastante insólitos o motivo que o concebeu – na Bruxaria ou no Sabá Negro, por exemplo, em vez de em qualquer Doutrina Secreta.

As duas classes de significado ligadas ao Tarô nos mundos superior e inferior, e o fato de que nenhum escritor ocultista ou outro tentou atribuir qualquer coisa, exceto significado adivinhatório aos Arcanos Menores,

---

43. Waite menciona criticamente uma de suas obras anteriores, visto que Grand Orient é seu pseudônimo. (N. do RT.)
44. Popularizado e comercializado como Tarô de Mantegna. (N. do RT.)

justifica, de outra maneira, a hipótese de que as duas séries não pertencem uma à outra. É possível que seu casamento tenha sido realizado primeiro no Tarô de Bolonha por aquele Príncipe de Pisa que mencionei na primeira parte. Diz-se que seu artifício trouxe reconhecimento público para ele e recompensa da cidade, o que dificilmente teria sido possível, mesmo naqueles dias fantásticos, para a produção de um Tarô que simplesmente omitia algumas das cartas menores; mas, como estamos lidando com uma questão que, de fato, tem que ser elucidada de alguma maneira, é concebível que certa comoção possa ter havido por uma combinação das cartas menores e de jogo com o conjunto filosófico e pela adaptação de ambas a um jogo de azar. Depois teria sido mais adaptado para esse outro jogo de azar que seria chamado de adivinhação. Deve ser entendido que não estou negando a possibilidade da adivinhação, mas rejeito, como místico, as motivações que trazem as pessoas a esses caminhos, como se tivessem qualquer relação com a Busca Mística.[45]

As cartas de Tarô publicadas com a pequena edição da presente obra, isto é, com a *Chave do Tarô*, foram desenhadas e coloridas pela srta. Pamela Colman Smith e serão consideradas, creio, muito belas e impressionantes em seu traço e execução. Estão reproduzidas nesta edição ampliada da Chave como meio de referência ao texto. Diferem em muitos aspectos importantes dos arcaísmos convencionais do passado e das releituras que agora chegam até nós da Itália, e resta-me justificar as variações no que diz respeito ao simbolismo. Ao menos uma vez, nestes tempos, apresento um baralho que é o trabalho de uma artista que, conforme presumo, não tem do que se desculpar, mesmo para as pessoas – se alguma permanece entre nós – que costumam se descrever e se chamar de "muito ocultistas". Se qualquer um olhar o lindo Valete ou Pajem do Tarô que está estampado em uma das páginas dos *Fatos e Especulações de Chatto sobre a História do Jogo de Cartas*, saberá que a Itália, nos velhos tempos, produziu alguns baralhos esplêndidos. Eu só poderia desejar que tivesse sido possível publicar as cartas restauradas e retificadas no mesmo estilo e tamanho; tal curso teria feito mais completa justiça aos desenhos, mas o resultado teria se mostrado inviável para

---

45. Waite deixa claro, aqui, que refuta os motivos mais simplórios que levam as pessoas a buscarem a cartomancia por não se tratarem dos temas concernentes a uma "busca mística" autêntica, que, por sua vez, seria a verdadeira utilidade do Tarô como ferramenta e filosofia. (N. do RT.)

as finalidades práticas relacionadas às cartas e que merecem consideração, independentemente das minhas opiniões sobre isso. A respeito das variações no simbolismo impostas aos desenhos, sou o único responsável. Quanto aos Arcanos Maiores, é certo que vão gerar críticas entre os estudantes, reais ou inventadas. Desejo, portanto, dizer, dentro das reservas de cortesia e *la haute convenance* pertencente à irmandade de pesquisa, que não me importo, em absoluto, com qualquer opinião que se venha a ser expressa.

Há uma Tradição Secreta sobre o Tarô, bem como uma Doutrina Secreta contida nele. Segui parte dela sem exceder os limites traçados sobre questões desse tipo e que pertencem às leis da honra. Essa tradição tem duas partes, e, como uma delas passou para a forma escrita, parece que a outra pode ser traída a qualquer momento, o que não procede, porque essa segunda, como insinuei, é mantida velada por poucos, sem dúvida. Os fornecedores de cópias falsas e os traficantes de bens roubados podem tomar nota desse ponto, caso desejem. Além disso, peço para ser distinguido de dois ou três escritores que nos últimos tempos acharam adequado dizer muito mais, se quisessem, pois não falamos a mesma linguagem; e também de qualquer um que, agora ou no futuro, possa dizer que ela ou ele dirá tudo, porque têm apenas o acidental, não o essencial, necessário a tal divulgação. Se segui o conselho de Robert Burns, mantendo algo para mim que "dificilmente eu contaria a outra pessoa"[46], então disse o máximo que posso; é a verdade, à sua maneira, e tanto quanto se possa esperar ou exigir nos círculos externos em que as qualificações para pesquisas especiais não podem ser esperadas.

Em relação aos Arcanos Menores, eles são os primeiros nos tempos modernos, mas não em todos os tempos, a ser acompanhados de imagens, além do que são chamados de "pintas" – isto é, imagens pertencentes aos números dos vários naipes. Essas imagens respondem aos significados adivinhatórios extraídos de várias fontes. Para resumir, portanto, a presente divisão desta Chave é dedicada aos Trunfos Maiores; ela elucida seus símbolos em relação à intenção superior e com referência aos desenhos no baralho. A terceira parte dará o significado adivinhatório das 78 cartas do Tarô, com especial referência aos desenhos dos Arcanos Menores. E dará, por fim, alguns modos de uso para aqueles que necessitam e no sentido da razão que já expliquei no prefácio.

---

46. A citação de Waite vem do poema "Epistle to a Young friend", de Robert Burns (1759-1796), conhecido como Bardo de Ayrshire e considerado o principal poeta da Escócia. (N. do RT.)

O que se segue deve ser tomado, para fins de comparação, como a descrição geral dos velhos Trunfos do Tarô na primeira parte. Será visto que a carta Zero (0) do Louco está assentada, como sempre é, no lugar que a torna equivalente ao número 21. A organização é ridícula em primeira instância, o que não significa muito, e também errada no simbolismo, mas não se justifica nem quando assume o vigésimo segundo ponto da sequência. Etteilla reconheceu as dificuldades de ambas as atribuições, mas ele só piorou ao atribuir ao Louco o lugar geralmente ocupado pelo Ás de Ouros, como o último de toda a série do Tarô. Esse rearranjo foi seguido por Papus recentemente em O *Tarô Adivinhatório*[47], onde a confusão não tem tanta importância, pois as descobertas da leitura de sorte dependem das posições que as cartas assumem na leitura, não de um lugar original na sequência geral delas. Vi mais uma alocação do símbolo 0 que, sem dúvida, procede em certos casos, mas falha em relação aos planos mais elevados, e para nossos requisitos atuais seria inútil examiná-la a fundo.

---

47. As constantes menções que Waite faz a esse trabalho de Papus, apesar das várias críticas, fortalecem sua importância, sobretudo, como obra de difusão da Cartomancia. (N. do RT.)

2. Os Trunfos Maiores e Seu Simbolismo Interno

I. O MAGO

Uma figura jovem no manto de um mago, tendo o semblante do divino Apolo, com sorriso confiante e olhos brilhantes. Sobre sua cabeça está o misterioso sinal do Espírito Santo, o sinal da vida, como uma corda sem fim, formando a figura do 8 na posição horizontal (símbolo do infinito). Ao redor de sua cintura está uma serpente-cinturão, aquela que parece devorar a própria cauda. Isso é familiar para a maioria como símbolo convencional da eternidade, mas aqui indica, mais especialmente, a eternidade da realização no espírito. Na mão direita do Mago está uma varinha erguida em direção ao céu, enquanto a mão esquerda está apontando para a terra. Esse sinal duplo é conhecido nos graus muito elevados dos Mistérios;

mostra a descida da graça, da virtude e da luz, provenientes das coisas acima e derivadas das coisas abaixo.

A sugestão é, portanto, a posse e a comunicação dos Poderes e das Dádivas do Espírito. Sobre a mesa em frente ao Mago estão os símbolos dos quatro naipes do Tarô, significando os elementos da vida natural, que se encontram como peças de jogo diante do adepto e os quais ele manipula conforme deseja. Abaixo estão rosas e lírios, os *flos campi* e *lilium convallium*[48], transformados em flores de jardim, para mostrar o cultivo da aspiração. Esta carta significa a motivação divina no homem, refletindo Deus, a vontade na liberação da sua união com o que está acima. É também a unidade do ser individual em todos os planos e, em sentido muito elevado, o pensamento na fixação desses planos. Com relação ao que chamei de sinal da vida e sua conexão com o número 8, podemos lembrar que o Gnosticismo Cristão fala de renascimento em Cristo como mudança "para o Ogdóade[49]". O número místico é denominado Jerusalém de cima, a Terra que emana Leite e Mel, o Espírito Santo e a Terra do Senhor. De acordo com o Martinismo, 8 é o número de Cristo.

---

48. Flor do campo e lírio do vale, respectivamente. (N. do RT.)
49. Do grego ογδοάς, Ogdóade significa "óctuplo" e é um complexo conceito gnóstico que simboliza, em poucas palavras, um oitavo terreno acima das sete esferas concebidas pela Astronomia antiga. (N. do RT.)

II. A SACERDOTISA

Ela tem o crescente lunar aos pés, um diadema com chifres na cabeça, com um globo no meio, e uma grande cruz solar sobre o peito. No pergaminho em suas mãos está inscrita a palavra *Tora*, significando a Lei Maior, a Lei Secreta, e o segundo sentido da Palavra. Está parcialmente coberta pelo manto, para mostrar que algumas coisas estão implícitas, e outras, ditas. Está sentada entre os pilares branco e preto – J. e B. – do Templo místico, e o véu do Templo está por trás dela: é bordado com palmas e romãs. As vestes são fluidas e leves, e o manto sugere luz – um brilho radiante. Ela foi chamada de Ciência oculta às portas do Santuário de Ísis, mas é realmente a Igreja Secreta, a Casa que é de Deus e do homem. Representa também o Segundo Casamento do Príncipe, que não é mais deste mundo; é a Noiva e a Mãe espiritual, a filha das estrelas e o Jardim Supremo do Éden. É, enfim, a Rainha da luz emprestada, mas esta é a luz de todos. É a Lua alimentada pelo leite da Grande Mãe.

De certa maneira, ela mesma é também a Grande Mãe – ou seja, é o reflexo brilhante. É nesse sentido de reflexão que seu nome mais verdadeiro e elevado em simbolismo é *Shekinah* – a glória coabitante. De acordo com a Cabala, há uma *Shekinah* acima e uma abaixo. No mundo superior, ela é chamada de *Binah*, o Entendimento Superior que reflete as emanações que estão abaixo. No mundo inferior, é *Malkuth* – este mundo sendo, para esse propósito, compreendido como um Reino abençoado, que se torna abençoado pela Glória que Habita em Nós. Misticamente falando, *Shekinah* é a Noiva Espiritual do homem justo, e, quando ele lê a Lei, ela dá o Divino significado. Há alguns aspectos nos quais esta carta é o mais elevado e o mais sagrado dos Arcanos Maiores.

III. A IMPERATRIZ

Uma figura majestosa, sentada, com vestes ricas e aspecto de realeza, como o de uma filha do céu e da terra. Seu diadema tem doze estrelas, reunidas em um conjunto. O símbolo de Vênus está no escudo que repousa perto dela. Um campo de trigo amadurece à sua frente, e, mais ao longe, há uma queda d´água. O cetro que ela segura é coroado por um globo deste mundo. Ela é o Jardim do Éden inferior, o Paraíso Terrestre, tudo o que é simbolizado pela casa visível do homem. Não é o *Regina Coeli*, mas ainda é *refugium peccatorum*, a mãe fecunda de milhares.

Existem também certos aspectos em que ela foi corretamente descrita como o desejo e suas asas, como a mulher vestida com o sol, como *Gloria Mundi* e o véu do *Sanctum Sanctorum*; mas ela não é, posso acrescentar, a alma que conquistou asas, a menos que todo o simbolismo seja contado de outra maneira incomum. É acima de tudo, a fecundidade universal e o sentido externo da Palavra. Isso é óbvio, porque não há mensagem direta que tenha sido dada ao homem como aquela que nasce de uma mulher; mas ela mesma não carrega sua interpretação.

Em outra ordem de ideias, a carta da Imperatriz significa a porta ou o portão pelo qual se obtém uma entrada para esta vida, assim como para o Jardim de Vênus, e, então, o caminho que leva para fora dele, para o que está além; é o segredo conhecido pela Sacerdotisa: é comunicado por ela ao eleito. A maioria das antigas atribuições desta carta são completamente erradas quanto ao simbolismo – por exemplo, sua identificação com a Palavra, a Natureza Divina, a Tríade, e assim por diante.

IV. O IMPERADOR

Ele tem forma de *Cruz Ansata* pelo cetro e um globo na mão esquerda. É um monarca coroado – comandante, imponente, sentado em um trono, cujos braços terminam fronteados por cabeças de carneiros. É executivo e realizador, o poder deste mundo, aqui vestido com o mais elevado dos atributos naturais. É ocasionalmente representado sentado em uma pedra cúbica, que, no entanto, confunde algumas das questões. É o poder viril, ao qual a Imperatriz responde, e, nesse sentido, é ele que busca remover o Véu de Ísis; mas ela continua *virgem intacta*.

Deve-se compreender que esta carta e a da Imperatriz não representam precisamente a condição da vida conjugal, embora esse conceito esteja implícito. Superficialmente, como indiquei, eles representam a realeza mundana, elevada aos assentos dos poderosos; mas, acima disso, há a sugestão de outra presença. Elas significam também – e especialmente a figura masculina – o reinado superior ocupando o trono intelectual. A esse respeito, indica o domínio do pensamento, não do mundo animal. Ambas as personalidades, à sua própria maneira, são "plenos de experiências estranhas", mas as deles não são conscientemente a sabedoria que emana de um mundo superior. O Imperador tem sido descrito como (a) a vontade na forma encarnada, mas essa é apenas uma de suas aplicações, e (b) como expressão das virtualidades contidas no Ser Absoluto – mas isso é fantasia.

V. O HIEROFANTE

Ele usa a coroa tripla e está sentado entre dois pilares, mas não são aqueles do Templo guardado pela Sacerdotisa. Na mão esquerda segura um cetro terminando na cruz tríplice e, com a direita, dá o conhecido sinal eclesiástico chamado de esotérico, diferenciando a parte manifesta da oculta pela doutrina. É notável, nessa comparação, que a Sacerdotisa não faz nenhum sinal. Aos seus pés estão as chaves cruzadas; e dois ministros sacerdotais em vestes cerimoniais ajoelham-se diante dele. Ele tem sido geralmente chamado de Papa, aplicação particular do cargo mais geral que ele simboliza. É o poder regulador da religião externa, assim como a Sacerdotisa é o gênio predominante do poder esotérico, velado. Os significados apropriados desta carta sofreram lastimável mescla de quase todas as mãos. Grand Orient diz corretamente que o Hierofante é o poder das chaves, a doutrina ortodoxa exotérica e o lado externo da vida que leva à doutrina; mas ele certamente não é o príncipe da doutrina oculta, como outro comentarista sugeriu.

É mais o *summa totius theologiae*⁵⁰, quando passou para a máxima rigidez de expressão; mas simboliza também todas as coisas corretas e sagradas no lado manifesto. Como tal, é o canal da graça pertencente ao mundo da instituição distinto do mundo da Natureza, e é o líder da salvação para a raça humana em geral. É a ordem e o chefe da hierarquia reconhecida, que é o reflexo de outra e maior ordem hierárquica; mas pode ocorrer que o pontífice esqueça o significado desse seu estado simbólico e aja como se contivesse, dentro das próprias medidas, tudo o que seu sinal significa ou seu símbolo procura mostrar. Ele não é, como se tem pensado, a filosofia – exceto no lado teológico; não é inspiração; e não é religião, embora seja um modo de sua expressão.

---

50. A soma de todo o conhecimento teológico. Não à toa, a expressão usada por Waite faz referência ao título da reunião da obra de São Tomás de Aquino, publicada em 1604. (N. do RT.)

VI. OS ENAMORADOS

O sol brilha no zênite, e abaixo está uma grande figura alada com os braços estendidos, derramando suas bênçãos. Em primeiro plano estão duas figuras humanas, masculina e feminina, desveladas uma diante da outra, como Adão e Eva quando ocuparam, pela primeira vez, o paraíso do corpo terreno. Atrás do homem está a Árvore da Vida, com doze frutos, e a Árvore do Conhecimento do Bem e do Mal está atrás da mulher, com a serpente enroscada ao redor dela. As figuras sugerem juventude, virgindade, inocência e amor, antes de ser contaminado pelo grosseiro desejo material. Esta é, em toda simplicidade, a carta do amor humano, aqui exibido como parte do caminho, da verdade e da vida. Ela substitui, por meio do recurso aos primeiros princípios, a antiga carta do casamento, que descrevi anteriormente, e as tolices mais recentes que retratam o homem entre o vício e a virtude. Em sentido muito superior, a carta é um mistério do Pacto e do Sabá.

A sugestão a respeito da mulher é que ela significa a atração pela vida sensível, que carrega em si a ideia da Queda do Homem, mas ela é mais a atuação de uma Lei Secreta da Providência que uma tentadora voluntária e consciente. É por meio de seu suposto lapso que o homem por fim emergirá e, somente por ela, poderá se completar. A carta é, portanto, a seu modo, outra sugestão sobre o grande mistério da feminilidade. Os significados antigos inevitavelmente desmoronam-se com as imagens antigas, mas, mesmo como interpretações destas últimas, alguns deles eram da ordem do lugar-comum, e outros, falsos em simbolismo.

VII. O CARRO

Uma figura ereta e principesca carregando uma espada desembainhada e correspondendo, em termos gerais, à descrição tradicional que dei na primeira parte. Sobre os ombros do herói vitorioso supõe-se que estejam o *Urim* e o *Tumim*. Ele liderou cativo o cativeiro; é conquista em todos os planos – na mente, na ciência, no progresso, em certas provações iniciáticas. Ele assim respondeu à esfinge, e é por isso que aceitei a variação de Éliphas Lévi; duas esfinges puxam sua carruagem. Ele é, acima de tudo, o triunfo na mente.

Deve-se entender, por essa razão: (a) que a pergunta da esfinge está relacionada a um Mistério da Natureza, não do mundo da Graça, ao qual o cocheiro não pode oferecer nenhuma resposta; (b) que os planos de sua conquista são manifestos ou externos, não internos a ele; (c) que a libertação que ele proporciona pode deixá-lo na escravidão do entendimento lógico; (d) que o teste de iniciação pelo qual ele passou triunfante deve ser compreendido física e racionalmente; (e) que, se chegasse às colunas daquele Templo, entre as quais a Sacerdotisa está sentada, ele não poderia abrir o pergaminho chamado *Tora*, nem se ela o questionasse ele poderia responder. Ele não é da realeza hereditária nem sacerdote.

VIII. FORÇA, OU FORTITUDE

A FORÇA

Uma mulher, sobre cuja cabeça paira o mesmo símbolo da vida que vimos na carta do Mago, está fechando as mandíbulas de um leão. O único ponto no qual este desenho difere das apresentações convencionais é que seu benéfico empenho já subjugou o leão, que está sendo guiado por uma guirlanda de flores. Por razões que agradam a mim, esta carta foi trocada com a da Justiça, geralmente associada ao número oito. Como a variação não carrega em si nenhum significado para o leitor, não há por que ser explicada[51]. A Fortitude, em um de seus aspectos mais exaltados, é conectada com o Divino Mistério da União; a virtude, é claro, opera em todos os planos e, portanto, em tudo se baseia em seu simbolismo. Ela se conecta também à *innocentia inviolata* e à força que reside na contemplação.

Esses significados superiores são, entretanto, questões de inferência, e não sugiro que sejam aparentemente claros na carta. São insinuados de maneira velada pela corrente de flores, que significa, entre muitas outras coisas, o doce jugo e o leve fardo da Lei Divina, quando levada ao fundo do coração. A carta não tem nada a ver com autoconfiança no sentido comum, embora isso tenha sido sugerido – mas diz respeito à confiança daqueles cuja força é Deus e encontraram seu refúgio Nele. Há um aspecto no qual o leão significa as paixões, e ela, que é chamada Força, é a natureza superior em sua liberação. Ela caminhou sobre a serpente venenosa e o basilisco e pisou sobre o leão e o dragão.

---

[51]. Ao contrário do que Waite poderia um dia supor, essa alteração, aparentemente irrelevante, se tornaria um dos pontos de maior especulação e discussão em termos esotéricos. Além das associações de cunho iniciático e cabalístico a que foram atribuídas essa troca, a grande maioria dos baralhos inspirados neste Tarô passaram a assumir a alteração numérica entre a Justiça e a Força, costume em voga até mesmo nos dias atuais. Quando se vê um baralho com a Justiça sendo 11 e a Força como 8, deduz-se que seus criadores se inspiraram na postura deliberada de Waite. Em todo caso, é importante dizer que, sejam quais forem as posições desses dois arcanos, seus significados e atributos se mantêm, tanto individualmente quanto em uma leitura oracular. Uma das mais consistentes abordagens sobre o assunto é a de Hajo Banzhaf (1949-2009) no livro *As Chaves do Tarô* (Pensamento, 2ª edição, 2023), em que discorre sobre a mística dos números 8 e 11 e as implicações práticas da mudança imposta por Waite. (N. do RT.)

IX. O EREMITA

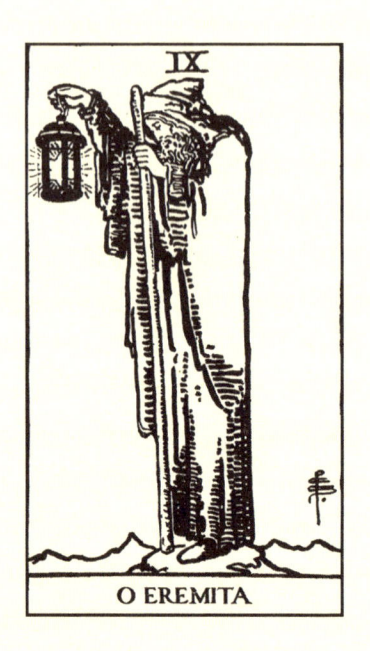

A variação dos modelos convencionais nesta carta é apenas que a lamparina não está parcialmente envolta no manto de seu portador, que mistura a ideia do Ancião dos Dias com a Luz do Mundo[52]. É uma estrela o que brilha na lanterna. Comentei que essa carta é de realização, e, para expandir esse conceito, a figura é vista segurando seu farol em uma colina. Portanto, o Eremita não é, como Court de Gébelin explicou, um homem sábio em busca da verdade e da justiça; nem é, como uma explicação mais recente propõe, um exemplo particular de experiência. Sua luz insinua que "onde estou, você também pode estar".

É ainda uma carta compreendida muito incorretamente quando associada à ideia de isolamento oculto, como a proteção do magnetismo pessoal contra a miscigenação. Essa é uma das mais frívolas interpretações que devemos a Éliphas Lévi. Ela foi adotada pela Ordem Francesa do Martinismo, e alguns de

---

[52]. As duas expressões são bíblicas e se referem a Deus e a Jesus, respectivamente. (N. do RT.)

nós ouvimos bastante sobre a Filosofia Silenciosa e Desconhecida encoberta por seu manto do conhecimento do profano. No verdadeiro Martinismo[53], o significado do termo *Philosophe inconnu*[54] era de outra ordem. Ele não se referia à ocultação intencional dos Mistérios, muito menos dos seus substitutos, mas – como a própria carta – à verdade de que os Mistérios Divinos asseguram a própria proteção contra aqueles que não estão preparados.

---

53. Waite faz clara distinção entre a Ordem Francesa do Martinismo, fundada por Papus e Augustin Chabouseau em 1886, e o "verdadeiro Martinismo", corrente esotérica judaico-cristã cunhada pelo maçom J. Martinez de Pasqually por volta de 1750. (N. do RT.)
54. Mesmo sendo o título de honra de Louis Claude de Saint-Martin, discípulo de Pasqually e inspiração direta para os tratados de Éliphas Lévi, Waite se refere ao "filósofo desconhecido" ou "agente oculto", conforme era chamada a entidade invocada no Ritual do Elus Cohen (ou dos Sacerdotes Eleitos), ministrado por Pasqually. (N. do RT.)

X. A RODA DA FORTUNA

Neste símbolo, segui novamente a reconstrução de Éliphas Lévi, que forneceu inúmeras variantes. É legítimo – como sugeri – usar o simbolismo egípcio quando isso serve ao nosso propósito, desde que nenhuma teoria sobre a origem esteja implícita na carta. Entretanto, apresentei Tifão na forma de serpente. O simbolismo, é claro, não é exclusivamente egípcio, pois os Quatro Seres Viventes de Ezequiel que ocupam os ângulos da carta e a roda em si seguem outras indicações de Lévi a respeito da visão de Ezequiel como ilustrativas dessa Chave do Tarô. Para o ocultista francês, e no desenho em si, a imagem simbólica representa o movimento perpétuo de um universo fluídico e o fluxo da vida humana. A Esfinge é o equilíbrio em si mesma. A transliteração do *Tarô* como *Rota* está inscrita na roda, intercalada com as letras do Nome Divino – para mostrar que a Providência é imposta a todos. Mas essa é a intenção Divina interna, e a intenção similar externa é exemplificada pelos Quatro Seres Viventes. Às vezes, a esfinge é representada agachada em um pedestal acima, o que frauda o simbolismo, tornando estúpida a ideia essencial de estabilidade em meio ao movimento.

Por trás da noção geral expressa no símbolo reside a negação do acaso e da fatalidade nele implícita. Pode-se acrescentar que, dos dias de Lévi em diante, as explicações ocultas dessa carta são – inclusive para o próprio ocultismo – de uma espécie singularmente factual. Foi dito que significa princípio, fecundidade, honra viril, autoridade dominante etc. As descobertas da leitura da sorte comum são melhores que isso, a seu próprio modo.

XI. A JUSTIÇA

Como esta carta segue o simbolismo tradicional e carrega, acima de tudo, seus significados óbvios, há pouco a dizer sobre ela além das poucas considerações reunidas na primeira parte, à qual o leitor pode se encaminhar.

Será visto, no entanto, que a figura está sentada entre pilares, como a Sacerdotisa, por isso parece desejável indicar aquele princípio moral que trata a cada homem de acordo com suas obras – ao passo que, é claro, está em estrita analogia com coisas superiores; difere, em essência, da justiça espiritual, envolvida na ideia de escolha. Esta última pertence à misteriosa ordem da Providência, em virtude da qual é possível, para certos homens, conceber a ideia da dedicação às coisas superiores. O funcionamento disso é como a respiração do Espírito onde ele quer, e não temos um cânone de crítica ou fundamento de explicação a respeito dele. Isso é análogo à posse dos dons das fadas e dos dons elevados e dos dons graciosos do poeta: ou os temos ou não; e sua presença é tão misteriosa quanto sua ausência. A lei da Justiça, no entanto, não é envolvida por qualquer uma das alternativas. Concluindo, os pilares da Justiça abrem-se para um mundo, e os da Sacerdotisa, para outro.

XII. O PENDURADO

A forca pela qual ele está suspenso forma uma cruz *Tau*, enquanto a figura – pela posição das pernas – forma uma cruz gamada[55]. Há uma auréola sobre a cabeça desse aparente mártir. Deve-se notar (1) que a árvore do sacrifício é de madeira viva, com folhas nela; (2) que a face expressa transe profundo, não sofrimento; (3) que a figura como um todo sugere a vida em suspensão, mas vida, não morte. É uma carta de profundo significado, mas todo ele é velado. Um dos editores sugere que Éliphas Lévi não sabia o significado da carta, o que é inquestionável, já que nem o próprio editor sabia. Ela tem sido falsamente chamada de carta de martírio, carta

---

[55]. A cruz gamada, em inglês "fylfot cross", é associada à suástica e remete ao símbolo original, sagrado para as religiões orientais, simbolizando, por exemplo, o movimento do sol, o *dharma*, a harmonia universal, o equilíbrio entre os opostos. Waite alude a esse símbolo devido à posição da perna e do pé do Pendurado, ainda que não expresse por inteiro o antigo emblema. Ele é particularmente importante para o autor porque também representa, segundo os conceitos Rosa-Cruz, o Divino no Universo. Não há, portanto, qualquer alusão àquele símbolo apropriado, alterado e popularizado pelo movimento nazista. (N. do RT.)

de prudência, carta da Grande Obra, carta de dever; mas podemos esgotar todas as interpretações publicadas e encontrar apenas vaidade. Direi muito simplesmente, de minha parte, que ela expressa a relação, em um de seus aspectos, entre o Divino e o Universo.

Aquele que pode entender que a história de sua natureza superior está imbuída nesse simbolismo receberá declarações a respeito de um grande despertar, que é possível, e saberá que após o sagrado Mistério da Morte existe um glorioso Mistério da Ressurreição.

XIII. A MORTE

O véu ou a máscara da vida é perpetuado na mudança, na transformação e na passagem do inferior para o superior, e isso é mais apropriadamente representado no Tarô retificado por uma das visões apocalípticas que pela noção crua do esqueleto ceifador. Por trás dele está todo o mundo da ascensão no espírito. O misterioso cavaleiro move-se lentamente, segurando uma bandeira estampada com o brasão da Rosa Mística, que significa vida. Entre dois pilares à beira do horizonte brilha o sol da imortalidade. O cavaleiro não carrega nenhuma arma visível, mas rei, criança e donzela caem diante ele, enquanto um prelado com as mãos unidas aguarda seu fim.

Não deveria haver necessidade de salientar que a sugestão da morte que fiz em conexão com a carta anterior, obviamente, é para ser compreendida misticamente, mas esse não é o caso na presente instância. A transição natural do homem para o próximo estágio da existência é, ou pode ser, uma forma do seu progresso, mas a entrada exótica e quase desconhecida, ainda nesta vida, para o estado de morte mística é uma mudança na forma de consciência e a passagem para um estado para o qual a morte comum não é nem o caminho nem a porta. As explicações ocultas existentes sobre a décima terceira carta são, no geral, melhores que as habituais: renascimento, criação, destino, renovação e descanso.

XIV. A TEMPERANÇA

Um anjo alado, com o sinal do sol sobre a testa, e sobre o peito, o quadrado e o triângulo do septenário. Falo dele no masculino, mas a figura não é masculina nem feminina. Considera-se que esteja derramando as essências da vida de cálice para cálice. Tem um pé sobre a terra e outro sobre as águas, ilustrando, assim, a natureza das essências. Um caminho direto vai até certas alturas à beira do horizonte, e acima há uma grande luz, através da qual uma coroa é vista vagamente. Aqui está parte do Segredo da Vida Eterna, conforme é possível ao homem em sua encarnação. Todos os emblemas convencionais são renunciados nessa carta.

Assim como também os significados convencionais, que se referem às mudanças nas estações, ao movimento perpétuo da vida e até mesmo à combinação de ideias. Além disso, é falso dizer que a figura simboliza o gênio do sol, embora seja a analogia da luz solar, realizada na terceira parte da nossa triplicidade humana. Chama-se Temperança fantasticamente porque, quando sua influência impera em nossa consciência, ela modera, combina e harmoniza as naturezas psíquica e material. Sob sua inspiração, sabemos, em nossa parte racional, algo sobre de onde viemos e para onde estamos indo.

XV. O DIABO

O desenho é uma acomodação, o meio-termo ou a harmonia entre os vários aspectos mencionados na primeira parte.[56] O Bode Chifrudo de Mendes, com asas como as de um morcego, está de pé em um altar. Na boca do estômago está o sinal de Mercúrio. A mão direita está levantada e estendida, sendo o inverso daquela bênção dada pelo Hierofante na quinta carta. Na mão esquerda há uma grande tocha flamejante, invertida em direção à terra. Um pentagrama invertido está na testa. Há uma argola na frente do altar, a partir da qual duas correntes são levadas ao pescoço de duas figuras, masculina e feminina.

Elas são semelhantes àquelas da sexta carta, como se fossem Adão e Eva após a Queda. Por isso a corrente e a fatalidade da vida material.

---

[56]. Waite se refere, sobretudo, à versão de Lévi, aos desenhos italianos e franceses e à imagem de Gabriel Goulinat para O *Tarô Adivinhatório* de Papus. O Diabo desenhado por Pamela Colman Smith apresenta influências dessas três vias. (N. do RT)

As figuras têm caudas, para representar a natureza animal, mas há inteligência humana nos rostos, e aquele que é exaltado acima deles não será seu mestre para sempre. Mesmo agora, ele é também um servo, sustentado pelo mal que há nele e cego para a liberdade da servidão. Com mais escárnio que o normal pelas artes que ele fingiu respeitar e interpretar como mestre delas, Éliphas Lévi afirma que a figura Bafomética[57] é a ciência oculta e a magia.

Outro comentarista diz que no mundo Divino ela significa predestinação, mas não há correspondência naquele mundo com as coisas que abaixo pertencem aos brutos.

O que ele significa é o Habitante do Umbral, fora do Jardim Místico, quando foram expulsos aqueles que comeram do fruto proibido.

---

57. Nota-se que Waite não alude diretamente à figura de Baphomet, conforme descrita e difundida por Lévi, a quem o autor tece críticas severas, mas a um desenho com suas características. Waite considera um escárnio de Lévi a associação da magia e da ciência oculta à figura comum do Diabo, tida popularmente como representação do mal. (N. do RT.)

XVI. A TORRE

As explicações ocultas ligadas a esta carta são escassas e, a maioria delas, desconcertantes. É redundante indicar que ela retrata ruína em todos os aspectos, já que ostenta essa evidência à primeira vista. Diz-se ainda que contém a primeira alusão a uma edificação material, mas não penso que a Torre seja mais ou menos física que os pilares que encontramos em três casos anteriores. Não vejo nada que justifique Papus supor que seja, literalmente, a queda de Adão, mas há mais a favor de sua alternativa – que ela signifique a materialização da palavra espiritual. O bibliógrafo Christian[58] imagina que ela seja a queda da mente buscando penetrar no mistério de Deus. Concordo mais com Grand Orient que ela seja a ruína da Casa da Vida[59], quando o mal ali prevalece, e, acima de tudo, que é a quebra de uma

---

58. Waite se refere ao escritor francês Paul Christian, pseudônimo de Jean-Baptiste Pitois (1811--1877), autor de *Histoire de la Magie*, publicado em 1870 e sem tradução para o português. (N. do RT.)
59. Do egípcio *per ankh*, a Casa da Vida seria uma instituição educacional onde era ministrada as ciências médicas, matemáticas e astronômicas. Funcionava, também, como biblioteca, oficina e arquivo para os escribas. A Casa de Doutrina, entretanto, faz referência a um templo religioso. (N. do RT.)

Casa de Doutrina[60]. Entendo que a referência é, no entanto, a uma Casa da Falsidade. Ela ilustra também, da maneira mais abrangente, a velha verdade que, "Se o Senhor não edifica a casa, trabalham em vão os que a edificam".

Existe um sentido em que a catástrofe é reflexo da carta anterior, mas não no lado do simbolismo que tentei indicar nela. É mais corretamente uma questão de analogia; um diz respeito à queda no âmbito material e animal, enquanto o outro significa destruição no sentido intelectual. A Torre tem sido mencionada como o castigo do orgulho e do intelecto oprimido na tentativa de penetrar o Mistério de Deus; porém, em nenhum dos casos essas explicações levam em conta as duas pessoas que são as criaturas sofredoras. Uma é a palavra literal invalidada, e a outra é sua falsa interpretação. E ainda, em sentido mais profundo, pode significar também o fim de um sistema político ou religioso, mas não há possibilidade aqui para considerar uma questão complexa como essa.

---

60. Refere-se ao conceito bíblico de tabernáculo, considerado uma habitação de Deus na Terra. (N. do RT.)

XVII. A ESTRELA

Uma grande e radiante estrela de oito raios, cercada por sete estrelas menores – também de oito raios. A figura feminina em primeiro plano está inteiramente nua. Seu joelho esquerdo está sobre a terra, e seu pé direito, na água. Ela derrama a Água da Vida de dois grandes jarros, irrigando mar e terra. Atrás dela há um terreno elevado, e à esquerda, um arbusto ou árvore, onde um pássaro pousa. A figura expressa beleza e juventude eternas. A estrela é *l'étoile flamboyante*, que aparece no simbolismo maçônico, mas nele foi confundida. O que a figura comunica ao cenário vivo é a substância dos céus e dos elementos. Foi dito verdadeiramente que os lemas desta carta são "Águas da Vida servida de graça"[61] e "Dons do Espírito".

---

61. As expressões são bíblicas. A primeira, que no original em inglês é "Waters of Life freely", vem de "O Espírito e a esposa dizem: Vem. E quem ouve, diga: Vem. E quem tem sede, venha; e quem quiser, tome de graça da água da vida" (Apocalipse 22:17). A segunda, do inglês "Gifts of Spirit", alude a "Ao mesmo tempo, por meio de sinais de poder e maravilhas e outros milagres, Deus confirmou o testemunho deles. E, de acordo com a Sua vontade, distribuiu também os dons do Espírito Santo" (Hebreus 2:4). (N. do RT.)

O resumo de várias explicações vulgares diz que é uma carta de esperança. Em outros planos, foi certificada como imortalidade e luz interior. Para a maioria das mentes preparadas, a figura aparecerá como imagem da Verdade revelada, gloriosa em beleza imortal, despejando sobre as águas da alma alguma parte e medida de seu bem inestimável. Mas ela é, na realidade, a Grande Mãe na *Sephirah* Cabalística *Binah*, que é o Entendimento Superior, que se comunica com as *Sephiroth* que estão abaixo, na medida em que podem receber seu influxo.

XVIII. A LUA

A distinção entre esta carta e algumas dos tipos convencionais é que a Lua está crescendo no que é chamado de lado da misericórdia, à direita do observador. São dezesseis raios principais e dezesseis raios secundários. A carta representa a vida da imaginação separada da vida do espírito. O caminho entre as torres é o rumo ao desconhecido. O cão e o lobo são os temores da mente natural na presença daquele local de saída, quando há apenas a luz refletida para guiá-la.

A última referência é uma chave para outra forma de simbolismo. A luz intelectual é uma reflexão, e, além dela, está o mistério desconhecido que não pode se mostrar. Ela ilumina nossa natureza animal, na forma dos seres representados abaixo – o cão, o lobo e aquele que emerge das profundezas, a tendência sem nome e hedionda inferior à besta selvagem. Ela se esforça para alcançar a manifestação, simbolizada pelo rastejo do abismo de água para a terra, mas, como é de praxe, afunda de volta para onde veio. A face da mente dirige um olhar calmo sobre a agitação abaixo; o orvalho do pensamento cai; a mensagem é: Paz, aquietem-se; e pode ser que venha uma calma sobre a natureza animal, enquanto o abismo abaixo deixa de gerar uma forma.

XIX. O SOL

A criança nua montada em um cavalo branco e exibindo um estandarte vermelho já foi mencionada como o melhor simbolismo ligado a esta carta. É o destino do Oriente Sobrenatural e a grande e sagrada luz que precede a interminável procissão da humanidade, saindo do jardim murado da vida sensível e avançando na jornada para casa. A carta significa, portanto, o trânsito da luz manifesta deste mundo, representada pelo glorioso sol da terra, para a luz do mundo vindouro, que precede a aspiração e é representada pelo coração de uma criança.

Mas a última alusão é novamente a chave para uma forma ou um aspecto diferente do simbolismo. É o sol da consciência no espírito – a luz direta em antítese à refletida. O tipo característico da humanidade tornou-se uma criança pequena – uma criança, no sentido de simplicidade, e inocência, no sentido de sabedoria.

Nessa simplicidade, ele carrega o selo da Natureza e da Arte; naquela inocência, ele significa o mundo restaurado. Quando o espírito autoconsciente amanhece na consciência acima da mente natural, essa mente em renovação conduz a natureza animal a um estado de perfeita conformidade.

XX. O JULGAMENTO FINAL

Tenho dito que este símbolo é essencialmente invariável em todos os conjuntos de Tarô ou que, pelo menos, as variações não alteram seu caráter. O grande anjo está aqui rodeado de nuvens, mas ele sopra sua trombeta flamulada, e a cruz, como de costume, é exibida na bandeira. Os mortos estão se levantando de seus túmulos – uma mulher à esquerda, um homem à direita, e, entre eles, seu filho, cujas costas estão viradas.

Mas nesta carta há mais de três pessoas restauradas, e considera-se que essa variação vale a pena para ilustrar a insuficiência das representações frequentes. Deve-se notar que todas as figuras se unem em admiração, adoração e êxtase expressos por suas atitudes. É a carta que registra a realização da grande obra da transformação em resposta à convocação do Divino, que é ouvida e atendida no íntimo.

Eis a sugestão de um significado que não pode muito bem ser levado adiante no presente local. O que é isso dentro de nós que faz soar uma trombeta e tudo o que é inferior em nossa natureza emerge em resposta – quase em um instante, quase num piscar de olhos? Que a carta continue a retratar, para aqueles que não podem ver mais além, o Juízo Final e a ressurreição no corpo natural; mas aqueles que têm olhos internos, que olhem e descubram a partir deles. Eles compreenderão que ela foi chamada no passado, com razão, de carta da vida eterna, e, por esse motivo, pode ser comparada ao que ocorre sob o nome de Temperança.

XXI. O MUNDO

Como esta mensagem final dos Trunfos Maiores está inalterada – e, sem dúvida, é imutável – no que diz respeito ao desenho, ela já foi parcialmente descrita em relação ao seu sentido mais profundo.

Ela representa também a perfeição e o fim do Cosmos, o segredo que está dentro dele, o êxtase do Universo quando ele se compreende em Deus. É, ainda, o estado da alma na consciência da Visão Divina, refletida a partir do espírito autoconsciente. Mas esses atributos não prejudicam o que comentei a respeito do lado material dela.

Há mais de uma mensagem no âmbito microcósmico e é, por exemplo, o estado do mundo restaurado quando a lei da manifestação tiver sido levada ao mais alto grau de perfeição natural. Mas talvez seja mais uma história do passado, referindo-se àquele dia em que tudo foi declarado bom, quando as estrelas da manhã cantaram em conjunto e todos os Filhos de Deus bradaram em júbilo. Uma das piores explicações é a de que a figura simboliza o Mago quando ele alcançou o mais alto grau de iniciação; outro relato diz que representa o absoluto, que, por sua vez, é ridículo. Foi dito que a figura representa a Verdade, que é, no entanto, mais adequado à décima sétima carta. Por último, ela foi chamada de Coroa dos Magos.

0. O LOUCO

Com passo leve, como se a terra e seus grilhões tivessem pouco poder para contê-lo, um jovem em vestes deslumbrantes para à beira de um precipício entre as grandes alturas do mundo; ele examina a distância azul diante dele – toda a vastidão do céu em vez da perspectiva abaixo. Seu ato de andar ansioso ainda é indicado, embora ele esteja parado naquele dado momento; e seu cão ainda está pulando.

A beira que se abre sobre as profundezas não traz terror; é como se os anjos estivessem aguardando para segurá-lo, se acontecesse de saltar das alturas. Seu semblante é pleno de inteligência e sonho esperançoso. Ele tem uma rosa em uma mão e na outra uma varinha preciosa, da qual pende sobre seu ombro direito uma bolsa curiosamente bordada. Ele é um príncipe do outro mundo em suas viagens através deste – tudo em meio à glória da manhã, ao ar livre. O sol, que brilha atrás dele, sabe de onde ele veio, para onde está indo e como retornará por outro caminho, depois de muitos dias. Ele é o espírito em busca de experiência. Muitos símbolos dos Mistérios estão contidos nessa carta, que reverte, sob altas garantias, todas as confusões que a precederam.

No seu *Manual de Cartomancia*, Grand Orient tem uma sugestão curiosa do ofício de Louco Místico, como parte de seu processo de adivinhação superior; mas pode exigir mais que dons normais para colocá-lo em funcionamento. Veremos como a carta se sai de acordo com as artes populares da leitura da sorte, e isso será um exemplo para aqueles que podem discernir, do fato, de outra forma tão evidente, que os Trunfos Maiores não tinham lugar originalmente nas artes dos jogos mediúnicos, em que cartas são usadas como fichas e pretextos. Das circunstâncias em que essa arte surgiu, no entanto, sabemos muito pouco. As explicações convencionais dizem que o Louco significa a carne, a vida sensorial, e, por uma sátira peculiar, seu nome secundário era, em certa época, o alquimista, retratando a loucura no mais insensato estágio.

3. Conclusão a Respeito das Chaves Maiores

Não houve qualquer tentativa, na classificação anterior, de apresentar o simbolismo no que é chamado de três mundos – da Divindade, do Macrocosmo e do Microcosmo. Um grande volume seria necessário para expansões desse tipo. Ocupei-me das cartas no plano superior de seus significados mais diretos para o ser humano, que – na vida material – está em busca das coisas eternas. O compilador do *Manual de Cartomancia* tratou-os sob três títulos: o Mundo da Prudência Humana, que não difere da adivinhação no lado mais sério; o Mundo da Conformidade, sendo a vida de devoção religiosa; e o Mundo da Realização, que é o do "progresso da alma em direção ao fim de sua pesquisa". Ele também fornece um processo triplo de consulta, de acordo com essas divisões, para o qual o leitor é encaminhado. Não tenho tal processo para oferecer, pois acho que muito mais pode ser ganho pela reflexão individual sobre cada um dos Trunfos Maiores. Também não adotei a atribuição predominante das cartas ao alfabeto hebraico – em primeiro lugar, porque não serviria de nada em um manual básico; em segundo lugar, porque quase toda atribuição é errada.[62] Por último, não tentei corrigir a posição das cartas em relação às outras; portanto, o Zero (0) aparece depois do número 20, mas tomei cuidado para não numerar o Mundo ou Universo de outra forma senão como 21. Onde quer que seja colocado, o Zero (0) é uma carta sem número.

Em conclusão quanto a esta parte, dou essas indicações adicionais sobre o Louco, que é, entre todos os símbolos, o que mais fala. Ele significa a jornada exterior, o estado da primeira emanação, as graças e a passividade do espírito. Sua bolsa está inscrita com sinais esmaecidos para mostrar que muitas memórias subconscientes são armazenadas na alma.

---

62. O próprio Waite deixa às claras sua posição em relação às atribuições das letras hebraicas aos arcanos, frequente até nos dias de hoje e sempre fonte de discussões e teorias diversas. Ainda que não haja consenso a respeito dessas atribuições, cada escola esotérica ou teórico cabalista defende suas posições. O que nos interessa, aqui, é determinar que não há necessidade expressa de fazer associações entre as cartas e o alfabeto hebraico para o funcionamento ou a eficácia do Tarô como ferramenta oracular. (N. do RT.)

PARTE III

O MÉTODO OBJETIVO DOS ORÁCULOS

1. Distinção Entre os Arcanos Maiores e Menores

Em relação à apresentação habitual, a ponte entre os Arcanos Maiores e Menores é fornecida pelas cartas da corte – Rei, Rainha, Cavaleiro e Escudeiro ou Valete; mas a distinção absoluta dos Trunfos Maiores é mostrada por seu caráter convencional. Que o leitor os compare com símbolos como o Louco, a Sacerdotisa, o Hierofante, ou – quase sem exceção – com qualquer um na sequência anterior, vai compreender minha definição. Não há nenhuma ideia especial associada à aparência delas com as cartas da corte comuns; elas são uma ponte de convenções, as quais formam uma transição para os simples pretextos das peças e dos números que as seguem.

Parece que passamos por completo pela região de significados superiores ilustrados por essas imagens vivas. Houve um período, no entanto, quando as cartas numeradas também eram imagens, mas tais recursos foram invenções esporádicas de artistas específicos e tinham desenhos convencionais do tipo clássico ou alegórico, diferente do que é tido como simbolismo, ou eles eram ilustrações – podemos dizer? – de modos, costumes e épocas. Eles eram, em uma palavra, ornamemtos e, como tal, não fizeram nada para elevar o significado dos Arcanos Menores ao nível dos Trunfos Maiores; além disso, tais variações são extremamente raras. Apesar disso, há rumores vagos sobre um significado mais elevado nas cartas menores, mas nada aconteceu até agora, mesmo na esfera da prudência que pertence aos círculos mais ocultos; estes, é verdade, têm certas variantes em relação aos valores adivinhatórios, mas não ouvi dizer que, na prática, oferecem melhores resultados.

Esforços como aqueles de Papus no *Tarô dos Boêmios* são extenuantes e meritórios à sua maneira; ele, particularmente, reconhece os elementos da Imanência Divina nos Trunfos Maiores e procura segui-los pela longa série de cartas menores, como se estas representassem filtragens do Mundo da Graça através do Mundo da Fortuna; mas Papus apenas produz um esquema arbitrário de divisão que ele próprio não leva adiante e recorre, por necessidade, a um esquema comum de adivinhação como substituto para constar na parte dos Arcanos Menores.

Agora, estou praticamente na mesma posição; mas não farei nenhuma tentativa aqui para salvar a situação baseando-me nas propriedades místicas dos números, como ele e outros tentaram. Devo reconhecer, prontamente, que os Trunfos Maiores pertencem às questões divinas da filosofia, mas tudo caminha para a leitura de sorte, uma vez que ainda não foi transmitido em outra linguagem; o curso assim adotado se presta à adivinhação e, se necessário, até aos jogos de azar, às coisas que pertencem a este universo particular das habilidades e ficam, então, separadas dos assuntos de outra ordem.

Nesta introdução livre ao assunto em questão, é necessário apenas acrescentar que a diferença entre os 56 Arcanos Menores e as cartas de baralho comuns não é apenas essencialmente leve, devido à substituição de Copas por Corações, e assim por diante, constituindo uma variação acidental, mas porque a presença de um Cavaleiro em cada um dos quatro naipes era característica, em certa época, de muitos baralhos comuns, quando esse personagem geralmente substituía a Rainha. No Tarô retificado que ilustra o presente manual, todas as cartas numeradas dos Arcanos Menores – com exceção apenas dos Ases – são decoradas com figuras ou imagens para ilustrá-las, mas sem esgotar os significados adivinhatórios atribuídos a elas.

Alguns daqueles dotados de faculdades reflexivas e perspicazes para além do senso comum – não falo aqui de clarividência – podem observar que em muitos dos Arcanos Menores existem vagas insinuações transmitidas pelos desenhos que parecem exceder os valores adivinhatórios estabelecidos. É desejável evitar equívocos especificando isso definitivamente, e exceto em casos raros – e somente por acidente –, as variações não devem ser consideradas sugestões de significado superior e extra-adivinhatório. Repito que esses Arcanos Menores não foram traduzidos para uma linguagem que transcenda a da adivinhação. Não estou inclinado a considerá-los pertencentes, nas formas atuais, a outro reino que não este; mas o campo de possibilidades adivinhatórias é inesgotável, devido à hipótese da arte, e os sistemas combinatórios de cartomancia indicam apenas um terço dos significados associados a esses emblemas quando em uso. Quando as imagens, neste caso, vão além dos significados convencionais, devem ser tidas como indícios de possíveis desdobramentos nas mesmas linhas, e essa é uma das razões pelas quais os recursos pictóricos fornecidos nos quatro naipes proverão grande ajuda à intuição. Os meros valores numéricos e as meras palavras dos significados são insuficientes por si mesmos; mas as imagens são como portas que se abrem para cômodos inesperados, ou como uma curva na estrada aberta, com ampla perspectiva à frente.

2. Os Arcanos Menores, ou os Quatro Naipes das Cartas de Tarô

Eles serão descritos de acordo com as respectivas classes, pelas imagens pertencentes a cada uma delas; e um compêndio de seus significados será fornecido por todas as fontes.

O Naipe de Paus

REI

REI DE PAUS

A natureza física e emocional à qual esta carta é atribuída é escura, ardente, ágil, animada, apaixonada, nobre. O Rei ergue um bastão florido e veste, como os três Reis dos demais naipes, aquilo que é chamado de gorro de preservação sob a coroa. Ele se conecta com o símbolo do leão, estampado na parte de trás do trono.

Significados adivinhatórios: homem moreno, amigável, homem do campo, geralmente casado, honesto, consciencioso. A carta sempre simboliza honestidade e pode significar notícias sobre uma herança inesperada a ser recebida em breve.

Invertida: bom, mas severo; austero, mas tolerante.

RAINHA

RAINHA DE PAUS

Os bastões, em todo o naipe, estão sempre com folhas, pois são cartas de vida e movimento. Emocionalmente e de outra forma, a personalidade da Rainha corresponde à do Rei, mas é mais magnética.

Significados adivinhatórios: mulher morena, mulher do campo, amigável, casta, amorosa, honrada. Se a carta ao lado dela simbolizar um homem, ela está bem-disposta em relação a ele; se for uma mulher, ela está interessada no consulente. Além disso, amor ao dinheiro ou certo sucesso nos negócios.

Invertida: boa, econômica, prestativa, útil. Significa também – mas em determinadas posições e na vizinhança de outras cartas tendendo a tais direções – oposição, ciúme, até mesmo engano e infidelidade.

CAVALEIRO

CAVALEIRO DE PAUS

Ele é mostrado como se em uma jornada, armado com um bastão curto, e, embora vestindo armadura, não está em missão de guerra. Está passando por montes ou pirâmides. O movimento do cavalo é uma chave para o caráter do cavaleiro e sugere o humor precipitado ou coisas relacionadas a isso.

Significados adivinhatórios: partida, ausência, fuga, emigração. Jovem moreno, amigável. Mudança de residência.

Invertida: ruptura, divisão, interrupção, discórdia.

VALETE

VALETE DE PAUS

Em um cenário semelhante ao anterior, um jovem está no ato de proclamação. Ele é desconhecido, porém fiel, e suas notícias são estranhas.

Significados adivinhatórios: jovem moreno, fiel, um amante, um enviado, um carteiro. Ao lado de um homem, ele dará testemunho favorável a respeito dele. Rival perigoso, se seguido pelo Valete de Copas. Ele tem as principais qualidades do seu naipe. Pode significar inteligência familiar.

Invertida: anedotas, anúncios, más notícias. Também indecisão e a instabilidade que a acompanha.

DEZ

Um homem oprimido pelo peso de dez cajados que está carregando.

Significados adivinhatórios: carta de muitos significados, e algumas das leituras não podem ser harmonizadas. Deixo de lado a que o conecta a honra e boa-fé. O principal significado é simplesmente opressão, mas também é sorte, ganho, qualquer tipo de sucesso e, então, a opressão dessas coisas. É também uma carta de falsa aparência, disfarce, perfídia. O lugar em que a figura se aproxima pode sofrer com as varas que carrega. O sucesso é invalidado se o Nove de Espadas a seguir; e, se for uma questão jurídica, de fato indica perda.

Invertida: contrariedades, dificuldades, intrigas e suas analogias.

NOVE

A figura se apoia em seu cajado e lança um olhar de expectativa, como aguardando um inimigo. Atrás estão outros oito bastões – eretos, em disposição ordenada, como uma cerca.

Significados adivinhatórios: a carta significa força em oposição. Se for atacada, a pessoa sustentará firme um ataque; e sua paliçada mostra que ela pode ser uma antagonista formidável. Com esse significado principal existem todos os possíveis acessórios – atraso, suspensão, adiamento.

Invertida: obstáculos, adversidade, calamidade.

OITO

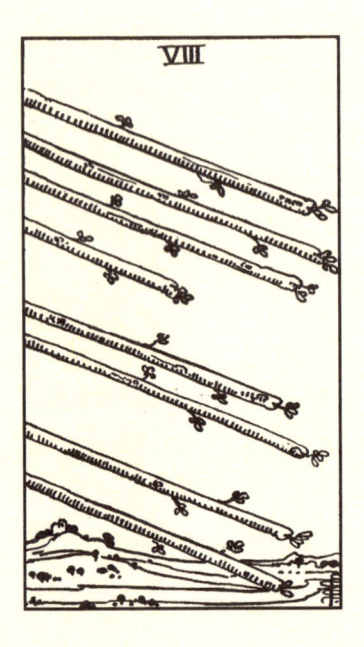

A carta representa movimento através do imutável – um voo de bastões através de um campo aberto; mas eles se dirigem para o final do percurso. O que significam está ao alcance, pode estar mesmo no limiar.

Significados adivinhatórios: atividade em empresas, trajetória de tal atividade; rapidez, como a de um mensageiro expresso; grande pressa, grande esperança, velocidade para um fim que promete felicidade certa; geralmente, aquilo que está em movimento; também as flechas do amor.

Invertida: flechas de ciúme, disputa interna, crises de consciência, brigas e disputas domésticas para pessoas casadas.

SETE

Um jovem no alto de um penhasco brandindo um bastão; seis outros bastões estão erguidos em direção a ele, vindos de baixo.

Significados adivinhatórios: é uma carta de valor, pois, na superfície, seis estão atacando um, que está, entretanto, em posição vantajosa. No plano intelectual, significa discussão, contenda prolixa; nos negócios, negociações, disputa comercial, permuta, competição. É também uma carta de sucesso, pois o combatente está no topo, e os inimigos podem ser incapazes de alcançá-lo.

Invertida: perplexidade, constrangimentos, ansiedade. Também é uma advertência contra indecisão.

SEIS

Um cavaleiro laureado carrega um bastão adornado com uma coroa de louros; soldados a pé, com bastões, seguem ao seu lado.

Significados adivinhatórios: a carta foi desenhada de modo que possa abranger diversos significados; aparentemente, é um vitorioso triunfando, mas também é uma grande notícia, como as que podem ser levadas à público pelo mensageiro do Rei; é a expectativa coroada com o próprio desejo, a coroa da esperança, e assim por diante.

Invertida: apreensão, medo, como de um inimigo vitorioso às nossas portas; traição, deslealdade, como de portas sendo abertas para o inimigo; também atraso indefinido.

CINCO

Um grupo de jovens está brandindo bastões como por esporte ou disputa. É uma imitação de guerra que corresponde aos seus atributos na adivinhação.

Significados adivinhatórios: imitação, por exemplo, uma luta fictícia, mas também uma vigorosa competição e a luta em busca de riquezas e fortuna. Nesse sentido, a carta se associa à batalha da vida. Daí algumas atribuições dizerem que é uma carta de ouro, ganho, opulência.

Invertida: litígio, disputas, trapaça, contradição.

QUATRO

Dos quatro grandes bastões plantados em primeiro plano há uma grande guirlanda suspensa; duas figuras femininas erguem buquês de flores; ao lado delas está uma ponte sobre um fosso, que leva a uma antiga casa senhorial.

Significados adivinhatórios: eles estão, praticamente, à primeira vista – vida no campo, refúgio acolhedor, espécie de casa de colheita, repouso, concórdia, harmonia, prosperidade, paz e trabalho bem-feito sob esses valores.

Invertida: o significado permanece inalterado: é prosperidade, aumento, felicidade, beleza, embelezamento.

TRÊS

Um personagem calmo e imponente, de costas, olhando da beira de um penhasco para os navios passando no mar. Três bastões estão fincados no chão, e ele se apoia levemente em um deles.

Significados adivinhatórios: ele simboliza força estabelecida, empreendimento, esforço, comércio, descoberta; aqueles são os navios dele, carregando sua mercadoria, navegando sobre o mar. A carta também significa cooperação habilidosa nos negócios, como se o bem-sucedido príncipe mercador estivesse olhando do lado dele em direção ao do leitor, como para ajudá-lo.

Invertida: fim dos problemas, suspensão ou fim da adversidade, labuta e decepção.

DOIS

Um homem alto olha do parapeito de um telhado sobre o mar e a praia; segura um globo na mão direita, enquanto um cajado à esquerda repousa sobre o parapeito; um outro está fixado em um anel. A Rosa, a Cruz e o Lírio podem ser vistos à esquerda.

Significados adivinhatórios: entre as leituras alternativas não há acordo possível; por um lado, riquezas, sorte e magnificência; por outro, sofrimento físico, doença, desgosto, tristeza, mortificação. O desenho dá uma sugestão: aqui está um senhor ignorando seus domínios enquanto contempla um globo; parece a doença, a mortificação, a tristeza de Alexandre em meio à grandeza da riqueza deste mundo.

Invertida: surpresa, admiração, encantamento, emoção, problema, medo.

ÁS

ÁS DE PAUS

Uma mão saída de uma nuvem agarra um bastão robusto ou uma clava.

Significados adivinhatórios: criação, invenção, empreendimento, os poderes que resultam deles; princípio, começo, fonte; nascimento, família, origem e, em certo sentido, a virilidade por trás disso; ponto de partida dos empreendimentos; de acordo com outra descrição, dinheiro, fortuna, herança.

Invertida: queda, decadência, ruína, perdição, perecimento e também certa alegria obscurecida.

O Naipe de Copas

REI

REI DE COPAS

Ele segura um cetro curto na mão esquerda e um grande cálice na direita; o trono está situado sobre o mar; de um lado, um veleiro está passando, e, do outro, um peixe salta. O implícito é que o símbolo do Cálice naturalmente se refere à água, que aparece em todas as cartas dessa corte.

Significados adivinhatórios: homem justo, homem de negócios, lei ou divindade; responsável, disposto a compelir o consulente; também equidade, arte e ciência, incluindo aqueles que professam a ciência, o direito e as artes; inteligência criativa.

Invertida: desonesto, homem que faz jogo duplo, traidor; abusador; extorsão, injustiça, vício, escândalo, roubo, perda considerável.

RAINHA

RAINHA DE COPAS

Bela, leal, sonhadora – como alguém que, quando observa um cálice, tem visões. Este é, no entanto, apenas um de seus atributos; ela vê, mas também age, e sua atividade alimenta seu sonho.

Significados adivinhatórios: mulher bondosa, justa; honesta, devotada, que prestará serviços ao consulente; inteligência emocional e, portanto, o dom da visão; sucesso, felicidade, prazer; também sabedoria, virtude; esposa perfeita e boa mãe.

Invertida: os significados variam: boa mulher ou, por outro lado, mulher distinta, mas não confiável; mulher perversa; vício, desonra, depravação.

CAVALEIRO

CAVALEIRO DE COPAS

Gracioso, mas não guerreiro; cavalga calmamente, usando um elmo alado, referindo-se às graças superiores da imaginação que por vezes caracterizam esta carta. Ele é também um sonhador, mas as imagens do lado do sensitivo o assombram em sua visão.

Significados adivinhatórios: chegada, aproximação – às vezes a de um mensageiro; avanços, proposta, conduta, convite, incitação.

Invertida: trapaça, artifício, sutileza, estelionato, falsidade, fraude.

VALETE

VALETE DE COPAS

Um valete fiel, agradável, um tanto efeminado, de aspecto estudioso e intencionado contempla um peixe surgindo de um cálice para olhá-lo. São as imagens da mente tomando forma.

Significados adivinhatórios: jovem leal, impelido a prestar serviço e a quem o consulente será atrelado; jovem estudioso; notícias, mensagens; aplicação, reflexão, meditação; esses valores também são direcionados aos negócios.

Invertida: gosto, inclinação, apego, sedução, decepção, artifício.

DEZ

A aparição dos Cálices em um arco-íris, contemplada em admiração e êxtase por um homem e uma mulher que estão abaixo e são, evidentemente, esposo e esposa. O braço direito do homem está em volta da mulher; o esquerdo está erguido para o alto; ela ergue o braço direito. As duas crianças dançando perto deles não observaram o fenômeno, mas estão felizes à sua maneira. Mais além há o cenário de um lar.

Significados adivinhatórios: contentamento, paz de todo o coração; a perfeição desse estado; também a perfeição do amor humano e da amizade; se aparecer com várias cartas, simboliza uma pessoa que está tomando conta dos interesses do consulente; também a cidade, a aldeia ou o país habitado pelo consulente.

Invertida: falsa paz do coração, indignação, violência.

NOVE

Um personagem bondoso se banqueteou a seu bel-prazer, e há muito vinho fresco no balcão arqueado atrás dele, parecendo indicar que o futuro também está assegurado. A imagem oferece apenas o lado material, mas há outros aspectos.

Significados adivinhatórios: concórdia, contentamento, bem-estar físico; também vitória, sucesso, vantagem; satisfação para o consulente ou para a pessoa por quem ele perguntar.

Invertida: verdade, lealdade, liberdade; mas as leituras variam e incluem erros, imperfeições etc.

OITO

Um homem de postura abatida está abandonando as taças da sua felicidade, de seu empreendimento ou de sua preocupação anterior.

Significados adivinhatórios: a carta fala por si só à primeira vista, mas outras leituras são totalmente antitéticas – alegria, suavidade, timidez, honra, modéstia. Na prática, geralmente é entendido que a carta mostra o declínio de um assunto, ou um assunto que se pensava ser importante é, na realidade, de pouca relevância – seja para o bem ou para o mal.

Invertida: grande alegria, felicidade, festejo.

SETE

Cálices estranhos de visões, mas as imagens são mais especialmente aquelas do espírito fantástico.

Significados adivinhatórios: favores de fadas, imagens de reflexão, sentimento, imaginação, coisas vistas pelas lentes da contemplação; alguma realização nesses graus, mas nada permanente ou substancial é sugerido.

Invertida: desejo, vontade, determinação, projeto.

SEIS

Crianças em um velho jardim, os cálices cheios de flores.

Significados adivinhatórios: carta do passado e de memórias, olhando para trás, por exemplo, na infância; felicidade, prazer, mas vindo mais do passado; coisas que desapareceram. Outra leitura inverte isso, sugerindo novas relações, novos conhecimentos, novo ambiente, e, assim, as crianças estão se divertindo em um recinto desconhecido.

Invertida: futuro, renovação, o que acontecerá em breve.

CINCO

Uma figura obscura e coberta olha de lado para três cálices virados; dois outros estão em pé atrás dele; uma ponte no fundo leva a uma pequena represa ou barragem.

Significados adivinhatórios: é uma carta de perda, mas algo permanece; três foram tomadas, mas duas são deixadas; é uma carta de herança, patrimônio, transmissão, mas que não corresponde às expectativas; para alguns intérpretes, é uma carta de casamento, mas não sem amargura ou frustração.

Invertida: notícias, alianças, afinidade, consanguinidade, ancestralidade, retorno, falsos projetos.

QUATRO

Um jovem está sentado sob uma árvore e contempla três cálices colocados na grama diante dele; um braço saindo de uma nuvem lhe oferece outro cálice. Sua expressão, não obstante, é de descontentamento com o ambiente.

Significados adivinhatórios: cansaço, desgosto, aversão, vexações imaginárias, como se o vinho deste mundo tivesse causado apenas saciedade; outro vinho, como se fosse um presente de fadas, é agora oferecido ao esbanjador, mas ele não vê nenhum consolo nisso. Esta é também uma carta de prazeres mistos.

Invertida: novidade, presságio, nova instrução, novas relações.

TRÊS

Donzelas em um terreno ajardinado com cálices erguidos, como se brindassem umas com as outras.

Significados adivinhatórios: conclusão de qualquer assunto em abundância, perfeição e alegria; decreto feliz, vitória, realização, consolo, cura.

Invertida: expedição, despacho, conquista, fim. Significa também o excesso no prazer físico e os prazeres dos sentidos.

DOIS

Um jovem e uma moça estão se comprometendo um com o outro, e, acima dos cálices, ergue-se o Caduceu de Hermes entre grandes asas, das quais aparece uma cabeça de leão. É uma variante de um sinal encontrado em alguns exemplos antigos desta carta. Alguns significados emblemáticos curiosos estão ligados a ela, mas não nos dizem respeito aqui.

Significados adivinhatórios: amor, paixão, amizade, afinidade, união, concórdia, simpatia, interrelação entre os sexos e – como sugestão à parte de todos os ofícios de adivinhação – aquele desejo que não está na Natureza, mas pelo qual a Natureza é santificada.[63]

---

[63]. No livro original, Waite não oferece nenhum atributo para a posição invertida deste arcano. Sugerimos os significados a seguir: desacordo, antipatia, divórcio, fim de uma aliança, desarmonia afetiva ou falta de sintonia sexual. Para se aprofundar nos atributos invertidos de todos os arcanos, consulte *O Livro Completo do Tarô*, de Anthony Louis (Pensamento, 2ª edição, 2019). (N. do RT.)

ÁS

ÁS DE COPAS

As águas estão abaixo e, nelas, os nenúfares; a mão sai da nuvem segurando na palma o cálice a partir do qual quatro fluxos estão jorrando; uma pomba, levando no bico uma Hóstia marcada com a cruz, desce para colocá-la no copo; o orvalho da água está caindo por todos os lados. É uma insinuação daquilo que pode estar por trás dos Arcanos Menores.

Significados adivinhatórios: a casa do coração sincero, alegria, contentamento, morada, nutrição, abundância, fertilidade; a Santa Mesa, felicidade nela.

Invertida: a casa do coração falso, mutação, instabilidade, revolução.

O Naipe de Espadas

REI

REI DE ESPADAS

Ele se senta em julgamento, segurando o sinal do seu naipe. Lembra, é claro, o símbolo convencional da justiça nos Trunfos Maiores, e até pode representar essa virtude, mas é mais o poder de vida e morte, em virtude de seu ofício.

Significados adivinhatórios: ele representa tudo o que surge da ideia de julgamento e todas as suas conexões – poder, comando, autoridade, inteligência militar, lei, ofícios da coroa, e assim por diante.

Invertida: crueldade, perversidade, barbaridade, perfídia, má intenção.

RAINHA

RAINHA DE ESPADAS

Sua mão direita ergue a arma verticalmente, e o punho repousa sobre um braço do trono; a mão esquerda está estendida, o braço elevado; seu semblante é severo, castigado; isso sugere familiaridade com a tristeza. Não representa misericórdia e, apesar da espada, ela dificilmente é símbolo de poder.

Significados adivinhatórios: viuvez, tristeza feminina e constrangimento; ausência, esterilidade, luto, privação, separação.

Invertida: malícia, intolerância, artifício, pudor, fardo, engano.

CAVALEIRO

CAVALEIRO DE ESPADAS

Ele está cavalgando a toda velocidade, como se estivesse dispersando os inimigos. No desenho, é, de fato, um herói prototípico de cavalheirismo romântico. Quase pode ser Galahad, cuja espada é rápida e certeira, já que é puro de coração.

Significados adivinhatórios: habilidade, bravura, capacidade, defesa, direcionamento, inimizade, ira, guerra, destruição, oposição, resistência, ruína. Há, portanto, um sentido em que a carta significa morte, mas ela carrega esse significado apenas se próxima de outras cartas de fatalidade.

Invertida: imprudência, incapacidade, extravagância.

VALETE

VALETE DE ESPADAS

Uma figura ágil e ativa segura uma espada ereta com ambas as mãos enquanto anda rapidamente. Está passando por uma terra acidentada, e, sobre seu caminho, as nuvens estão colocadas de forma violenta. Ele é alerta e ágil, olhando para ambos os lados, como se um inimigo esperado pudesse aparecer a qualquer momento.

Significados adivinhatórios: autoridade, supervisão, serviço secreto, vigilância, espionagem, exame e as qualidades a que pertencem.

Invertida: o pior lado dessas qualidades; o que é imprevisto, estado de despreparo; também sugere doença.

DEZ

Uma figura prostrada, perfurada por todas as espadas pertencentes à carta.

Significados adivinhatórios: tudo o que é sugerido pelo desenho; também dor, aflição, lágrimas, tristeza, desolação. Não é especialmente uma carta de morte violenta.

Invertida: vantagem, lucro, sucesso, favor, mas nenhum deles é permanente. Também poder e autoridade.

NOVE

Uma pessoa sentada em seu divã em lamento, com as espadas sobre ela. Ela está como alguém que não conhece nenhuma tristeza semelhante à dela. É uma carta de total desolação.

Significados adivinhatórios: morte, fracasso, aborto, atraso, decepção, desapontamento, desespero.

Invertida: prisão, suspeita, dúvida, medo razoável, vergonha.

OITO

Uma mulher amarrada e vendada, com as espadas da carta ao redor. No entanto, é mais uma carta de aprisionamento temporário que de escravidão irrecuperável.

Significados adivinhatórios: más notícias, desgosto violento, crise, censura, poder nos obstáculos, conflito, calúnia; também doença.

Invertida: inquietação, dificuldade, oposição, acidente, traição; o que é imprevisto, fatalidade.

SETE

Um homem carregando cinco espadas consigo, rapidamente; as outras duas permanecem presas no chão. Um acampamento está próximo.

Significados adivinhatórios: projeto, tentativa, desejo, esperança, cumplicidade; também briga, plano que pode falhar, aborrecimento. O projeto é incerto na importância, porque as significações são muito discrepantes entre si.

Invertida: bom conselho, aconselhamento, instrução, calúnia, tagarelice.

SEIS

Um barqueiro carregando passageiros em seu barco para a costa mais distante. O curso é suave, e, vendo que o carregamento é leve, pode-se notar que o trabalho não está além de sua força.

Significados adivinhatórios: viagem pela água, rota, caminho, enviado, comissariado, expediente.

Invertida: declaração, confissão, publicidade; uma versão diz que é uma proposta de amor.

CINCO

Um homem desdenhoso olha para duas figuras abatidas em retirada. Suas espadas estão no chão. Ele carrega duas outras no ombro esquerdo e uma terceira na mão direita, apontada para a terra. Ele é o mestre na posse do campo.

Significados adivinhatórios: degradação, destruição, revogação, infâmia, desonra, perda, com suas variáveis e semelhanças.

Invertida: o mesmo; enterro e obséquias.

QUATRO

A efígie de um cavaleiro em postura de oração, em toda a extensão, sobre seu túmulo.

Significados adivinhatórios: vigilância, reclusão, solidão, repouso do eremita, exílio, tumba e caixão. São estes últimos que sugeriram o desenho.

Invertida: administração sábia, circunspecção, economia, avareza, precaução, testamento.

TRÊS

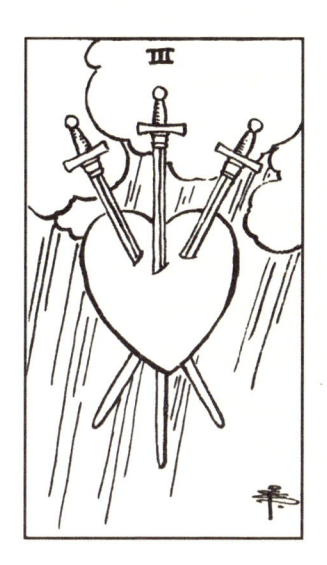

Três espadas perfurando um coração; nuvem e chuva atrás.

Significados adivinhatórios: remoção, ausência, atraso, divisão, ruptura, dispersão e tudo o que o desenho significa naturalmente, sendo muito simples e óbvio para demandar uma enumeração específica.

Invertida: alienação mental, erro, perda, distração, desordem, confusão.

DOIS

Uma figura feminina de olhos vendados equilibra duas espadas sobre os ombros.

Significados adivinhatórios: conformidade e o equilíbrio que ela sugere, coragem, amizade, concórdia em estado de guerra; outra leitura sugere ternura, carinho, intimidade. A sugestão de harmonia e outras leituras favoráveis devem ser consideradas de maneira qualificada, pois geralmente Espadas não simbolizam forças benéficas em assuntos humanos.

Invertida: impostura, falsidade, duplicidade, deslealdade.

ÁS

ÁS DE ESPADAS

Uma mão sai de uma nuvem segurando uma espada cuja ponta é circundada por uma coroa.

Significados adivinhatórios: triunfo, o grau máximo em tudo, conquista, triunfo da força. É uma carta de grande força, tanto no amor quanto no ódio. A coroa pode carregar um significado muito maior do que normalmente tem na esfera da adivinhação.

Invertida: o mesmo, mas os resultados são desastrosos; outra versão diz: concepção, parto, aumento, multiplicidade.

O Naipe de Ouros

REI

REI DE OUROS

A figura não pede nenhuma descrição especial; o rosto é bastante escuro, sugerindo coragem, mas com tendência um pouco letárgica. A cabeça do touro deve ser notada como símbolo recorrente no trono. O sinal deste naipe é representado por toda parte gravado ou laminado com o pentagrama, simbolizando a correspondência dos quatro elementos na natureza humana e pelo qual eles podem ser governados. Em muitos baralhos de Tarô antigos, esse naipe representava a moeda corrente, dinheiro, denários. Não inventei a substituição pelos pentáculos nem tenho nenhum argumento especial para sustentar em relação a essa alternativa. Mas o consenso de significados Adivinhatórios fala de alguma mudança, porque as cartas não lidam especialmente com questões de dinheiro.

Significados adivinhatórios: valor, inteligência realizadora, aptidão intelectual geral e empresarial, por vezes dons matemáticos e realizações desse tipo; sucesso nesses caminhos.

Invertida: vício, fraqueza, feiura, perversidade, corrupção, perigo.

RAINHA

RAINHA DE OUROS

O rosto sugere ser o de uma mulher morena, cujas qualidades podem ser resumidas na ideia de grandeza da alma; ela também tem o tipo de inteligência séria; contempla seu símbolo e pode ver mundos nele.

Significados adivinhatórios: opulência, generosidade, magnificência, segurança, liberdade.

Invertida: mal, suspeita, suspense, medo, desconfiança.

CAVALEIRO

CAVALEIRO DE OUROS

Ele monta um cavalo lento, resistente e pesado, que corresponde ao seu próprio caráter. Exibe seu símbolo, mas não olha para ele.

Significados adivinhatórios: utilidade, serventia, interesse, responsabilidade, retidão – tudo no plano geral e externo.

Invertida: inércia, ociosidade, repouso desse tipo, estagnação; também placidez, desânimo, descuido.

VALETE

VALETE DE OUROS

Uma figura jovial, olhando atentamente para o pentáculo que paira sobre suas mãos erguidas. Ele se move lentamente, insensível ao que se refere a ele.

Significados adivinhatórios: aplicação, estudo, erudição, reflexão; outra leitura fala sobre notícias, mensagens e a pessoa que as traz; também regra, gestão.

Invertida: prodigalidade, dissipação, liberalidade, luxo; notícias desfavoráveis.

DEZ

Um homem e uma mulher sob um arco que dá entrada a uma casa e seus domínios. Eles estão acompanhados por uma criança, que olha curiosamente para dois cães que abordam um personagem idoso sentado em primeiro plano. A mão da criança está em um dos cães.

Significados adivinhatórios: ganho, riquezas, assuntos familiares, arquivos, extração, a morada de uma família.

Invertida: risco, fatalidade, perda, roubo, jogos perigosos; às vezes, presente, dote, pensão.

NOVE

Uma mulher, com um pássaro sobre o pulso, está em meio a uma grande quantidade de videiras no jardim de uma casa senhorial. É um vasto domínio, sugerindo abundância em todas as coisas. Possivelmente são suas próprias posses e atestam o bem-estar material.

Significados adivinhatórios: prudência, segurança, sucesso, realização, certeza, discernimento.

Invertida: malandragem, engano, projeto anulado, má-fé.

OITO

Um escultor em seu trabalho, que ele exibe em forma de troféus.

Significados adivinhatórios: trabalho, emprego, comissão, artesanato, habilidade em artesanato e negócios, talvez na fase preparatória.

Invertida: ambição anulada, vaidade, avareza, exatidão, cobrança. Também pode significar a posse de talento, no sentido da mente engenhosa voltada à astúcia e à intriga.

SETE

Um jovem, apoiando-se em seu cajado, olha atentamente para sete pentáculos anexados a um arbusto de folhagens à sua direita; pode-se dizer que estes eram seus tesouros e que seu coração estava ali.

Significados adivinhatórios: estes são extremamente contraditórios; no principal, é uma carta de dinheiro, negócios, permuta; mas outra abordagem fala de altercação, brigas – e outra, inocência, ingenuidade, purgação.

Invertida: motivo de ansiedade em relação a dinheiro que pode ser proposto como empréstimo.

SEIS

Uma pessoa com a aparência de um comerciante pesa dinheiro em um par de balanças e o distribui aos necessitados e aflitos. É um testemunho do próprio sucesso na vida, bem como de sua bondade de coração.

Significados adivinhatórios: presentes, dádivas, gratificação; outra leitura fala sobre atenção, vigilância, agora é o tempo aceito, prosperidade no presente etc.

Invertida: desejo, cobiça, inveja, ciúme, ilusão.

CINCO

Dois mendigos em uma tempestade de neve passam por um vitral iluminado.

Significados adivinhatórios: a carta prediz, acima de tudo, problemas materiais, seja da maneira ilustrada – isto é, miséria – ou de outra. Para alguns cartomantes, é uma carta de amor e namorados – esposa, marido, amigo, amante; também concordância, afinidades. Essas alternativas não podem ser harmonizadas.

Invertida: desordem, caos, ruína, discórdia, profanação.

QUATRO

Uma figura coroada, tendo um pentáculo sobre a coroa, agarra outro com as mãos e os braços; dois pentáculos estão sob seus pés. Ele se prende ao que tem.

Significados adivinhatórios: garantia das posses, apegando-se àquilo que se tem; presentes, legado, herança.

Invertida: suspense, atraso, oposição.

TRÊS

Um escultor em seu trabalho em um monastério. Semelhante ao desenho que ilustra o Oito de Ouros. O aprendiz ou amador recebeu sua recompensa e agora está trabalhando com seriedade.

Significados adivinhatórios: *metiér*, comércio, trabalho qualificado; geralmente, entretanto, é considerada uma carta de nobreza, aristocracia, renome, glória.

Invertida: mediocridade, no trabalho e de outra forma; puerilidade, mesquinhez, fraqueza.

DOIS

Um jovem dançando tem um pentáculo em cada mão, e eles estão unidos por um cordão infinito, como o número 8 deitado.

Significados adivinhatórios: por um lado, é representado como uma carta de alegria, recreação e suas conexões, que é o tema do desenho; mas é lida também como notícias e mensagens por escrito, como obstáculos, agitação, problema, confusão.

Invertida: alegria forçada, prazer simulado, sentido literal, caligrafia, composição, letras de câmbio.

ÁS

ÁS DE OUROS

Uma mão – saindo, como de costume, de uma nuvem – segura um pentáculo.

Significados adivinhatórios: contentamento perfeito, felicidade, êxtase; também inteligência rápida; ouro.

Invertida: o lado ruim da riqueza, inteligência maléfica; também grandes riquezas. Em qualquer caso, ela mostra prosperidade e condições de conforto materiais, mas se elas são vantajosas para o possuidor vai depender se a carta estiver invertida ou não.

Tais são as sugestões dos Arcanos Menores a respeito da arte adivinhatória, cuja natureza verídica parece depender de uma alternativa que pode ser útil expressar de forma breve. Os registros dessa arte são, *ex hypothesi*[64], os de descobertas passadas baseadas na experiência; como tal, são um guia para a memória, e aqueles que podem dominar os elementos podem – ainda *ex hypothesi* – interpretar as cartas com base neles. Esse é um procedimento

---

64. Por hipótese. (N. do RT.)

legítimo e automático. Por outro lado, aqueles que possuem dons de intuição, de sexto sentido, de clarividência – chamemos como quisermos e pudermos – complementarão a experiência do passado com as descobertas de sua própria faculdade e falarão daquilo que viram tendo como pretextos os oráculos. Resta dar, também brevemente, o significado adivinhatório atribuído pela mesma arte aos Trunfos Maiores.

3. Os Arcanos Maiores e Seus Significados Adivinhatórios

1. O Mago – habilidade, diplomacia, discurso, sutileza; doença, dor, perda, desastre, armadilhas de inimigos; autoconfiança, vontade; o consulente, se for homem. *Invertida:* médico, mago, doença mental, desgraça, inquietude.

2. A Sacerdotisa – segredos, mistério, futuro ainda não revelado; a mulher que interessa ao consulente, se for homem; a própria consulente, se for mulher; silêncio, tenacidade; mistério, sabedoria, ciência. *Invertida:* paixão, ardor moral ou físico, orgulho, conhecimento superficial.

3. A Imperatriz – frutificação, ação, iniciativa, duração dos dias; o desconhecido, clandestino; também dificuldade, dúvida, ignorância. *Invertida:* luz, verdade, o desvendar das questões envolvidas, celebrações públicas; de acordo com outra leitura, dúvida.

4. O Imperador – estabilidade, poder, proteção, realização; grande pessoa; ajuda, razão, convicção; também autoridade e vontade. *Invertida:* benevolência, compaixão, crédito; também confusão para os inimigos, obstrução, imaturidade.

5. O Hierofante – Casamento, aliança, cativeiro, servidão; em outra versão, misericórdia e bondade; inspiração; o homem a quem o consulente recorre. *Invertida:* sociedade, bom entendimento, concórdia, imensa bondade, fraqueza.

6. Os Enamorados – atração, amor, beleza, provações vencidas. *Invertida:* falha, projetos tolos. Outro relato fala sobre casamento frustrado e contrariedades de todo tipo.

7. O Carro – socorro, providência; também guerra, triunfo, presunção, vingança, problemas. *Invertida:* tumulto, discussão, disputa, litígio, derrota.

8. A Força – poder, energia, ação, coragem, magnanimidade; também sucesso e honra completos. *Invertida:* despotismo, abuso de poder, fraqueza, discórdia, às vezes até desgraça.

9. O Eremita – prudência, circunspecção; também e especialmente traição, dissimulação, malandragem, corrupção. *Invertida:* ocultação, disfarce, política, medo, cautela irracional.

10. A Roda da Fortuna – destino, fortuna, sucesso, elevação, sorte, felicidade. *Invertida:* expansão, abundância, superfluidade.

11. A Justiça – equidade, retidão, probidade, execução; triunfo do lado merecedor da lei. *Invertida:* a lei em todos os departamentos, complicações legais, intolerância, parcialidade, severidade excessiva.

12. O Pendurado – sabedoria, circunspecção, discernimento, provações, sacrifício, intuição, adivinhação, profecia. *Invertida:* egoísmo, a multidão, a sociedade.

13. A Morte – fim, mortalidade, destruição; corrupção também, para um homem; perda de um benfeitor, para uma mulher, muitas contrariedades; para uma moça, fracasso nos projetos de casamento. *Invertida:* inércia, sono, letargia, petrificação, sonambulismo; esperança destruída.

14. A Temperança – economia, moderação, frugalidade, gestão, acomodação. *Invertida:* coisas relacionadas com igrejas, religiões, seitas, o sacerdócio, às vezes até o sacerdote que vai casar o consulente; também desunião, combinações infelizes, interesses conflitantes.

15. O Diabo – devastação, violência, veemência, esforços extraordinários, força, fatalidade; aquilo que está predestinado, mas não é, por essa razão, maligno. *Invertida:* fatalidade maligna, fraqueza, mesquinhez, cegueira.

16. A Torre – miséria, angústia, indigência, adversidade, calamidade, desgraça, decepção, ruína. É, em particular, uma carta de catástrofe imprevisível. *Invertida:* de acordo com um relato, o mesmo em menor grau; também opressão, aprisionamento, tirania.

17. A Estrela – perda, roubo, privação, abandono; outra leitura diz esperança e perspectivas brilhantes. *Invertida:* arrogância, altivez, impotência.

18. A Lua – inimigos ocultos, perigo, calúnia, escuridão, terror, decepção, forças ocultas, erro. *Invertida:* instabilidade, inconstância, silêncio, graus menores de decepção e erro.

19. O Sol – felicidade material, casamento afortunado, contentamento. *Invertida:* o mesmo em sentido menor.

20. O Julgamento – mudança de posição, renovação, desfecho. Outra leitura especifica perda total, apesar de ações judiciais. *Invertida:* fraqueza, pusilanimidade, simplicidade; também deliberação, decisão, sentença.

Zero (0). O Louco – loucura, mania, extravagância, intoxicação, delírio, frenesi, delação. *Invertida:* negligência, ausência, distribuição, falta de cuidado, apatia, nulidade, vaidade.

21. O Mundo – sucesso assegurado, recompensa, viagem, rota, emigração, fuga, mudança de lugar. *Invertida:* inércia, imutabilidade, estagnação, permanência.

Veremos que, exceto onde houver sugestão irresistível transmitida pelo significado aparente, o que é extraído dos Trunfos Maiores pela adivinhação é, ao mesmo tempo, artificial e arbitrário, como me parece, no mais alto grau. Mas de uma ordem são os mistérios da luz, e, de outra, os da fantasia. A atribuição de um atributo adivinhatório a essas cartas é tema de prolongada impertinência.

4. Alguns Significados Adicionais dos Arcanos Menores

PAUS

Rei – geralmente favorável, pode significar bom casamento. *Invertida:* conselho que deve ser seguido.

Rainha – boa colheita, que pode ser interpretada em diversos sentidos. *Invertida:* boa vontade em relação ao consulente, mas sem a oportunidade de exercê-la.

Cavaleiro – carta ruim; de acordo com algumas leituras, alienação. *Invertida:* para uma mulher, casamento, mas provavelmente frustrante.

Valete – homem jovem, de família, em busca de uma moça. *Invertida:* más notícias.

Dez – dificuldades e contradições, se próxima a uma carta boa.

Nove – de modo geral, carta ruim.

Oito – disputas domésticas por uma pessoa casada.

Sete – criança morena.

Seis – serviçais podem perder a confiança em seu senhor; uma moça pode ser traída por um amigo. *Invertida:* concretização da esperança adiada.

Cinco – sucesso em especulações financeiras. *Invertida:* brigas que podem ser transformadas em vantagens.

Quatro – boa sorte inesperada. *Invertida:* uma mulher casada terá belos filhos.

Três – carta muito positiva; colaboração favorecerá um empreendimento.

Dois – uma jovem pode esperar desapontamentos triviais.

Ás – calamidades de todos os tipos. *Invertida:* sinal de um nascimento.

COPAS

Rei – cuidado com a má vontade por parte de um homem bem posicionado e com hipocrisia disfarçada de ajuda. *Invertida:* perda.

Rainha – às vezes denota mulher de caráter duvidoso. *Invertida:* casamento rico para um homem e ilustre para uma mulher.

Cavaleiro – visita de um amigo que trará dinheiro inesperado ao consulente. *Invertida:* irregularidade.

Pajem – bom augúrio; também um jovem sem sorte no amor. *Invertida:* obstáculos de todos os tipos.

Dez – para um consulente homem, bom casamento e um além de suas expectativas. *Invertida:* tristeza; também briga séria.

Nove – de bom augúrio para homens militares. *Invertida:* bons negócios.

Oito – casamento com uma mulher leal. *Invertida:* satisfação perfeita.

Sete – bela criança; ideia, projeto, resolução, movimento. *Invertida:* sucesso, se acompanhada do Três de Copas.

Seis – memórias agradáveis. *Invertida:* herança a ser recebida rapidamente.

Cinco – geralmente favorável; casamento feliz; também patrimônio, legados, presentes, sucesso em empreendimentos. *Invertida:* retorno de algum parente que não se vê há muito tempo.

Quatro – contrariedades. *Invertida:* pressentimento.

Três – promoção inesperada para um homem militar. *Invertida:* consolação, cura, fim de um negócio.

Dois – favorável em assuntos de prazer e negócios, assim como no amor; também riqueza e honra. *Invertida:* paixão.

Ás – vontade inflexível, lei inalterável. *Invertida:* mudança de posição inesperada.

ESPADAS

Rei – advogado, senador, médico. *Invertida:* homem mau; também um aviso para pôr fim a um processo judicial desastroso.

Rainha – viúva. *Invertida:* mulher má, com má vontade em relação ao consulente.

Cavaleiro – soldado, homem das forças armadas, subordinado, assalariado; ação heroica prevista para um soldado. *Invertida:* disputa com uma pessoa imbecil; para uma mulher, briga com uma rival, que será vencida.

Valete – pessoa indiscreta que se intrometerá nos segredos do consulente. *Invertida:* notícias surpreendentes.

Dez – seguido de Ás ou Rei, aprisionamento; para menina ou esposa, traição por parte de amigos. *Invertida:* vitória e consequente sorte para um soldado em guerra.

Nove – eclesiástico, sacerdote; geralmente uma carta de mau presságio. *Invertida:* bom terreno para suspeita contra uma pessoa duvidosa.

Oito – para uma mulher, escândalo espalhado a seu respeito. *Invertida:* partida de um parente.

Sete – menina morena; boa carta; promete uma vida no campo depois que uma competência tiver sido assegurada. *Invertida:* bom conselho, provavelmente negligenciado.

Seis – a viagem será agradável. *Invertida:* questão desfavorável em um processo judicial.

Cinco – ataque à fortuna do consulente. *Invertida:* sinal de tristeza e luto.

Quatro – carta ruim, mas, se invertida, um sucesso reconhecido pode ser esperado pela administração sábia de negócios. *Invertida:* certo sucesso após administração sábia.

Três – para uma mulher, a fuga do seu namorado. *Invertida:* encontro com alguém com quem o consulente se comprometeu; também freira.

Dois – presentes para uma dama, proteção influente para um homem que busca por socorro. *Invertida:* negociações com bandidos.

Ás – grande prosperidade ou grande miséria. *Invertida:* casamento rompido, para uma mulher, por sua própria imprudência.

OUROS

Rei – homem bem moreno, comerciante, mestre, professor. *Invertida:* homem velho e cruel.

Rainha – mulher morena; presentes de um parente rico; casamento rico e feliz para um homem jovem. *Invertida:* doença.

Cavaleiro – homem útil; descobertas úteis. *Invertida:* homem corajoso, sem trabalho.

VALETE – jovem escuro; jovem policial ou soldado; criança. *Invertida:* às vezes, degradação, às vezes, pilhagem.

DEZ – representa casa ou habitação, e seu valor é derivado das outras cartas associadas. *Invertida:* ocasião que pode ou não ser afortunada.

NOVE – pronto cumprimento do que for pressagiado pelas cartas ao redor. *Invertida:* esperanças vãs.

OITO – jovem homem de negócios que tem relações com o consulente; menina escura. *Invertida:* o consulente se comprometerá com empréstimo de dinheiro.

SETE – posição melhorada para o futuro marido de uma senhora. *Invertida:* impaciência, apreensão, suspeita.

SEIS – o presente pode não ser confiável. *Invertida:* freio na ambição do consulente.

CINCO – conquista de fortuna por meio da razão. *Invertida:* problemas no amor.

QUATRO – para um solteiro, notícias agradáveis de uma mulher. *Invertida:* observação, obstáculos.

TRÊS – se for para um homem, celebridade para seu filho mais velho. *Invertida:* depende das cartas ao redor.

DOIS – problemas mais imaginários que reais. *Invertida:* mau presságio, ignorância, injustiça.

ÁS – a carta mais favorável de todas. *Invertida:* parte na descoberta de tesouro.

Será observado (1) que estes adendos têm pouca ligação com os desenhos das cartas a que se referem, pois correspondem aos mais importantes valores especulativos; (2) também que os significados adicionais estão, muitas vezes, em desacordo com aqueles dados anteriormente. Todos os significados são, em grande parte, independentes uns dos outros e reduzidos, acentuados ou sujeitos a alterações e, às vezes, quase o inverso, pelo seu lugar em uma sequência. Não há nenhum cânone de crítica em questões desse tipo. Suponho que, na medida em que todo sistema parte das generalidades para os detalhes, torna-se naturalmente cada vez mais precário o consenso; e os registros profissionais de leitura da sorte oferecem mais resíduos e menos informações sobre o assunto. Ao mesmo tempo, adivinhações baseadas na intuição e na vidência são de pouco valor prático, a menos que partam das universalidades para as particularidades; mas, na proporção em que esse dom se apresenta em caso específico, os significados registrados por cartomantes do passado serão desconsiderados em favor da apreciação pessoal dos valores das cartas.

Isso já foi sugerido. Parece necessário adicionar as seguintes leituras especulativas.

5. A Recorrência das Cartas nas Tiragens

Na Posição Natural

4 Reis = grande honra; 3 Reis = consultoria; 2 Reis = conselho menor.
4 Rainhas = grande debate; 3 Rainhas = decepção por parte de uma mulher; 2 Rainhas = amigos sinceros.
4 Cavaleiros = questões sérias; 3 Cavaleiros = debate acalorado; 2 Cavaleiros = intimidade.
4 Pajens = doença perigosa; 3 Pajens = disputa; 2 Pajens = inquietação.
4 Dez = condenação; 3 Dez = condição nova; 2 Dez = mudança.
4 Noves = bom amigo; 3 Noves = sucesso; 2 Noves = recebimento.
4 Oitos = inverso; 3 Oitos = casamento; 2 Oitos = conhecimento novo.
4 Setes = intriga; 3 Setes = enfermidade; 2 Setes = notícias.
4 Seis = abundância; 3 Seis = sucesso; 2 Seis = irritabilidade.
4 Cincos = regularidade; 3 Cincos = determinação; 2 Cincos = vigílias.

4 Quatros = viagem próxima; **3 Quatros** = objeto de reflexão;
2 Quatros = insônia.
4 Três = progresso; **3 Três** = unidade; **2 Três** = calma.
4 Dois = contenção; **3 Dois** = segurança; **2 Dois** = acordo.
4 Ases = oportunidade favorável; **3 Ases** = pequeno sucesso; **2 Ases** = trapaça.

Invertida

4 Reis = agilidade; **3 Reis** = comércio; **2 Reis** = projetos.
4 Rainhas = má companhia; **3 Rainhas** = gula; **2 Rainhas** = trabalho.
4 Cavaleiros = aliança; **3 Cavaleiros** = duelo ou encontro pessoal;
2 Cavaleiros = suscetibilidade.
4 Pajens = privação; **3 Pajens** = ociosidade; **2 Pajens** = sociedade.
4 Dez = evento, acontecimento; **3 Dez** = decepção; **2 Dez** = expectativa justificada.
4 Noves = cobrança; **3 Noves** = imprudência; **2 Noves** = pequeno lucro.
4 Oitos = erro; **3 Oitos** = espetáculo; **2 Oitos** = infortúnio.
4 Setes = litigantes; **3 Setes** = alegria; **2 Setes** = mulheres sem reputação.
4 Seis = cuidados; **3 Seis** = satisfação; **2 Seis** = queda.
4 Cincos = ordem; **3 Cincos** = hesitação; **2 Cincos** = reversão.
4 Quatros = passeios ao ar livre; **3 Quatros** = inquietude; **2 Quatros** = disputas.
4 Três = grande sucesso; **3 Três** = serenidade; **2 Três** = segurança.
4 Dois = reconciliação; **3 Dois** = apreensão; **2 Dois** = desconfiança.
4 Ases = desonra; **3 Ases** = deboche; **2 Ases** = inimigos.

6. A Arte da Adivinhação com o Tarô

Chegamos agora à parte final e prática desta divisão do nosso tema, sobre a forma de consultar e obter presságios por meio das cartas do Tarô. Os modos de operação são bastante numerosos e alguns deles extremamente complexos. Deixei de lado os últimos mencionados porque as pessoas que são versadas em tais questões acreditam que o caminho da simplicidade é o caminho da verdade. Deixo de lado também as operações republicadas recentemente na seção de O *Tarô dos Boêmios* intitulada "O Tarô Adivinhatório"[65]; ela pode ser recomendada pelo valor adequado para os leitores que desejam ir além dos limites deste manual. Ofereço, em primeiro lugar, um curto processo que tem sido usado de forma privada há muitos anos na Inglaterra, na Escócia e na Irlanda. Não acho que tenha sido publicado – certamente não em relação às cartas do Tarô; acredito que ele servirá a todos os propósitos, mas acrescentarei – como forma de variação –, em segundo lugar, o que costumava ser conhecido na França como os Oráculos de Julia Orsini.

7. Antigo Método Celta de Adivinhação

Este método de adivinhação é o mais adequado para obter uma resposta a uma pergunta definida. O Intérprete primeiro seleciona uma carta para representar a pessoa ou o tema sobre o qual a consulta é feita. Essa carta é chamada de Significador. Se desejar saber algo em relação a si próprio, ele elege aquela que corresponde à sua descrição pessoal. Um Cavaleiro pode ser escolhido como o Significador, caso o tema da consulta seja um homem de 40 anos de idade ou mais; um Rei deve ser escolhido para qualquer homem que tenha menos que essa idade; uma Rainha para uma mulher que tenha mais de 40 anos; e um Valete para qualquer mulher de menos idade.

As quatro Cartas da Corte do naipe de Paus representam pessoas muito claras, com cabelos loiros ou ruivos, tez clara e olhos azuis.

As Cartas da Corte do naipe de Copas significam pessoas com cabelos castanho-claros ou loiros, sem brilho, e olhos azuis ou cinza.

As Cartas da Corte do naipe de Espadas representam pessoas com olhos castanhos ou cinzentos, cabelo castanho-escuro e tez opaca.

Por último, as Cartas da Corte do naipe de Ouros se referem a pessoas com cabelo castanho-escuro ou preto, olhos escuros e tez pálida ou morena.

---

[65]. A seção em questão, no livro original em francês é um extenso capítulo com métodos de tiragem das cartas intitulado "Le tarot divinatoire en sept leçons". Assim também se mantém na segunda edição de "The Tarot of the Bohemians", de 1910, traduzida para o inglês por A. P. Morton e prefaciada pelo próprio Waite: "The Divining Tarot in Seven Lessons", ou seja, "O Tarô Adivinhatório em Sete Lições". (N. do RT.)

Essas atribuições estão sujeitas, entretanto, à ressalva a seguir, que impedirá que sejam consideradas de maneira muito convencional. Você pode se guiar ocasionalmente pelo temperamento conhecido de uma pessoa; aquele que é bem moreno pode ser muito enérgico e seria mais bem representado por uma carta de Espadas que por uma de Ouros. Por outro lado, um sujeito muito claro, indolente e letárgico, deve ser representado por Copas, não por Paus.

Se for mais conveniente para o propósito de uma adivinhação tomar como Significador o assunto sobre o qual a consulta será feita, deve ser selecionado o Trunfo ou carta menor que tenha significado correspondente ao tema. Suponhamos que a pergunta seja: "Será necessário um processo judicial?". Nesse caso, use o Trunfo nº 11, A Justiça, como a carta Significadora. Ela se refere a assuntos jurídicos. Mas, se a pergunta for: "Serei bem-sucedido no meu processo judicial?", uma das Cartas da Corte deve ser escolhida como Significador.

Posteriormente, novas leituras podem ser realizadas para determinar o curso do processo em si e seu resultado para cada uma das partes interessadas.

Tendo selecionado o Significador, coloque-o na mesa, virado para cima. Em seguida, embaralhe e corte o restante do baralho três vezes, mantendo as faces das cartas para baixo.

Vire a carta do topo ou a PRIMEIRA CARTA do baralho; cubra o Significador com ela e diga: *isto o cobre*. Essa carta mostra a influência que está afetando a pessoa ou a questão da consulta em geral, a atmosfera em que as outras correntes atuam.

Vire a SEGUNDA CARTA e deite-a cruzando a PRIMEIRA, e diga: *isto o atravessa*. Ela mostra a natureza dos obstáculos à questão. Se for uma carta favorável, as forças opostas não serão sérias, ou isso pode indicar que algo bom em si não produzirá o bem nessa situação específica.

Vire a TERCEIRA CARTA; coloque-a acima do Significador e diga: *isto o coroa*. Ela representa (a) o objetivo ou ideal do consulente na questão; (b) o melhor que pode ser alcançado sob as circunstâncias, mas que ainda não se tornou real.

Vire a QUARTA CARTA; coloque-a abaixo do Significador e diga: *isto está abaixo dele*. Ela mostra o fundamento ou a base da questão, aquilo que já se tornou realidade e que a Significadora criou.

Vire a QUINTA CARTA; coloque-a no lado do Significador a partir do qual ela está olhando e diga: *isto está atrás dele*. Essa carta mostra a influência do que acabou de acontecer ou do que esteja acontecendo agora.

Obs.: se o Significador é um Trunfo ou qualquer Arcano Menor que não se possa dizer que olhe para nenhum dos lados, o Intérprete deve decidir, antes de começar a operação, para qual lado considera que ela esteja virada.

Vire a SEXTA CARTA; coloque-a no lado para o qual o Significador está virado e diga: *isto está diante dele*. Ela mostra a influência que está entrando em ação e vai operar no futuro próximo.

As cartas agora estão dispostas em forma de cruz, o Significador – coberto pela Primeira Carta – estando no centro.

As próximas quatro cartas são viradas para cima sucessivamente e colocadas uma acima da outra em uma linha, no lado direito da cruz.

A primeira destas, ou a SÉTIMA CARTA da operação, significa a si mesma – ou seja, o Significador – seja pessoa ou coisa – e mostra sua posição ou atitude nas circunstâncias.

A OITAVA CARTA significa a casa, ou seja, o ambiente do consulente e as tendências em ação que têm efeito sobre a questão – por exemplo, a posição do consulente na vida, a influência de amigos próximos, e assim por diante.

A NONA CARTA mostra as esperanças ou os temores em questão.

A DÉCIMA é o que virá, o resultado final, a culminação provocada pelas influências produzidas pelas outras cartas viradas para cima na adivinhação.

É nessa carta que o Intérprete deve concentrar especialmente suas faculdades intuitivas e sua memória a respeito dos significados adivinhatórios oficiais associados a ela. Ela deve incorporar tudo o que você pode ter adivinhado a partir das outras cartas na mesa, incluindo o próprio Significador, e a respeito dela ou dele, não excluindo tais luzes sobre o significado mais elevado que pode cair como faíscas do céu se a carta que serve para o oráculo, a carta para a leitura, acontecer de ser um Trunfo Maior.

A operação agora está concluída, mas, se acontecer de a última carta ser de natureza duvidosa, a partir da qual nenhuma decisão final possa ser tomada, ou que não pareça indicar a conclusão definitiva do caso, pode ser bom repetir a operação, tendo, nesse caso, a Décima Carta como o Significador, em vez da usada anteriormente. O baralho deve ser novamente embaralhado e cortado três vezes, e as primeiras dez cartas, dispostas como antes. Assim, um panorama mais detalhado sobre "O que virá" pode ser obtido.

Se em qualquer leitura a Décima Carta for uma Carta da Corte, ela mostra que o assunto em questão cai, em última análise, nas mãos de uma pessoa representada por essa carta, e seu fim depende principalmente dela.

Nesse caso, também é útil ter essa mesma Carta da Corte como Significador em uma nova operação e descobrir qual é a natureza de sua influência no assunto e para qual resultado ela o trará.

Uma grande facilidade pode ser obtida por esse método em um tempo comparativamente curto, sendo dados subsídios sempre pelos dons do operador – isto é, sua capacidade de percepção, latente ou desenvolvida –, e tem a vantagem especial de ser livre de todas as complicações.

Anexo aqui um diagrama das cartas conforme dispostas nesse modo de leitura. O Significador está aqui, virado para a esquerda.

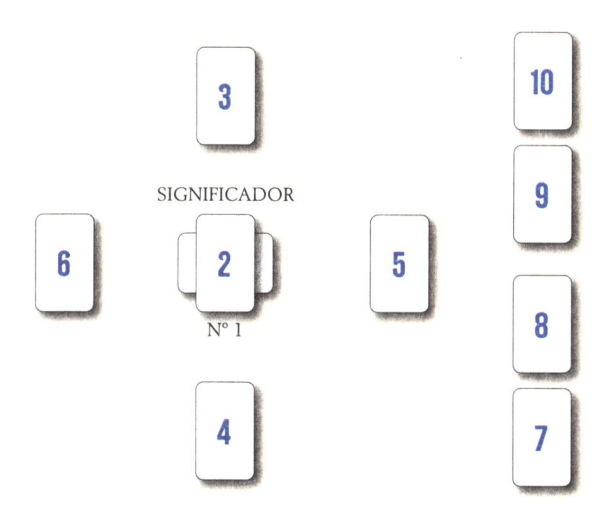

O Significador.

1. O que o cobre.
2. O que o atravessa.
3. O que o coroa.
4. O que está abaixo dele.
5. O que está atrás dele.
6. O que está diante dele.
7. Ele mesmo.
8. Sua casa.
9. Suas esperanças e seus temores.
10. O que virá.

8. Método Alternativo de Leitura das Cartas do Tarô

Embaralhe todo o maço e gire algumas das cartas em círculo, de modo a inverter os topos[66].

Deixe o consulente cortá-las com a mão esquerda.

Distribua as primeiras 42 cartas em seis montes de sete cartas cada, viradas para cima, de modo que as primeiras sete cartas formem o primeiro monte, as sete seguintes o segundo, e assim por diante, como no diagrama a seguir:

| 6º MONTE | 5º MONTE | 4º MONTE | 3º MONTE | 2º MONTE | 1º MONTE |

Pegue o primeiro monte; coloque as cartas na mesa em uma linha, da direita para a esquerda; coloque as cartas do segundo monte sobre elas e, em seguida, os montes que restam. Você terá, assim, sete novos montes de seis cartas cada, dispostos da seguinte maneira:

| 7º MONTE | 6º MONTE | 5º MONTE | 4º MONTE | 3º MONTE | 2º MONTE | 1º MONTE |

Pegue a carta do topo de cada monte, embaralhe-as e coloque-as da direita para a esquerda, fazendo uma linha de sete cartas.

Em seguida, pegue as duas cartas seguintes de cada monte, embaralhe-as e coloque-as em duas linhas sob a primeira linha.

Pegue as 21 cartas restantes dos montes, embaralhe-as e coloque-as em três linhas abaixo das outras.

Assim, você terá seis linhas horizontais de sete cartas cada, arranjadas depois da seguinte maneira:

---

[66]. O autor propõe esse modo de embaralhamento para que haja a possibilidade de cartas invertidas no sorteio. (N. do RT.)

1ª LINHA

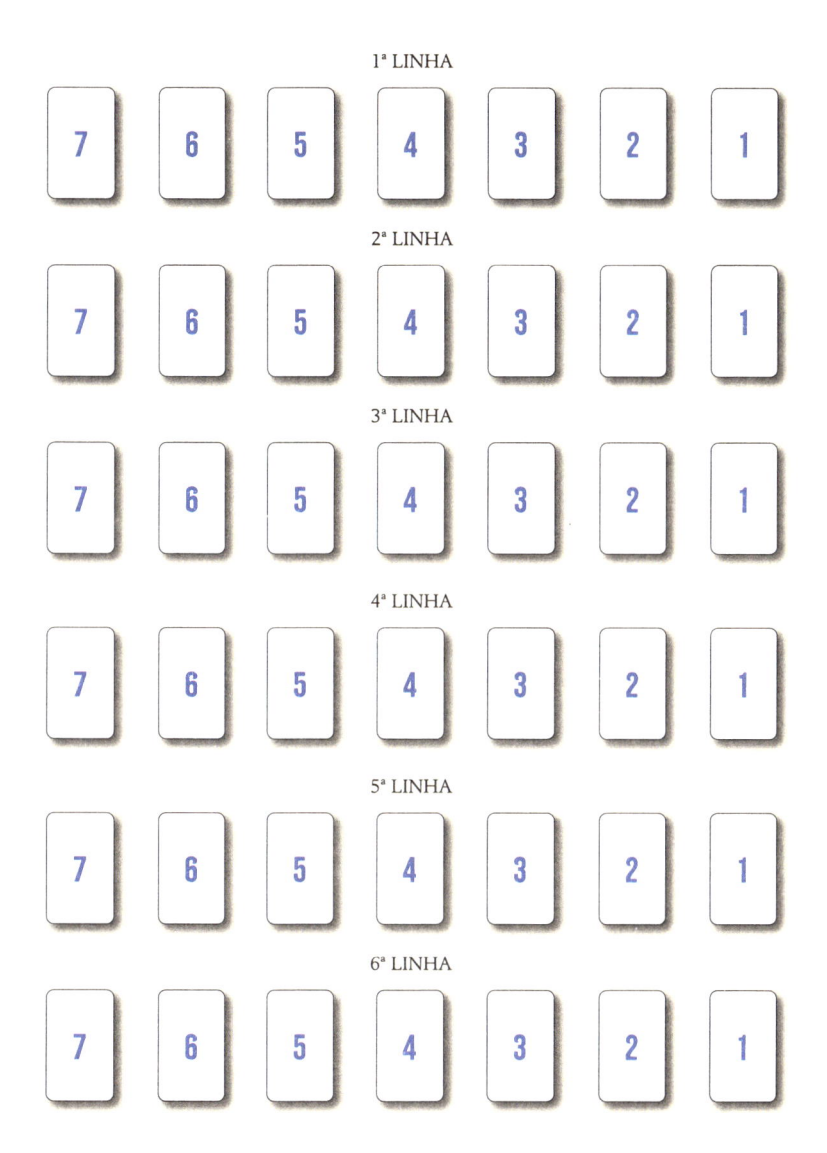

| 7 | 6 | 5 | 4 | 3 | 2 | 1 |

2ª LINHA

| 7 | 6 | 5 | 4 | 3 | 2 | 1 |

3ª LINHA

| 7 | 6 | 5 | 4 | 3 | 2 | 1 |

4ª LINHA

| 7 | 6 | 5 | 4 | 3 | 2 | 1 |

5ª LINHA

| 7 | 6 | 5 | 4 | 3 | 2 | 1 |

6ª LINHA

| 7 | 6 | 5 | 4 | 3 | 2 | 1 |

Nesse método, o consulente – se for do sexo masculino – é representado pelo Mago, e, se for do sexo feminino, pela Sacerdotisa; mas a carta, em qualquer caso, não é retirada do maço até que as 42 cartas tenham sido dispostas, como indicado acima. Se a carta necessária não for encontrada entre aquelas colocadas sobre a mesa, deve ser procurada entre as 36 cartas restantes, que não foram distribuídas, e colocada um pouco distante, à direita da primeira linha horizontal. Por outro lado, se estiver entre elas, também deve ser retirada, colocada como indicado, e uma carta é retirada aleatoriamente das 36 cartas não distribuídas para preencher a posição vaga, de modo que ainda haja 42 cartas dispostas na mesa.

As cartas são, então, lidas em sequência, da direita para a esquerda, começando pela carta nº 1 da linha de cima, a última a ser lida sendo a que fica na extrema esquerda, ou nº 7, da linha de fundo.

Esse método é recomendado quando nenhuma pergunta definida é feita, isto é, quando o consulente deseja aprender, de modo geral, sobre o curso de sua vida e seu destino. Se ele deseja saber o que pode acontecer em determinado tempo, esse tempo deve ser claramente especificado antes que as cartas sejam embaralhadas.

Com mais referência à leitura, deve ser lembrado que as cartas devem ser interpretadas em relação ao assunto, o que significa que todos os significados oficiais e convencionais delas podem e devem ser adaptados para harmonizarem-se com as condições desse caso particular em questão – posição, tempo de vida e sexo do consulente ou da pessoa para quem a consulta é feita.

Assim, o Louco pode indicar toda a gama de fases mentais entre mera excitação e loucura, mas a fase particular em cada adivinhação deve ser julgada considerando a tendência geral das cartas, e nisso, naturalmente, a faculdade intuitiva desempenha papel importante.

É bom, no início de uma leitura, passar rapidamente pelas cartas, para que a mente possa receber uma impressão geral do assunto – a tendência do destino –, e depois começar de novo – lendo-as uma por uma e interpretando-as em detalhes.

Deve ser lembrado que os Trunfos representam forças mais poderosas e convincentes – pela hipótese do Tarô – que as cartas menores.

O valor das faculdades intuitivas e clarividentes é, obviamente, considerado na adivinhação. Onde estas estão naturalmente presentes ou foram desenvolvidas pelo Intérprete, o arranjo fortuito das cartas forma um elo entre sua mente e a atmosfera do tema da leitura, e, então, o resto é simples. Onde a intuição falha, ou está ausente, a concentração, a observação intelectual e a dedução devem ser usadas em toda extensão para obter resultado satisfatório.

Mas a intuição, mesmo que aparentemente adormecida, pode ser cultivada pela prática nesses processos adivinhatórios. Se houver dúvida quanto ao significado exato de uma carta em um contexto específico, é recomendado ao Intérprete por aqueles versados na matéria colocar a mão sobre ela, tentar não pensar no que ela deve significar e observar as impressões que surgem em sua mente. No início, isso provavelmente resultará em meras suposições e pode se provar incorreto, mas torna-se possível com a prática distinguir entre um palpite da mente consciente e uma impressão que emerge da mente subconsciente.

Não me cabe oferecer sugestões teóricas ou práticas sobre esse assunto, no qual não tenho parte, mas os adendos a seguir tiveram a contribuição de alguém com mais títulos para falar que todos os cartomantes da Europa, se eles pudessem embaralhar com um único par de mãos e adivinhar por uma única língua.

Notas Sobre a Prática da Adivinhação

1. Antes de começar a operação, formule sua pergunta de modo preciso e repita-a em voz alta.

2. Deixe a mente tão vazia quanto possível ao embaralhar as cartas.

3. Deixe de lado preconceitos pessoais e ideias preconcebidas o máximo que puder, ou sua interpretação será afetada por eles.

4. Por esse motivo, é mais fácil interpretar corretamente para um estranho que para si mesmo ou um amigo.

9. Método de Leitura Pelas 35 Cartas

Quando a leitura termina, de acordo com o esquema estabelecido no último método, pode acontecer – como no caso anterior – que algo permaneça duvidoso, ou pode-se desejar levar a questão adiante, o que é feito da seguinte maneira:

Pegue as cartas não distribuídas que permanecem acima, não tendo sido usadas na primeira operação com 42 cartas. As últimas são separadas em um monte, viradas para cima, com o consulente no topo. As 35 cartas, sendo embaralhadas e cortadas como antes, são divididas, distribuindo-as em seis montes, assim:

O monte I consiste nas primeiras SETE CARTAS. O monte II consiste nas SEIS CARTAS seguintes em ordem; o monte III consiste nas CINCO CARTAS seguintes; o monte IV contém as seguintes QUATRO CARTAS; o monte V contém duas CARTAS; e o monte VI contém as últimas ONZE CARTAS. O arranjo, então, será:

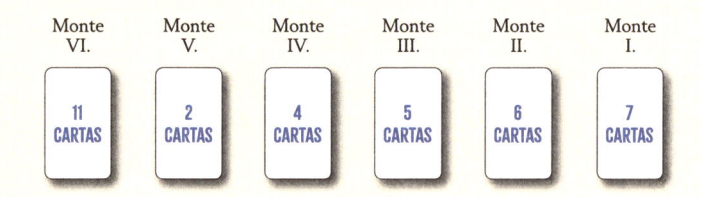

Monte VI.	Monte V.	Monte IV.	Monte III.	Monte II.	Monte I.
11 CARTAS	2 CARTAS	4 CARTAS	5 CARTAS	6 CARTAS	7 CARTAS

Pegue esses montes sucessivamente; distribua as cartas deles em seis linhas, que serão, necessariamente, de comprimento desigual.

A PRIMEIRA LINHA representa a casa, o ambiente, e assim por diante.

A SEGUNDA LINHA representa a pessoa ou o assunto da adivinhação.

A TERCEIRA LINHA representa o que se passa do lado de fora, eventos, pessoas etc.

A QUARTA LINHA representa uma surpresa, o inesperado etc.

A QUINTA LINHA representa consolação e pode moderar tudo o que esteja desfavorável nas linhas anteriores.

A SEXTA LINHA é o que deve ser consultado para elucidar as previsões oraculares enigmáticas das outras; separada delas, não tem importância.

Essas cartas devem ser lidas da esquerda para a direita, começando da linha mais alta.

Devo afirmar em conclusão a essa parte adivinhatória que não há método de interpretação de cartas de Tarô que não seja aplicável a cartas de jogo comuns, mas as Cartas da Corte adicionais e, acima de tudo, os Trunfos Maiores são mantidos para aumentar os elementos e valores dos oráculos.

Agora, em conclusão a todo o assunto, deixei para estas últimas palavras – como se fosse um epílogo – mais um ponto-final. É o fato de que considero que os Trunfos Maiores contêm a Doutrina Secreta. Não quero dizer aqui que conheço ordens e fraternidades nas quais tal doutrina repousa e lá é encontrada para ser parte do conhecimento superior do Tarô. Não quero dizer que tal doutrina, sendo tão preservada e transmitida, possa ser elaborada como embutida independentemente nos Trunfos Maiores. Não quero dizer que seja algo à parte do Tarô. Existem associações que têm conhecimento especial de ambos os tipos; algumas delas são depreendidas do Tarô, e outras delas, separadas dele; em qualquer caso, a matéria-raiz é a mesma. Mas também há coisas reservadas que não estão em ordens ou sociedades, mas são transmitidas de outra maneira.

À parte de toda herança desse tipo, deixe qualquer um que seja místico considerar separadamente e em combinação o Mago, o Louco, a Sacerdotisa, o Papa, a Imperatriz, o Imperador, o Pendurado e a Torre. Deixe-o então considerar a carta chamada Julgamento. Elas contêm a lenda da alma. Os outros Trunfos Maiores são os detalhes e – como se poderia dizer – os acidentes. Talvez tal pessoa comece a entender o que repousa por trás desses símbolos, por sabe-se lá quem o tenha inventado e preservado pela primeira vez. Se assim o fizer, verá também porque tenho me ocupado do assunto, mesmo sob o risco de escrever sobre a adivinhação pelas cartas.

BIBLIOGRAFIA

BIBLIOGRAFIA CONCISA DAS PRINCIPAIS OBRAS QUE ABORDAM O TARÔ E SUAS CONEXÕES

Apesar das modestas pretensões, esta monografia é, até onde sei, a primeira tentativa de fornecer, em inglês, um relato sinóptico completo do Tarô, com sua posição arqueológica definida, seu simbolismo disponível desenvolvido, e – como questão de curiosidade sobre ocultismo – com seus significados adivinhatórios e métodos de jogar suficientemente exibidos, é meu desejo, do ponto de vista literário, enumerar livros e textos sobre o assunto e referências incidentais mais importantes dos quais tenho notícia.

Os detalhes bibliográficos que se seguem não se propõem a ser completos, pois não citei nada que não tenha visto com meus próprios olhos; mas posso compreender que a maioria dos meus leitores ficará surpresa com a extensão da literatura – se posso assim chamá-la, convencionalmente – que se desenvolveu ao longo dos últimos cento e vinte anos. Aqueles que desejarem prosseguir suas pesquisas ainda encontrarão amplo material aqui, embora não seja um curso que procuro recomendar especialmente, pois considero que já foi dito o suficiente sobre o Tarô aqui para cobrir tudo o que o precedeu.

A bibliografia em si é representativa de maneira similar. Devo acrescentar que há um catálogo considerável de cartas e obras sobre jogos de cartas no Museu Britânico, mas não tive oportunidade de consultá-lo, em qualquer medida, para os propósitos da presente lista.

I

Monde Primitf, analysé et comparé avec le Monde Moderne. De M. Court de Gébelin. Vol. 8, 40, Paris, 1781.

Os artigos sobre o *Jeu des Tarots* serão encontrados nas pp. 365 a 410. As lâminas no final mostram os Trunfos Maiores e os Ases de cada naipe. Estes são valiosos como indicações das cartas no final do século XVIII. Elas estavam presumivelmente em circulação no Sul da França, como se diz que no período em questão elas eram praticamente desconhecidas em Paris. Tratei das alegações dos artigos no corpo da presente obra. Suas especulações eram suficientemente toleráveis para sua época confusa; mas que elas ainda sejam sustentadas, e aceitas sem dúvida, sem questionamento, pelos escritores ocultistas franceses é o testemunho mais convincente que se pode precisar para as qualificações destes últimos para lidar com qualquer questão de pesquisa histórica.

II

As obras de Etteilla. *Les Septs Nuances de l'œuvre philosophique Hermitique; Manière de se récréer avec le Jeu de Cartes, nommeés Tarots; Fragments sur les Hautes Sciences; Philosophie des Hautes Sciences; Jeu des Tarots, ou le Livre de Thoth; Leçons Théoriques et Pratiques du Livre de Thoth* – todas publicadas entre 1783 e 1787.

Estas são extremamente raras e estavam claramente entre as obras de colportagem de sua época particular. Contêm os fragmentos mais curiosos sobre assuntos dentro e fora da questão principal, elucubrações sobre gênios, magia, astrologia, talismãs, sonhos etc. Falei o suficiente no texto sobre os pontos de vista do autor sobre o Tarô e o lugar dele na sua história moderna. Ele o considerava uma obra de hieróglifos que falam, mas traduzi-lo não foi fácil. Ele, no entanto, realizou a tarefa, a partir da própria opinião.

III

An Inquiry into the Antient Greek Game, supposed to have been invented by Palamedes. [De James Christie.] Londres: 40, 1801.

Menciono esta coleção de curiosas dissertações porque tem sido citada por quem escreve sobre o Tarô. Ela procura estabelecer estreita ligação entre os primeiros jogos da Antiguidade e o xadrez moderno. Sugere-se que a invenção atribuída a Palamedes, antes do Cerco de Troia, era conhecida na China a partir de um período mais remoto da Antiguidade. A obra não tem nenhuma referência a quaisquer tipos de cartas.

IV

Researches into the History of Playing Cards. De Samuel Weller Singer. 40, Londres, 1816.

O Tarô é, provavelmente, de origem oriental e de alta antiguidade, mas o restante da teoria de Court de Gébelin é vaga e infundada. As cartas eram conhecidas na Europa antes da entrada dos egípcios. O trabalho tem boa quantidade de informações curiosas, e os apêndices são valiosos, mas o Tarô ocupa comparativamente pouco do texto, e o período é muito antigo para uma crítica tangível sobre suas alegações. Há reproduções excelentes de desenhos antigos. Os de Court de Gébelin também são integralmente apresentados.

V

Facts and Speculations on Playing Cards. De W. A. Chatto. 8vo, Londres, 1848.

O autor sugeriu que os Trunfos Maiores e as cartas numeradas antes eram separados, mas depois foram combinados. Os espécimes mais antigos de cartas de Tarô não são posteriores a 1440. Mas as reivindicações e o valor do volume foram suficientemente descritos no texto.

VI

Les Cartes à Jouer el la Cartomancie. De D. R. P. Boiteau d'Ambly. 40, Paris, 1854.

Há algumas ilustrações interessantes das primeiras cartas de Tarô, que dizem ser de origem oriental; mas elas não se referem ao Egito. A antiga ligação com os ciganos é afirmada, mas não há evidências produzidas. As cartas teriam vindo com os ciganos da Índia, onde foram desenhadas para divulgar as intenções de uma "divindade desconhecida" em vez de serem servas da diversão profana.

VII

Dogme el Rituel de la Haute Magie. De Éliphas Lévi, 2 vols., demy 8vo, Paris, 1854. [*Dogma e Ritual da Alta Magia*. São Paulo: Pensamento, 2ª edição, 2017.]

Esta é a primeira publicação de Alphonse Louis Constant sobre filosofia oculta, e é também sua *magnum opus*. É organizada em dois volumes sobre as principais Chaves do Tarô e, portanto, tem sido entendida como uma espécie de desenvolvimento dos seus elementos implícitos, na forma como estes foram apresentados à mente do autor. Para complementar o que foi dito dessa obra em meu texto, devo apenas acrescentar que a seção sobre transmutações no segundo volume contém o que é denominado a *Chave de Thoth*. O círculo interno representa um triplo *Tau*, com um hexagrama onde as bases se juntam, e abaixo está o Ás de Copas. No círculo externo estão as letras TARO, e, sobre essa figura como um todo, estão agrupados os símbolos dos Quatro Seres Viventes, o Ás de Paus, o Ás de Espadas, a letra *Shin* e uma vela de mágico, que é idêntica, de acordo com Lévi, com as luzes utilizadas no Círculo Goético de Evocações e Pactos Negros. O triplo *Tau* pode ser usado para representar o Ás de Ouros. A única carta de Tarô dada nos volumes é o Carro, guiado por duas esfinges; a forma assim estabelecida tem sido seguida nos dias atuais. Aqueles que interpretam a obra como uma espécie de comentário sobre os Trunfos Maiores são os estudantes ocultistas convencionais, e, aqueles que os seguem, terão apenas o inútil sofrimento dos loucos.

VIII

Les Rômes. De J. A. Vaillant. Demy 8vo, Paris, 1857.

O autor nos conta como se encontrou com as cartas, mas o relato está em um capítulo de anedotas. O Tarô é o livro sideral de Enoque, baseado na roda astral de Athor. Há uma descrição dos Trunfos Maiores, evidentemente tidos como uma relíquia trazida pelos ciganos da Indo-Tartária. A publicação de *Dogma e Ritual da Alta Magia*, de Éliphas Lévi, deve, penso eu, ter impressionado muito Vaillant, e, embora nessa que foi a obra mais importante do escritor, a anedota que mencionei é praticamente sua única referência ao Tarô; ele parece ter ido muito além em publicação posterior – *Clef Magique de la Fiction et du Fait*, mas não pude vê-la, e penso, a partir de resenhas sobre ela, que não perdi nada.

IX

Histoire de la Magie. De Éliphas Lévi. 8vo, Paris, 1860. [*História da Magia*. São Paulo: Pensamento, 2ª edição, 2019.]

As referências ao Tarô são poucas nesta brilhante obra, que estará disponível brevemente em inglês. Ela oferece o 21º Trunfo Maior, comumente chamado de Universo, ou o Mundo, sob o título de *Yinx Pantomorph* – uma figura sentada usando uma coroa de Ísis. Foi reproduzido por Papus em *Le Tarot Divinataire* [O *Tarô Adivinhatório*. São Paulo: Pensamento, 2ª edição, 2022]. O autor explica que o Tarô chegou até nós por intermédio dos judeus, mas passou, de alguma forma, para as mãos dos ciganos, que o trouxeram com eles quando entraram pela primeira vez na França, na primeira parte do século XV. A autoridade aqui é Vaillant.

X

La Clef des Grands Mystères. De Éliphas Lévi. 8vo, Paris, 1861. [*A Chave dos Grandes Mistérios*. São Paulo: Pensamento, 2ª edição, 2018.]

O frontispício para esta obra representa a *Chave Absoluta das Ciências Ocultas*, dada por Guilherme Postel e completada pelo autor. É reproduzido no *Tarô dos Boêmios*, e, como no prefácio que escrevi para o livro e em outros lugares, expliquei que Postel nunca construiu uma chave hieroglífica. Éliphas Lévi identifica o Tarô como o alfabeto sagrado frequentemente associado a Enoque, Toth, Cadmo e Palamedes. O volume consiste em ideias absolutas ligadas a sinais e números. Em relação aos últimos, há um comentário extenso sobre eles, tanto quanto o número 19, a série sendo interpretada como as Chaves da Teologia Oculta. Os três numerais restantes que completam o alfabeto hebraico são chamados de Chaves da Natureza. É dito que o Tarô seja o original do xadrez, como também do Jogo Real do Ganso. Ainda contém a construção hipotética do autor a respeito do décimo Trunfo Maior, mostrando figuras egípcias na Roda da Fortuna.

XI

L'Homme Rouge des Tuileyies. De P. Christian. Fcap. 8vo, Paris, 1863.

A obra é extremamente rara, muito procurada, e já foi altamente valorizada na França; mas o dr. Papus despertou para o fato de que ela realmente tem pouco valor; e essa declaração pode ser estendida. É interessante, no entanto, pois contém os primeiros devaneios do escritor sobre o Tarô. Ele era seguidor e imitador de Lévi. Na presente obra, provê um comentário sobre os Trunfos Maiores e, a partir daí, os desenhos e significados de todos os Arcanos Menores. Há muitas e curiosas atribuições astrológicas. A obra não parece mencionar o Tarô pelo nome. Uma posterior *Histoire de la Magie* faz pouco mais que reproduzir e estender a proposta sobre os Trunfos Maiores dada aqui.

XII

The History of Playing Cards. De E. S. Taylor. Cr. 8vo, Londres, 1865.

Esta obra foi publicada postumamente e é praticamente uma tradução de Boiteau. Por isso, pede pouca observação de minha parte. A opinião é que as cartas foram importadas da Índia pelos ciganos. Há também referências ao chamado Tarô chinês, mencionado por Court de Gébelin.

XIII

Origine des Caries à Jouer. De Romain Merlin. 40, Paris, 1869.

Não há base para a origem egípcia do Tarô, exceto na imaginação de Court de Gébelin. Já mencionei de outra maneira que o escritor descarta, para sua satisfação pessoal, a hipótese dos ciganos, e faz o mesmo em relação à imputada conexão com a Índia; ele diz que cartas eram conhecidas na Europa antes da comunicação ser amplamente aberta com aquele mundo, por volta de 1494. Mas se os ciganos eram uma tribo pária que já habitava o Ocidente, e se as cartas eram parte de sua bagagem, não há nada nessa contenda. A questão toda é essencialmente especulativa.

XIV

The Platonist. Vol. II, pp. 126-28. Publicado em St. Louis, Mo., EUA, 1884-1885. Royal 4to.

Este periódico, cuja suspensão deve ter sido lamentada por muitos admiradores de um esforço altruísta e laborioso, continha um artigo anônimo sobre o Tarô de um escritor com tendências teosóficas e consideráveis pretensões ao conhecimento. Ele tem, no entanto, pelas próprias evidências, títulos fortes para negligência e oferece realmente um desempenho ridículo.

A palavra Tarô seria a latina *Rota* = roda, transposição. O sistema teria sido inventado em um período remoto na Índia, presumivelmente – pois o autor é vago –, por volta de 300 a.C. O Louco representaria o caos primordial.

O Tarô agora é usado pelos adeptos da Rosa-Cruz, mas, apesar da inferência de que possa ter chegado a eles a partir dos progenitores alemães no início do século XVII, e, não obstante a fonte na Índia, as 22 chaves teriam sido retratadas nas paredes dos templos egípcios dedicados aos mistérios da iniciação. Parte desse lixo é derivado de P. Christian, mas a seguinte afirmação é peculiar, creio, do autor: "É conhecido pelos adeptos que deveria haver 22 chaves esotéricas, o que faria o número total até 100".

As pessoas que atingem certo grau de lucidez só teriam que tomar cartolinas em branco do número requerido, e os desenhos em falta seriam fornecidos por inteligências superiores. Enquanto isso, a América ainda está aguardando o cumprimento da previsão final, que alguns poucos teriam se desenvolvido havia muito tempo naquele país, "para serem capazes de ler perfeitamente... aquela obra sibilina perfeita e divina, o Tarô". Talvez as cartas que acompanham o presente volume deem a oportunidade e o impulso!

XV

Lo Joch de Naips. De Joseph Brunet y Bellet. Cr. 8vo, Barcelona, 1886.

Com referência ao sonho da origem egípcia, o autor cita *Manners and Customs of the Egyptians*, de E. Garth Wilkison, como prova negativa, pelo menos, de que as cartas eram desconhecidas nas cidades antigas do Delta. A história do assunto é esboçada, seguindo as principais autoridades, mas sem referência aos expoentes das escolas ocultistas. O ponto principal é Chatto. Há alguns detalhes interessantes sobre a proibição das cartas na Espanha, e os apêndices incluem alguns documentos valiosos, por um dos quais parece, como já mencionado, que São Bernardino de Siena pregou contra jogos em geral, e cartas em particular, no passado, até 1423. Há ilustrações de Tarôs rudimentares, incluindo um curioso exemplo de Ás de Copas, com uma fênix surgindo dele, e uma Rainha de Copas, de cujo vaso sai uma flor.

XVI

The Tarot: Its Occult Signification, Use in FortuneTelling, and Method of Play. De S. L. MacGregor Mathers. Sq. 16mo, Londres, 1888.

Este livreto foi projetado para acompanhar um conjunto de cartas de Tarô, e os baralhos correntes no período eram importados do exterior para esse propósito. Não há pretensão de pesquisa original, e a única opinião pessoal expressa pelo autor, ou que chame a atenção aqui, afirma que os Trunfos Maiores são símbolos hieroglíficos correspondentes aos significados ocultos do alfabeto hebraico. Aqui, a autoridade é Lévi, de quem também é derivado o breve simbolismo atribuído às 22 Chaves. Os significados adivinhatórios são seguidos de métodos de tiragem. É um mero esboço, escrito de maneira pretensiosa, e insignificante em todos os sentidos.

XVII

Traité Méthodique de Science Occulte. De Papus. 8vo, Paris, 1891.

O Tarô retificado publicado por Oswald Wirth após as indicações de Éliphas Lévi é reproduzido nesta obra, o qual – pode ser mencionado – estende-se a quase 1.100 páginas. Há uma seção sobre os ciganos, considerados importadores da tradição esotérica para a Europa por meio das cartas. O Tarô é uma combinação de números e ideias, de onde provém sua correspondência com o alfabeto hebraico. Infelizmente, as citações hebraicas tornaram-se quase ininteligíveis pelos inumeráveis erros tipográficos.

XVIII

Éliphas Lévi: Le Livre des Splendeurs. Demy 8vo, Paris, 1894. [*O Livro dos Esplendores.* São Paulo: Pensamento, 2ª edição, 2021.]

Uma seção sobre os Elementos da Cabala afirma (a) que o Tarô contém, em várias cartas dos quatro naipes, uma explicação quádrupla dos números

1 a 10; (b) que os símbolos que temos agora sob a forma de cartas eram, a princípio, medalhas, que depois se tornaram talismãs; (c) que o Tarô é o livro hieroglífico dos Trinta e Dois Caminhos da Teosofia Cabalista, e que a sua explicação resumida está no *Sepher Yetzirah*; (d) que é a inspiração de todas as teorias e símbolos religiosos; (e) que seus emblemas são encontrados nos antigos monumentos do Egito. A respeito do valor histórico dessas pretensões, abordei em meu texto.

XIX

Clefs Magiques et Clavicules de Salomon Par Éliphas Lévi. Sq. 12mo, Paris, 1895.

Diz-se que as Chaves em questão foram restauradas em 1860, em sua pureza primitiva, por meio dos sinais hieroglíficos e números, sem qualquer mistura de imagens samaritanas ou egípcias. Há desenhos grosseiros das letras hebraicas atribuídas aos Trunfos Maiores – com significados –, a maioria dos quais podem ser encontrados em outras obras do mesmo autor. Há também combinações das letras que entram no Nome Divino; essas combinações são atribuídas às Cartas da Corte dos Arcanos Menores. Alguns talismãs de divindades são fornecidos com atributos do Tarô; o Ás de Paus corresponderia ao *Deus Absconditus*, o Primeiro Princípio. O livreto foi publicado a um preço elevado e que deveria ser restrito a adeptos, ou àqueles no caminho para se tornarem adeptos, mas é realmente sem valor – simbólico ou outro qualquer.

XX

Les xxii Lames Hermétiques du Tarot Divinatoire. De R. Falconnier. Demy 8vo, Paris, 1896.

A palavra Tarô teria vindo do sânscrito e significaria "estrela fixa", que, por sua vez, significa tradição imutável, síntese teosófica, simbolismo do dogma primitivo etc. Gravado em lâminas de ouro, os desenhos teriam sido usados por Hermes Trismegistos, e seus mistérios, só revelados aos mais altos graus do sacerdócio de Ísis. É desnecessário, portanto, dizer que o Tarô seria de origem egípcia, e o trabalho do sr. Falconnier tem sido reconstruir sua forma primitiva, que ele faz por referência aos monumentos – isto é, seguindo o estilo de Éliphas Lévi, ele elabora os desenhos dos Trunfos Maiores imitando a arte egípcia. Essa produção foi saudada pelos ocultistas franceses como apresentando o Tarô em sua perfeição, mas o mesmo tem sido dito dos desenhos de Oswald Wirth, que são bastante diferentes e nem um pouco egípcios. Para ser franco, essas tolices são as que se pode esperar do Santuário da Comédie-Française, ao qual o autor pertence, e que deveriam ser reservadas a ele.

XXI

The Magical Ritual of the Sanctum Regnum, interpreted by the Tarot Trumps. Traduzido do MSS. de Éliphas Lévi e organizado por W. Wynn Westcott, M.B. Fcap. 8vo, Londres, 1896.

É necessário dizer que a relevância desse memorial reside mais no fato de sua existência que em sua importância intrínseca. Há uma espécie de comentário informal sobre os Trunfos Maiores, ou melhor, há considerações que presumivelmente surgiram na mente do autor francês. Por exemplo, a carta chamada a Força seria uma oportunidade para a elaboração da vontade como o segredo da força. Diz-se que o Pendurado representa a conclusão da Grande Obra. A Morte sugere uma diatribe contra a Necromancia e a Goetia; mas tais fantasmas não teriam existência no *Sanctum Regnum* da vida. A Temperança produz apenas alguns lugares-comuns insípidos, e o Diabo, que é a força cega, é a ocasião para a repetição de muito do que foi dito nas obras anteriores de Lévi. A Torre representa a traição do Grande Arcano, e foi isso que fez com que a espada de Samael fosse estendida sobre o Jardim das Delícias. Entre as lâminas, há um monograma da Gnose, que também é o do Tarô. O editor anexou cuidadosamente algumas informações sobre os Trunfos retiradas das primeiras obras de Lévi e dos comentários de P. Christian.

XXII

Comment on devient Alchimiste. De F. Jolivet de Castellot. Sq. 8vo, Paris, 1897.

Aqui está um resumo do Tarô Alquímico, que, com todo meu respeito por inovações e invenções, parece ser muita fantasioso; mas Etteilla tinha devaneios desse tipo, e, se alguma vez for justificável produzir uma Chave Maior no lugar da atual Chave Menor, pode valer a pena calcular as analogias desses sonhos estranhos. No momento, é suficiente dizer que é dada uma tabela de correspondências alquímicas para os Trunfos Maiores, pela qual parece que o malabarista ou Prestidigitador simboliza a força atrativa; a Sacerdotisa é a matéria inerte – nada é mais falso que isso; o Papa é a Quintessência, que, se ele apenas estivesse familiarizado com Shakespeare, poderia tentar que o atual sucessor de São Pedro repetisse que "existe mais coisas no céu e na terra, Horácio". O Diabo, por outro lado, é a questão da filosofia no estágio negro; o Julgamento Final é o estágio vermelho da Pedra; o Louco, sua fermentação; e, em suma, a última carta, ou o Mundo, é o Absoluto Alquímico – a Pedra em si. Se isso incentivar meus leitores, eles podem notar, além disso, que os detalhes de várias combinações químicas podem ser desenvolvidos por meio dos Arcanos Menores, caso estejam dispostos a esse propósito. Especificamente, o Rei de Paus = Ouro; os Valetes ou Cavaleiros representam substâncias animais; o Rei de Copas = Prata, e assim por diante.

XXIII

Le Grand Arcane, ou *l'occultisme dévoilé*. De Éliphas Lévi. Demy 8vo, Paris, 1898. [O *Grande Arcano ou o Ocultismo Revelado*. São Paulo: Pensamento, 2ª edição, 2021.]

Depois de muitos anos e de longa experiência em todos os seus interesses no ocultismo, o autor, por fim, reduz sua mensagem a uma fórmula nesta obra. Falo, é claro, apenas a respeito do Tarô: ele diz que as cartas de Etteilla produzem um tipo de hipnotismo no ou na intérprete que as usa para adivinhação. A loucura do médium lê na loucura do consulente. Se ele aconselhasse honestidade, é sugerido que perderia seus clientes. Escrevi críticas severas sobre artes e ciências ocultas, mas isso é surpreendente vindo de um de seus maiores divulgadores, e, além disso, penso que o médium, de fato, é um médium e, como tal, de alguma forma vê.

XXIV

Le Serpent de la Genêse – Livro II; *La Clef de la Magie Noire*. De Stanislas de Guaita. 8vo, Paris, 1902.

É um vasto comentário sobre o segundo septenário dos Trunfos Maiores. A Justiça significaria equilíbrio e seu agente; o Eremita representaria os mistérios da solidão; a Roda da Fortuna seria o círculo de transformação ou conquista; a Força significaria o poder que reside na vontade; o Pendurado seria uma escravidão mágica, o que diz muito sobre a visão nublada e invertida desse fantasista do ocultismo; a Morte é, naturalmente, aquilo que seu nome significa, mas com reversão para a segunda morte; a Temperança significaria a magia das transformações, e portanto, sugere excesso ao invés de abstinência. Há mais do mesmo tipo de coisa – creio – no primeiro livro, mas esse servirá como espécime. O falecimento de Stanislas de Guaita pôs fim ao seu esquema de interpretação dos Trunfos do Tarô, mas deve-se compreender que a conexão é obscura, e as referências reais poderiam ser reduzidas a bem poucas páginas.

XXV

Le Tarot: Aperçu historique. De. J. J. Bourgeat. Sq. 12MO, Paris, 1906.

O autor ilustrou sua obra com desenhos puramente fantasiosos de certos Trunfos Maiores, por exemplo, a Roda da Fortuna, a Morte e o Diabo. Eles não têm conexão com o simbolismo. Diz-se que o Tarô se originou na Índia, de onde passou para o Egito. Éliphas Lévi, P. Christian e J. A. Vaillant são citados em apoio a declarações e pontos de vista. O modo de adivinhação adotado é total e cuidadosamente bem estabelecido.

XXVI

L'Art de tirer les Cartes. De Antonio Magus. Cr. 8vo, Paris, s.d. (por volta de 1908).

Esta não é uma obra de qualquer pretensão especial, nem tem qualquer título de consideração por conta de sua modéstia. Francamente, é pouco ou nada melhor que um experimento de um vendedor de livros. Há um resumo dos principais métodos de adivinhação derivados de fontes familiares; há uma história da cartomancia na França; e há reproduções indiferentes das cartas do *Tarô de Etteilla*, com seus significados e seu bem conhecido modo de disposição. Por fim, há uma seção sobre adivinhação comum com baralho de cartas comuns: a isso parece faltar o único mérito que poderia ter possuído, a saber, a clareza; mas falo com reserva, pois talvez não seja um juiz que tenha qualificações ideais em questões desse tipo. Em qualquer caso, a questão não significa nada. É apenas para acrescentar que o autor oculto mantém o que chama de tradição egípcia do Tarô, que é o *Grande Livro de Thoth*. Mas há um tom leve em toda sua tese, e não parece que ele levou essas alegações a sério.

XXVII

Le Tarot Divinatoire: Clef du tirage des Caries et des sorts. Do dr. Papus. Demy 8vo, Paris, 1909.

O texto é acompanhado de uma chamada reconstituição completa de todos os símbolos, significando que, dessa maneira, temos mais outro Tarô. Os Trunfos Maiores seguem as linhas tradicionais, com várias explicações e atribuições nas margens, e assim ocorre em todas as cartas. Do ponto de vista do desenhista, deve-se dizer que os desenhos são feitos de modo indiferente, e as reproduções parecem piores que os originais. Isso provavelmente não é de importância especial para a classe de leitores a que a obra se destina. O dr. Papus também apresenta, por meio de curiosos memoriais, o valor que ele parece aceitar implicitamente de certos desenhos não publicados de Éliphas Lévi; eles são certamente interessantes como exemplos da maneira pela qual o grande ocultista forjou a arqueologia do Tarô para sustentar suas opiniões pessoais. Temos (a) Trunfo Maior nº 5 sendo Hórus como o Grande Hierofante, desenhado a partir de monumentos; (b) Trunfo Maior nº 2 sendo a Sacerdotisa como Ísis, também a partir de monumentos; e (c) cinco pranchas imaginárias de um Tarô indiano. É assim que a alta ciência na França contribui para a ilustração dessa obra que o dr. Papus denomina *livre de la science éternelle*; ele seria chamado pelos nomes mais grosseiros na crítica inglesa. O próprio editor toma suas dores habituais e acredita que descobriu o tempo atribuído a cada carta pelos antigos egípcios. Ele o aplica ao propósito da adivinhação, para que o habilidoso adivinho possa agora prever a hora e o dia em que o jovem moreno se encontrará com a bela viúva, e assim por diante.

XXVIII

Le Tarot des Bohémiens. De Papus. 8vo, Paris, 1889. Tradução inglesa, 2ª edição, 1910.

Obra extremamente complexa que pretende apresentar uma chave absoluta para a ciência oculta. Foi traduzida para o inglês pelo sr. A. P. Morton, em 1896, e essa versão foi republicada recentemente sob minha própria supervisão. O prefácio que acrescentei a ela contém tudo o que é necessário dizer a respeito de suas alegações e certamente deve ser consultado pelos leitores de *A Chave Ilustrada do Tarô*. O fato de que Papus considera o grande feixe de hieróglifos "o livro mais antigo do mundo", "a Bíblia das Bíblias" e, portanto, a "revelação primitiva" não diminui a afirmação de seu estudo geral, que – devo acrescentar – é acompanhado de inúmeras lâminas valiosas, exibindo códices de Tarô, velhos e novos, e diagramas resumindo as teses pessoais do autor e de alguns outros que o precederam. *O Tarô dos Boêmios* é publicado por William Rider & Son, Ltd.

XXIX

Manuel Synthétique et Pratique du Tarot. De Eudes Picard. 8vo, Paris, 1909.

Eis mais um manual sobre o assunto que apresenta, em uma série de lâminas grosseiras, uma sequência completa das cartas. Os Trunfos Maiores são os de Court de Gébelin, e para os Arcanos Menores o escritor teve que recorrer à imaginação; pode-se dizer que alguns deles são curiosos, poucos são sugestivos, e o restante é ruim. As explicações não incorporam nem pesquisa nem pensamento de primeira mão; são resumos simples das autoridades ocultistas na França seguidos de breve sentido geral prolongado como resumo do todo. O método de tiragem é limitado a quatro páginas e recomenda que a adivinhação seja realizada em jejum. Sobre a história do Tarô, o sr. Picard diz (a) que é confusa; (b) que não sabemos exatamente de onde vem; (c) que, não obstante, sua introdução é devida aos ciganos. Ele diz, finalmente, que sua interpretação é uma arte.

Sobre os Autores

Sasha Graham

Sasha Graham é a autora best-seller de mais de dez livros e kits de Tarô, entre eles *365 Tarot Spreads*, *Llewellyn's Complete Book of the Rider-Waite-Smith Tarot* e *Dark Wood Tarot*. Ela ministra aulas e produz eventos de Tarô nas principais instituições culturais da cidade de Nova York, incluindo o Metropolitan Museum of Art. Sasha já marcou presença no cinema, na televisão, no rádio e no *New York Times*.

Arthur Edward Waite

Arthur Edward Waite (1857-1942) foi cocriador do Tarô Waite-Smith. Era membro da Ordem Hermética da Aurora Dourada (Golden Dawn) e escreveu vários livros sobre temas esotéricos.

Pamela Colman Smith

Pamela Colman Smith (1878-1951) foi uma artista britânica que criou com caneta, tinta e aquarela as ilustrações originais do que se tornou o icônico Tarô Waite-Smith. "Pixie" Smith era membro da Golden Dawn, onde provavelmente conheceu seu colaborador, A. E. Waite.